AF881662

SCHRIFTEN ZUR GELDTHEORIE UND GELDPOLITIK

Herausgegeben von
Prof. Dr. Hans-Hermann Francke, Freiburg
Prof. Dr. Alois Oberhauser, Freiburg

Band 15

»In-House Banken« als Finanzintermediäre

Entstehungsursachen, Erscheinungsformen und Probleme der Aufsicht

Felix A. Zimmermann

Centaurus Verlag & Media UG 1996

Die Deutsche Bibliothek – CIP-Einheitsaufnahme

Zimmermann, Felix A.:
"In-House"-Banken als Finanzintermediäre : Entstehungsursachen, Erscheinungsformen und Probleme der Aufsicht / Felix A. Zimmermann. – Pfaffenweiler : Centaurus Verl.-Ges., 1996
(Schriften zur Geldtheorie und Geldpolitik ; Bd. 15)
ISBN 978-3-8255-0080-1 ISBN 978-3-86226-838-2 (eBook)
DOI 10.1007/978-3-86226-838-2
NE: GT

ISSN 0941-1194

Alle Rechte, insbesondere das Recht der Vervielfältigung und Verbreitung sowie der Übersetzung, vorbehalten. Kein Teil des Werkes darf in irgendeiner Form (durch Fotokopie, Mikrofilm oder ein anderes Verfahren) ohne schriftliche Genehmigung des Verlages reproduziert oder unter Verwendung elektronischer Systeme verarbeitet, vervielfältigt oder verbreitet werden.

© CENTAURUS-Verlagsgesellschaft mit beschränkter Haftung, Pfaffenweiler 1996

Satz: Vorlage des Autors

Geleitwort

Seit Beginn der 80er Jahre hat auf den nationalen und internationalen Finanzmärkten nicht nur in bezug auf die gehandelten Produkte und Marktstrukturen ein intensiver Innovationsprozeß stattgefunden, sondern auch der Kreis der Marktteilnehmer ist erheblich verändert worden. Dabei haben u.a. auch die Finanzabteilungen größerer Unternehmungen ihre traditionellen Tätigkeiten so ausgeweitet und innovativ angepaßt, daß ihr Betätigungsspektrum dem von Banken in wichtigen Merkmalen ähnelt. Für derartige Institutionen ist der Begriff der "In-House-Banken" geprägt worden. Gegenstand dieser Untersuchung ist die Analyse der Entstehungsursachen, Erscheinungsformen und Aufsichtsprobleme von "In-House-Banken".

Im Mittelpunkt stehen dabei insbesondere die durch den Prozeß der Finanzinnovationen hervorgerufenen Ursachen für die zunehmende Ausbreitung von "In-House-Banken" sowie deren Abgrenzungsmerkmale gegenüber Banken. Dieser letztere Aspekt ist zugleich konstitutiv für die Auseinandersetzung mit der Frage, ob "In-House-Banken" gegenüber Banken Wettbewerbsvorteile haben, welche durch Neuformulierungen der einschlägigen Aufsichtsgesetzgebung beseitigt werden sollten. Herr Dr. Zimmermann bearbeitet diese Fragestellungen auf der Grundlage eines institutionenökonomisch fundierten theoretischen Ansatzes. Darüber hinaus gelangt er zu neuen Vorschlägen zur aufsichtsrechtlichen Gestaltung, welche an seiner grundsätzlichen Kritik am deutschen Regulierungssystem des Finanzsektors orientiert sind. Damit wird ein wichtiger Beitrag zur wissenschaftlichen Diskussion eines immer drängender werdenden aktuellen Problems der Finanzwirtschaft geleistet.

Freiburg, im November 1995 — Prof. Dr. H.-H. Francke

Vorwort

Finanzinnovationen haben nicht nur neue Finanzierungs- und Anlagemöglichkeiten eröffnet, sondern auch eine institutionelle Strukturveränderung an den Finanzmärkten bewirkt. Zum Ausdruck kommt diese Veränderung z.B. in der Entstehung von sog. "In-House Banken" großer Unternehmungen. Diese neuen Institutionen agieren gleichberechtigt, aber unabhängig von Geschäftsbanken als Finanzintermediäre und erstellen einen nicht unerheblichen Teil der bisher von den Banken in Anspruch genommenen Dienstleistungen. Gegenstand der vorliegenden Arbeit ist es, die Gründe für die Entstehung dieser "In-House Banken", ihre Erscheinungsformen und mögliche Probleme der Bankenaufsicht zu untersuchen.

Eine gute Tradition ist es, an dieser Stelle denjenigen zu danken, die durch ihren Beitrag, aber auch durch zeitliche und persönliche Opfer maßgeblich zur Entstehung dieser Arbeit beigetragen haben. An erster Stelle möchte ich meinem Doktorvater Herrn Prof. Dr. Hans-Hermann Francke danken. Seine vorbildliche Bereitschaft, für mich jederzeit hinsichtlich konzeptioneller und inhaltlicher Fragen ansprechbar zu sein, sowie seine persönliche Art, auf meine Belange einzugehen, haben mich nicht nur nachhaltig motiviert, sondern auch dazu geführt, daß mir das Schreiben dieser Arbeit Freude gemacht hat. Da ich weiß, daß weder eine solch intensive Betreuung noch die daraus enstandene persönliche Verbindung zum Doktorvater selbstverständlich sind, bin ich Ihm für die Zeit als Doktorand an seinem Lehrstuhl sehr dankbar. Ebenfalls bin ich Herrn Prof. Dr. Ludger Künhardt zu Dank verpflichtet, da er mir trotz meiner Assistenz an seinem Lehrstuhl genügend Freiraum gegeben hat, die vorliegende Arbeit zu erstellen.

Danken möchte ich aber auch Hariolf Wenzler und Christoph Gabrisch, die nicht nur durch ihre bestechend klare und konstruktive Kritik, sondern auch durch ihre gezeigte Freundschaft einen maßgeblichen Beitrag zu dieser Arbeit geleistet haben. Danken möchte ich in diesem Zusammenhang auch denjenigen, die mir bei der Durchsicht und Korrektur der Arbeit geholfen haben. Zu nennen sind hier I. Bücher, P.-G. Garmer, Ch. Haas und B. Münch. Zu ganz besonderem Dank bin ich aber meiner Verlobten Ulrike Münch verpflichtet. Durch ihre unermüdliche Unterstützung und das verständnisvolle Verzichten auf viele Dinge hat Sie mir nicht nur die notwendige Kraft gegeben, sondern zweifellos auch die größten Opportunitätskosten dieser Arbeit getragen.

Schließlich möchte ich auch meinen Eltern sehr herzlich danken. Sie haben durch die Schaffung des nötigen Freiraums während der Doktorandenzeit, die familiäre und kraftgebende Geborgenheit der Familie, aber auch durch die großzügige Unterstützung während der gesamten Studienzeit erst die notwendigen Rahmenbedingungen für eine unbeschwerte, glückliche und erfolgreiche Zeit in Freiburg geschaffen.

Freiburg, im November 1995 Dr. Felix A. Zimmermann

Inhaltsverzeichnis

Abbildungsverzeichnis

Abkürzungsverzeichnis

ABl	Amtsblätter
Abs.	Absatz
AG	Aktiengesellschaft
BAKred	Bundesaufsichtsamt für das Kreditwesen
BBankG	Bundesbankgesetz
BFuP	Betriebswirtschaftliche Forschung und Praxis
BIS	Bank for Internationale Settlements
BIZ	Bank für Internationalen Zahlungsausgleich
DAX	Deutscher Aktienindex
DBB	Deutsche Bundesbank
DBW	Die Betriebswirtschaftslehre
ders.	derselbe
Diss.	Dissertation
DTB	Deutsche Terminbörse
ECP	Euro-Commercial-paper
ECU	European currency unit
EU	Europäische Union
EWG	Europäische Wirtschaftsgemeinschaft
F.A.Z.	Frankfurter Allgemeine Zeitung
FIBOR	Frankfurt Interbank Offered Rate
FRN	Floating-rate-note
GWB	Gesetz gegen Wettbewerbsbeschränkungen
HdWW	Handwörterbuch der Wirtschaftswissenschaften
HGB	Handelsgesetzbuch
hrsg.	herausgegeben
KWG	Kreditwesengesetz
LIBOR	London Interbank Offered Rate
LIKO-Bank	Liquiditäts- und Konsortial-Bank
Mio.	Millionen
Mrd.	Milliarden
NZZ	Neue Züricher Zeitung
ÖBA	Österreichisches Bankarchiv
OECD	Organisation of Economic Coorporation and Development
OTC	over the counter
TG	Tochtergesellschaft
u.a.	und andere, unter anderem
WiSt	Wirtschaftswissenschaftliches Studium
WISU	Wirtschaftsstudium
ZBB	Zeitschrift für Bankrecht und Bankwirtschaft
ZfB	Zeitschrift für Betriebswirtschaft
ZfbF	Zeitschrift für betiebswirtschaftliche Forschung
ZfgK	Zeitschrift für das gesamte Kreditwesen
ZgS	Zeitschrift für die gesamten Staatswissenschaften

I. EINLEITUNG

A. Problemstellung

Die Finanzmärkte der Welt sind in den letzten Jahren durch einen ungebrochenen und von der Geschwindigkeit her stetig ansteigenden Innovationsschub gekennzeichnet. Die unter dem Begriff Finanzinnovationen subsumierten Veränderungen haben die Struktur der Finanzmärkte nachhaltig verändert. Dieser Tatsache ist in der Literatur bereits umfassend Rechnung getragen worden. Die Untersuchungen befassen sich dabei in der Regel mit den folgenden Themenkreisen:

- Motive, Entwicklungen und Erscheinungsformen von Finanzinnovationen[1],
- Anwendungsmöglichkeiten von Finanzinnovationen in Unternehmen und Kreditinstituten[2],
- Auswirkungen der Finanzinnovationen auf die Effizienz der Bankenaufsicht und der Geldpolitik.[3]

Im letzten Themenkreis stehen dabei schwerpunktmäßig die Kreditinstitute als Anwender von Finanzinnovationen im Mittelpunkt des Interesses, da die Instrumentarien der Bankenaufsicht und der Geldpolitik an den Bilanzen der Kreditinstitute ansetzen. Die Ergebnisse dieser Studien sind bereits in verschiedenen KWG-Novellen umgesetzt worden, die zum einen die Harmonisierung der Bankenaufsicht innerhalb der EU und zum anderen die Einbeziehung der Finanzinnovationen in die Bankenaufsicht bewirken sollen.[4]

---

1 Vgl. zu den Motiven und Entwicklungen von Finanzinnovationen: Silber (1983) und Kane (1983). Vgl. zu den Erscheinungsformen: Demuth (1988), Bank für Internationalen Zahlungsausgleich (1986) und Büschgen (1988b).

2 Vgl. z. B. zu den Anwendungsmöglichkeiten von Finanzinnovationen in Unternehmen die Arbeiten von: Abresch (1994), Richtsfeld (1992) und Löffler (1991). Zur Anwendung von Finanzinnovationen durch Banken: Ackermand (1990) und Deutsche Bundesbank (1986), ders. (1987).

3 Vgl. beispielsweise zu den Auswirkungen auf die Bankenaufsicht: Münzer (1992) und Zimmer (1993). Vgl. zu den Wirkungen auf die Geldpolitik: Francke (1988), Link (1992) und Deutsche Bundesbank (1994b).

4 Zu nennen sind hier insbesondere die 4. und 5. KWG-Novelle. Vgl. Deutsche Bundesbank (1994c) und Dürselen (1993).

In den Hintergrund der Überlegungen tritt dabei allerdings die Frage, welche Auswirkungen die Anwendung von Finanzinnovationen im Nichtbankenbereich auf die Effizienz der Bankenaufsicht und der Geldpolitik haben. Die Vernachlässigung dieses Problems kann zum einen damit erklärt werden, daß Unternehmen als Nichtbanken im Gegensatz zu Kreditinstituten im Erkenntnisbereich der Geldtheorie und Geldpolitik bisher eine eher untergeordnete Rolle spielen. Zum anderen liegt die Vermutung nahe, daß die Anwendung von Finanzinnovationen durch Unternehmen keinen nennenswerten Einfluß auf die bisherigen Erkenntnisse der Geldtheorie hat, da das zu untersuchende Volumen der innovativen Finanztransaktionen im Nichtbankenbereich als verhältnismäßig gering eingeschätzt wird. Dieser den Nichtbanken zugeordnete Stellenwert im Bereich der Geldtheorie ist bei genauerer Betrachtung und Analyse der Zusammenhänge nicht gerechtfertigt.

Insbesondere in den letzten Jahren sind zahlreiche Finanzinnovationen entwickelt worden, die den Unternehmen neue Möglichkeiten der Finanzierung und der Anlage von Kapital sowie des Risikomanagements eröffnen. Bei der Untersuchung dieser Innovationen hinsichtlich ihrer Anwendungsvorteile ist für die Unternehmung von besonderer Bedeutung, daß sie ihnen ein von den Banken unabhängiges Agieren an den Finanzmärkten erlauben. Dieser Prozeß der sog. Disintermediation[5] der Banken hat vielfältige Auswirkungen. Eine Konsequenz ist, daß die Unternehmen durch die Ausschaltung der Banken aus den Finanzierungs- und Anlageprozessen einen bestimmten Anteil der bisher von den Banken erbrachten Dienstleistungen nun selbst erstellen. Dies betrifft insbesondere den Teil der Leistungserstellung der Banken, den diese als Finanzintermediäre ausüben. Die Institutionen und Unternehmen im Bereich des Nichtbankensektors, die diese Leistungserstellung von den Banken übernehmen und unternehmensintern erbringen, werden daher auch als "In-House Banken" bezeichnet.

Gegenstand der vorliegenden Arbeit ist es, die Ursachen und Motive für diesen Wandel in der Finanzintermediation sowie die zu beobachtenden Ausprägungen dieser Entwicklung näher zu untersuchen. Dabei werden die Untersuchungen von der Frage eingerahmt, ob sich aus diesen Veränderungen an den Finanzmärkten

---

5 Vgl. zum Prozeß der Disintermediation der Banken die historische und theoretische Betrachtung bei Löffler (1991), S. 63ff.

neue oder veränderte Anforderungen an die Aufsicht im Geld- und Kreditwesen und an die Geldpolitik ergeben.

Konkret stehen folgende Problembereiche und Fragen im Mittelpunkt der Untersuchung:

1. Welche Auswirkungen hat der instrumentelle Wandel an den Finanzmärkten auf die institutionelle Struktur des Finanzsektors?

2. Wie ist die Entstehung neuer Finanzintermediäre ökonomisch zu begründen?

3. Wodurch unterscheiden sich die neuen "In-House Banken" von den traditionellen Geschäftsbanken?

4. Ist eine aufsichtsrechtliche und geldpolitische Ungleichbehandlung ökonomisch gleicher Tatbestände zu beobachten? Wenn ja, wie kann diese Ungleichbehandlung beseitigt werden?

B. Zielsetzung der Arbeit und Vorgehensweise

Ziel der vorliegenden Arbeit ist es, die mit den oben angesprochenen Fragen in Verbindung stehenden ökonomischen Sachverhalte zu analysieren, um mit den daraus gewonnenen Erkenntnissen den Wandel in der Finanzintermediation zu beurteilen. Aus diesen Erkenntnissen werden sodann mögliche Folgen für die Bankenaufsicht und die Geldpolitik abgeleitet. Bei der Analyse der Problematik wird wie folgt vorgegangen:

Im ersten Kapitel der Betrachtungen stehen die *funktionalen Aspekte* der Finanzintermediation im Vordergrund. Anhand einer systematischen Analyse wird zunächst hergeleitet, welche Eigenschaften der Finanzmärkte eine effiziente Allokation der Ressource Kapital verhindern. Daran anschließend wird die Existenzberechtigung von Finanzintermediären abgeleitet, die durch ihr Agieren das Allokationsergebnis an den Finanzmärkten verbessern.

Nach diesen funktionalen Überlegungen treten *institutionelle Aspekte* in den Mittelpunkt der Betrachtung. Mit Hilfe der Erkenntnisse der Institutionenökonomik werden die Entstehungsursachen für Finanzintermediäre als Unternehmen herausgearbeitet. Bei dieser Herleitung wird insbesondere mit dem Transaktionskostenansatz von R. Coase und dessen Weiterentwicklung durch

O. E. Williamson argumentiert. Im Anschluß daran werden Kreditinstitute als Sonderform der Finanzintermediäre näher vorgestellt. An diese funktionalen und institutionellen Überlegungen zur Finanzintermediation schließt sich eine Darstellung der Argumente für eine aufsichtsrechtliche und geldpolitische Regulierung der Kreditinstitut sowie der jeweiligen Regulierungsinstrumente an.

In Kapitel III werden dann die *Finanzinnovationen* und ihre Auswirkungen auf den klassischen Intermediationsprozeß erläutert. Dabei steht die Frage im Vordergrund, welchen Einfluß die Finanzinnovationen auf die bisher festgestellte Arbeitsteilung zwischen Banken und Unternehmen haben können, bzw. wie sich die Finanzmarktstrukturen aufgrund der Finanzinnovationen verändern. Bei der Erklärung der Veränderungen wird sowohl mit funktionalen als auch mit institutionellen Aspekten argumentiert. Mit Hilfe der gewonnenen Erkenntnisse wird im Anschluß die Entstehung und Existenz der "In-House Banken" begründet.

In Kapitel IV steht die neu entstandene *"In-House Bank"* im Zentrum der Untersuchung. Nach einer Darstellung der wesentlichen Kennzeichen einer "In-House Bank" wird die Übernahme einzelner Intermediationsfunktionen durch diese neu entstandenen Institutionen systematisch analysiert und an einigen Beispielen belegt. Weiter wird dann untersucht, ob eine "In-House Bank" auch in der Lage ist, Geld zu schöpfen. Aus den Ergebnissen dieser Untersuchungen wird abschließend der Bedarf der Aufsicht und Kontrolle der "In-House Banken" abgeleitet.

Im V. und letzten Kapitel wird kritisch der Frage nachgegangen, ob die traditionelle Form der *Aufsicht und Kontrolle im Geld- und Kreditwesen* auf die "In-House Banken" übertragbar ist. Dabei werden insbesondere die Defizite des Kreditwesengesetzes hinsichtlich seines Geltungsbereiches und der dort verwendeten Instrumentarien aufgezeigt, die im Ergebnis dazu führen, daß eine rechtliche Ungleichbehandlung ökonomisch gleicher Zusammenhänge im Geld- und Kreditwesen zu beobachten ist. Zur Lösung dieser Problematik wird abschließend ein Vorschlag unterbreitet, in welcher Form die Bankenaufsicht neu strukturiert werden müßte, um zum einen den institutionellen und instrumentellen Veränderungen an den Finanzmärkten Rechnung zu tragen, und zum anderen eine aufsichtsrechtliche Gleichbehandlung ökonomisch gleicher Tatbestände zu erreichen.

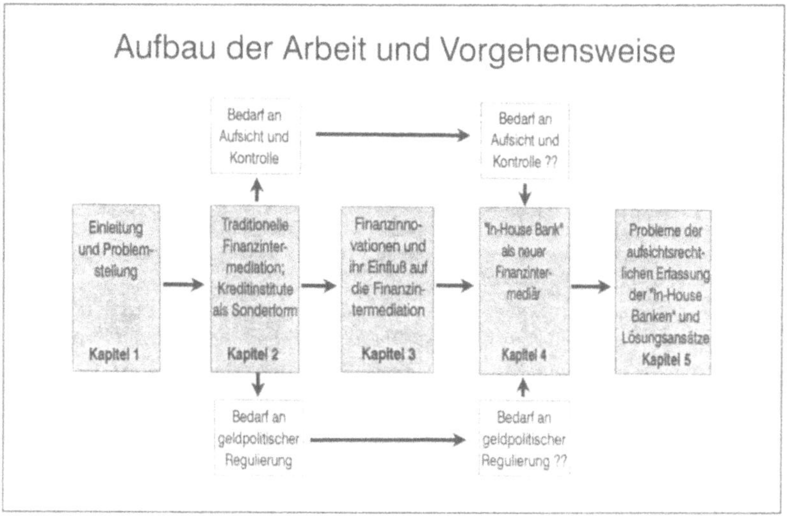

Abbildung 1: Aufbau der Arbeit und Vorgehensweise

II. TRADITIONELLE FINANZINTERMEDIATION UND IHRE REGULIERUNG

A. Finanzmarktfunktionen und die Aufgaben der Finanzintermediäre

1. Finanzmarkteigenschaften

a) Funktion der Finanzmärkte

Kennzeichen einer arbeitsteiligen Wirtschaft ist es, daß die Entstehung und die Verwendung von Einkommen nicht notwendigerweise zeitgleich erfolgt. Vielmehr ist zu beobachten, daß eine zeitliche Diskrepanz zwischen beiden Ereignissen existiert. Bei Haushalten ist dies zum Beispiel dann der Fall, wenn sie durch Konsumverzicht Ersparnisse schaffen, von deren Verwendung sie sich in der Zukunft einen höheren Nutzen versprechen als in der Gegenwart. Dagegen ist es für Unternehmen typisch, daß sie im Rahmen ihrer Investitionstätigkeit auf Kredite angewiesen sind, da die Produktion von Gütern zur Erzielung von Einkommen eine vorherige Bindung von Finanzmitteln notwendig macht. Im Ergebnis stehen sich damit ein Anlagebedarf der Wirtschaftseinheiten, bei denen die Einzahlungen die Auszahlungen in einer Periode übersteigen (Geldgeber), und ein Finanzierungsbedarf der Wirtschaftseinheiten, bei denen die Auszahlungen die Einzahlungen übersteigen (Geldnehmer), in einer Volkswirtschaft gegenüber.[1]

Die Hauptfunktion des Finanzmarktes ist es, die unterschiedlichen finanziellen Bedürfnisse der Wirtschaftssubjekte so zu koordinieren, daß ein möglichst vollständiger Interessenausgleich bzw. eine bestmögliche Koordination der intertemporalen Wirtschaftspläne der Wirtschaftseinheiten ermöglicht wird. Das Allokationsergebnis ist dann effizient, wenn die Ersparnisse sowohl intra- als auch intertemporal in die bestmöglichen Investitionsvorhaben gelenkt werden.

Bei der Koordination der Interessen der Finanzmarktteilnehmer auf einem Finanzmarkt ohne Finanzintermediäre treten jedoch vielfältige Probleme auf, die den vollständigen Ausgleich der Interessen verhindern.

---

1 Vgl. Bitz (1993), S. 430.

b) Ursachen für Funktionsmängel

Zunächst kennzeichnet die Finanzmärkte ebenso wie die Gütermärkte, daß die Wirtschaftssubjekte über die einzelnen Interessen und Vorstellungen der jeweils anderen Marktteilnehmer nur unvollständig informiert sind. Die Ursache für diese unvollkommene Information der Marktteilnehmer liegt in der verstreuten Verteilung der relevanten Informationen.[2] Diese Ungleichverteilung bezieht sich insbesondere auf die Zahl und Art der Handlungsmöglichkeiten sowie auf die zu erwartenden Folgen einzelner Handlungen.[3]

Aus dieser konstitutionellen Unvollständigkeit der Informationen, die dem einzelnen zur Verfügung stehen, resultiert zunächst unter einzelwirtschaftlichen Aspekten für die Finanzmarktteilnehmer eine bestimmte Unsicherheit beim Abschluß von Verträgen sowie ein gewisses Risiko, welches sich aus einem abgeschlossenen Vertrag ergeben kann.[4] Diese bestehende Ungewißheit ergibt sich im wesentlichen aus dem Problem der Informationsbewertung. Bezüglich der Quantität und Qualität von Informationen ist es dem Nachfrager nach Informationen nicht möglich, eine optimale Informationsversorgung und damit ein restloses Ausschalten von Risiken zu erreichen. Der Grund hierfür ist das Bestehen des sogenannten Informationsparadoxons,[5] demzufolge der Wert einer weiteren Informationseinheit nicht in Relation zu den mit der Suche nach dieser Information entstandenen Kosten gestellt werden kann, da die Qualität der nächsten Information stets unbekannt ist. Somit ist eine Optimierung des Suchverhaltens nach dem Marginalkonzept nicht möglich. Ziel der einzelnen Marktteilnehmer

---

2 Vgl. zum grundsätzlichen Problem, welches sich aus der verstreuten Informations- und Wissensverteilung für das wirtschaftliche Handeln ergibt: Hayek (1937). Nach Hayek folgt aus der Existenz dieser verstreuten Informationsverteilung, daß es niemals möglich ist, über eine vollkommene Information oder gar über eine vollkommene Voraussicht in die Zukunft zu verfügen. Da dieser zu beobachtende Wissensmangel nicht beseitigt werden kann, spricht Hayek vom "konstitutionellen Wissensmangel".

3 Vgl. Bössmann (1978), S. 195.

4 Neben dem subjektiven Wissensmangel bei der Ausübung einer Markthandlung ist nach Knight (1921) auch noch ein möglicher Irrtum zu berücksichtigen, der ebenfalls einen beachtlichen Einfluß auf die Folgen einer Markthandlung haben kann. Knight unterscheidet folgende Quellen des Irrtums: 1. Die Entscheidungssituation kann falsch wahrgenommen werden, 2. Die Folgen des Unterlassens einer Markthandlung können falsch eingeschätzt werden, 3. Die Folgen einer durchgeführten Markthandlung können falsch beurteilt werden und 4. kann es bei der Durchführung einer Markthandlung durch zwischenzeitliche Änderung der Rahmenbedingungen zu Problemen kommen. Vgl. Knight (1921), S. 202.

5 Vgl. Arrow (1962), S. 147.

kann es demnach nur sein, die Unvollkommenheit der Informationen, zumindest aber ihre möglichen negativen Folgen, möglichst weitgehend zu überwinden.[6]

Aus makroökonomischer Perspektive bedingt die unvollkommene Information einen Effizienzverlust bei der Allokation der Finanzmittel.[7] Durch die Transaktionserschwernisse, die sich aus den hohen Kosten der ständigen Informationsbeschaffung ergeben, bleiben viele Interessen und damit auch potentielle Markttransaktionen unberücksichtigt. Daraus folgt, daß die Allokation der Finanzmittel suboptimal bleiben muß.

Weiter wird eine effiziente Allokation der Finanzmittel auf einem intermediärlosen Finanzmarkt dadurch behindert, daß Teile der für einen Vertragsabschluß notwendigen Informationen zwischen den Marktseiten asymmetrisch verteilt sind. Die Ursache hierfür liegt darin, daß die gehandelten Finanzpositionen in ihrer Struktur heterogen sind und die Beurteilung ihrer Qualitäten und Eigenschaften spezifischer Informationen bedarf, die nicht beiden Marktseiten in gleichem Maße zugängig sind. Aus dieser zu beobachtenden asymmetrischen Informationsverteilung folgt, daß auch auf dem Finanzmarkt zwei Verhaltensweisen praktiziert werden können, die das Allokationsergebnis nachhaltig negativ beeinflussen: "Moral hazard" und "adverse selection".

Mit "moral hazard" wird das opportunistische Verhalten der besser informierten Marktseite nach einem Vertragsabschluß bezeichnet.[8] Dies kann z.B. zur Folge haben, daß der Kreditnehmer nach Erhalt des Kredites sein Investitionsvorhaben gegenüber der mit dem Kreditgeber getroffenen Vereinbarungen verändert, ohne daß dies der Kreditgeber überprüfen kann.

Hingegen bedeutet "adverse selection", daß bei einer von einer Marktseite nicht überprüfbaren Qualität eines Produktes der Anbieter dieses Produktes ein im Verhältnis zum durchschnittlichen Marktpreis qualitativ relativ schlechteres Produkt anbieten wird.[9] Ursache hierfür ist die Annahme, daß die Nachfrager die eigentlich inhomogenen Güter mangels Information als homogen ansehen und daher auch zum Durchschnittspreis nachfragen. Übertragen auf den Finanzmarkt

---

6 Vgl. zu diesem Zusammenhang: Streit/Wegner (1989), S. 82.

7 Vgl. Bössmann (1978), S. 195.

8 Vgl. ausführlich Meyer (1990b), S. 104ff.

9 Vgl. dazu Milde (1988), S. 2ff und Clemenz (1988), S. 599.

bedeutet dies, daß ab einem bestimmten Kreditzins eine zum durchschnittlichen Marktzins überproportionale Erhöhung der gehandelten Kreditrisiken zu beobachten ist.[10] Im Ergebnis führen somit die auf dem Finanzmarkt asymmetrisch verteilten Informationen ebenfalls zu einer suboptimalen Allokation der Finanzmittel.[11]

Schließlich wird eine effiziente Allokation der Finanzmittel dadurch behindert, daß die Vorstellungen über die Losgröße und die Risikostruktur und somit auch über den Preis der angebotenen und nachgefragten Mittel sehr unterschiedlich sind. Bei der Aushandlung von Finanzkontrakten kommt neben diesen Kriterien noch die Frist der Überlassung finanzieller Mittel als weitere Dimension hinzu.[12] Diese in der Regel heterogenen Vorstellungen sind über den Markt nur sehr schwer zum Ausgleich zu bringen, da sich nur in den wenigsten Fällen zwei Vertragspartner finden werden, deren individuelle Bedürfnisse sich genau entsprechen. Da es aber aus einzel- und gesamtwirtschaftlicher Sicht von besonderem Interesse ist, die unterschiedlichen Bedürfnisse der einzelnen Finanzmarktteilnehmer bestmöglich zum Ausgleich zu bringen, bedarf es neben den Finanzmärkten noch eines weiteren Koordinationsmechanismus, der durch die Überwindung der aufgezeigten Markthindernisse und -versagensgründe die zu beobachtenden Effizienzverluste beseitigt oder zumindestens minimiert.[13] Dieser zusätzliche Koordinationsmechanismus ist an den Finanzmärkten in den sog. Finanzintermediären zu finden. Die wichtigsten Funktionen dieser Intermediäre werden im folgenden kurz vorgestellt.

---

10 Vgl. dazu Zimmer (1993), S. 124, Clemenz (1988), S. 599ff und Lambsdorff (1994), S. 193.

11 Vgl. zu den Auswirkungen asymmetrischer Informationen auf das Marktergebnis: Akerlof (1970). Neben diesen beiden Wirkungsmechanismen, welche die Funktionsfähigkeit des Marktes negativ beeinträchtigen, gibt es auch Mechanismen, welche die Funktionsfähigkeit des Marktes verbessern. Zu nennen sind hier "screening" und "signalling". Wenn die schlechter informierte Marktseite versucht, durch zusätzliche Informationsbeschaffung die Informationsasymmetrie abzubauen, wird dies als "screening" bezeichnet. Von "signalling" spricht man, wenn die Anbieter überdurchschnittlicher Qualitäten sich durch eine gezielte Informationspolitik von anderen Anbietern mit schlechterer Qualität abgrenzen. Vgl. dazu Fischer (1993), S. 448 und die dort angegebene Literatur.

Clemenz (1988) hat die Verhaltensweisen des "moral hazard" und "adverse selection" auf den Finanzmarkt übertragen und im Ergebnis ein Modell der Kreditrationierung entwickelt. Vgl. Clemenz (1988).

12 Vgl. Bitz (1989), S. 433 und Clemenz (1988), S. 598.

13 Vgl. Streit (1991), S. 66ff.

2. Informations- und Vermittlungsleistungen der Finanzintermediäre

a) Informationsleistungen der Finanzintermediäre

Zunächst übernehmen Finanzintermediäre die Aufgabe, relevante Marktinformationen über mögliche Vertragsabschlüsse und deren Inhalte zu sammeln und diese den Marktteilnehmern zugänglich zu machen. Zu diesem Zweck sammeln sie etwa Informationen über potentielle Geldgeber sowie über verschiedene Anlagemöglichkeiten und deren Risiken (z.B. börsengehandelte Wertpapiere oder Kredite) und stellen sie den Marktteilnehmern zur Verfügung. Dabei werden die Marktinformationen häufig so aufbereitet, daß beispielsweise Zeit- und Branchenvergleiche oder fundamentale Analysen den Marktteilnehmern die Auswertung der Informationen erleichtern. Neben diesen allgemeinen Informationsleistungen bieten Finanzintermediäre auch spezielle Dienstleistungen an, die auf ausgewählte Marktsegmente oder Kundenbedürfnisse ausgerichtet sind.[14]

Mit der Informationsleistung bewirken Finanzintermediäre zwei Veränderungen an den Finanzmärkten: Zum einen wird durch die Bündelung der Informationen auf wenige Stellen den Finanzmarktteilnehmern der Marktzugang erleichtert und damit die potentiellen Möglichkeiten eines Vertragsabschlusses erhöht. Zum anderen wird durch die Bereitstellung von qualifizierten und aktuellen Informationen die asymmetrische Verteilung wichtiger Informationen reduziert, was die Möglichkeiten des "moral-hazard" und der "adverse selection" sowie der damit verbundenen negativen Wirkungsmechanismen auf das Allokationsergebnis mindert.

b) Vermittlungsleistungen durch Finanzintermediäre

Die reine Informationsbereitstellung der Finanzintermediäre reicht jedoch nicht aus, um ein optimales Allokationsergebnis zu erreichen. Um eine tatsächliche Finanztransaktion zu bewirken, bedarf es weiter einer aktiven Vermittlung

---

14 Vgl. Bitz (1989), S. 432. Vgl. dazu auch die Ausführungen von Neuberger (1994), S. 32 und die dort angegebene Literatur. Die Funktion der Informationsproduktion wird den Finanzintermediären insbesondere von Diamond zugeschrieben. Er sieht Finanzintermediäre und insbesondere Banken als beauftragte Informationsproduzenten. Vgl. Diamond (1984). Auf sein Modell wird an späterer Stelle noch näher eingegangen.

zwischen den Marktseiten. Auch diese Funktion wird von den Finanzintermediären übernommen.[15]

Die dabei übernommenen Aufgaben können mit denen des Auktionators[16] im Modell von Léon Walras verglichen werden. Das Modell basiert auf der Annahme vollkommener Konkurrenz bei vollständiger Information und flexiblen Preisen. Es handelt sich um ein zeitloses Modell. Walras veranschaulicht nun den Ausgleich der Interessen mit dem Bild des Auktionators, dem alle Angebote an und Nachfragen nach bestimmten Gütern gemeldet werden. Anhand dieser Informationen bestimmt der Auktionator den Preis, bei dem unter Berücksichtigung der angemeldeten Präferenzen die maximal mögliche Anzahl an Transaktionen durchgeführt und damit der Markt geräumt werden kann. Die sich daraus ergebende Allokation wird als effizient bezeichnet.[17]

Auf den ersten Blick ist dieses Modell theoretisch auch auf den Finanzmarkt übertragbar. Als Güter dienen hier angekündigte Anlage- bzw. Finanzierungsbedürfnisse. Der Auktionator sammelt die entsprechenden Wünsche der Marktteilnehmer und teilt nach Festlegung des Preises - dem Zins - die einzelnen Mengen zu. Diese reine Vermittlerfunktion üben in einer arbeitsteiligen Wirtschaft insbesondere Börsen[18] aus. Sie schalten sich als Finanzintermediäre zwischen den Sparer und den Investor und bringen durch ihre Dienstleistung die Interessen der Marktteilnehmer zum Ausgleich. Die dabei relevanten Kriterien sind lediglich der Preis und die Menge. Voraussetzung für das Funktionieren der modellhaften Vermittlerfunktion ist, daß die angebotenen Ersparnisse und Investitionswünsche bezüglich ihrer Qualität gleichwertig sind.[19]

---

15 Vgl. Bitz (1989), S. 432.

16 Hierbei ist jedoch zu beachten, daß in dem Modell von Walras kein personifizierter Auktionator handelt, sondern der Auktionator nur als Symbol für das Zuteilungsverfahren herangezogen wird.

17 Vgl. Walras (1874/1926), S. 163.

18 Das klassische Beispiel für die Ausübung dieser reinen Vermittlerfunktion bietet die Wertpapierbörse. Vgl. zur Funktion von Börsen auch Benston/Smith (1976), S. 216.

19 Dies ist bei der Börse dadurch gegeben, daß die Aktien oder Renten eines Emittenten in der Regel bezüglich ihrer Stückelung, Dividenden oder Zinsansprüche standardisiert sind. Außerdem sind die zum Handel zugelassenen Marktteilnehmer, der Ort und die Zeit des Handels festgelegt.

Diese Voraussetzung ist jedoch auf den Finanzmärkten nur selten gegeben, da sich die angebotenen und nachgefragten Finanzmittel sehr häufig in ihrer Fristigkeit, Losgröße und ihrem immanenten Risikogehalt unterscheiden. Berücksichtigt man die bestehende Heterogenität der Finanzgüter, so reicht die reine Vermittlung über Börsen nicht aus, um einen Ausgleich aller Interessen und Wünsche zu erreichen. Dies bedeutet, daß außerdem ein Transformationsbedarf hinsichtlich der Substitution der einzelnen Finanzmittel besteht, um einen vollständigen Interessenausgleich erreichen zu können. Im Bereich der Finanzmärkte bedarf es also eines differenzierter vorgehenden Intermediärs, der neben der schlichten Vermittlung, die angebotenen und nachgefragten Finanzmittel in ihren Eigenschaften hinsichtlich der Losgröße, der Fristigkeit und der Risikostruktur transformiert. Wenn diese Transformation vollständig gelingt, ist das Allokationsergebnis an den Finanzmärkten effizient.

3. Transformationsleistungen der Finanzintermediäre

a) Losgrößentransformation

Der Anlage- und Finanzbedarf zweier Marktteilnehmer stimmt in der Regel nicht in jeder Hinsicht vollkommen überein. So ist es beispielsweise denkbar, daß der Investor einen höheren Betrag anlegen möchte als der Sparer zu sparen bereit ist. Mit der reinen Informationsvermittlung durch den Finanzintermediär über die Bedürfnisse der beiden Marktteilnehmer kann hier noch kein Abschluß über einen Finanzkontrakt erreicht werden, da die Losgrößen der beiden Marktteilnehmer nicht kongruent sind.

In diesem Fall kann der Finanzintermediär durch die Entgegennahme weiterer Spareinlagen und ihrer Bereitstellung für den Investor eine Losgrößenkongruenz erreichen. Er transformiert damit mehrere unterschiedlich kleine Losgrößen in eine nachgefragte größere Losgröße. Die Transformation kann natürlich auch von einem großen Los in verschiedene kleine Lose vorgenommen werden. Den Ausgleich von möglicherweise entstehenden und nicht vermittelbaren Überschüssen bzw. Fehlbeträgen kann der Finanzintermediär bei Bedarf am Geldmarkt vornehmen.[20]

---

20 Vgl. Bitz (1989), S. 433.

b) Fristentransformation

Nach einem erreichten betragsmäßigen Ausgleich der Losgröße können die Interessen der beiden Marktseiten dennoch bezüglich der Überlassungsfrist der Finanzmittel auseinander liegen. Ursache für diese Fristendiskrepanz kann z.B. der unterschiedliche Zinssatz für kurz- und langfristige Kredite sein. So ist es denkbar, daß ein Investor eine langfristige Finanzierung anstrebt, da der Zinssatz für langfristige Kredite unter dem für kurzfristige liegt. Wenn dies aber der Fall ist, dann wird der Sparer eher die kurzfristige Anlage bevorzugen, da er dort eine höhere Verzinsung seines Guthabens erreichen kann. Diese Fristendiskrepanz kann der Finanzintermediär durch die Bereitstellung weiterer, zeitlich aufeinanderfolgender kurzfristiger Einlagen beseitigen. Ebenso ist aber auch eine Transformation langfristiger Einlagen in kurzfristige Kredite möglich.[21]

c) Risikotransformation

Neben die Kriterien der Losgröße und der Frist tritt noch ein drittes Merkmal von Einlagen oder Krediten: die immanenten Chancen und Risiken für die Marktteilnehmer. Während mit Chance die Wahrscheinlichkeit einer Vermögenserhöhung bezeichnet wird, umschreibt das Risiko die Möglichkeit eines Vermögensverlustes. Die Neigungen der Finanzmarktteilnehmer, Risiken einzugehen bzw. Chancen zu nutzen, sind naturgemäß unterschiedlich ausgeprägt. Um einen Ausgleich dieser voneinander abweichenden Präferenzen zu erreichen, bedarf es einer entsprechenden Transformation der Risiken und Chancen.[22]

Diese Transformation kann grundsätzlich auf zwei Arten vorgenommen werden. Entweder wird ein Chancen- und Risikenbündel in verschieden strukturierte Komponenten zerlegt (Diversifikation), oder unterschiedlich strukturierte Positionen werden zu einer Globalposition zusammengefaßt. Letzteres kann eine Risikohäufung oder eine Kompensation der Risiken (Hedging) in einer Position zur

---

21 Mit der Fristentransformation bewirken die Finanzintermediäre aber nicht nur einen Ausgleich der individuellen Interessen der Finanzmarktteilnehmer, sondern sie ermöglichen damit auch die Finanzierung von Güterproduktionen, die sich durch einen längeren Produktionsumweg und kapitalintensive Verfahren auszeichnen. Da diese Verfahren für eine moderne Volkswirtschaft kennzeichnend sind, kommt der Fristentransformation eine bedeutende gesamtwirtschaftliche Funktion zu. Vgl. Poullain (1976), Spalte 664.

22 Vgl. Arnold (1976), Spalte 1506f.

Folge haben.[23] Mit verschiedenen Variationen der genannten Risikotransformationsarten kann der Finanzintermediär das Chancen- und Risikenprofil der entsprechenden Finanzierungs- und Anlagewünsche an das der anderen Marktteilnehmer anpassen.

Insgesamt leisten die Finanzintermediäre neben der Informations- und Vermittlerfunktion demnach noch eine für die gesamte Volkswirtschaft unverzichtbare Transformationsfunktion, die im Ergebnis eine flexible und effiziente Allokation der Finanzmittel in einer arbeitsteiligen Volkswirtschaft erst ermöglicht. Nun werden die genannten Funktionen von den Finanzintermediären nicht alle in gleichem Umfange ausgeübt. Vielmehr ist zu beobachten, daß sie sich auf einzelne Aufgaben spezialisieren. Aus dieser Aufgabenselektion ergibt sich eine Einteilung, die eine Klassifizierung der Finanzintermediäre nach ihren einzelnen Funktionen ermöglicht.[24]

4. Funktionale Einteilung der Finanzintermediäre

a) Der Finanzintermediär als Gutachter

Kennzeichen des Finanzintermediärs als Gutachter ist es, daß er Informationen über Finanzierungstitel oder deren Emittenten produziert und zum Verkauf anbietet.[25] Durch die Ausübung dieser Tätigkeit bündelt er die für eine Finanztransaktion relevanten Informationen und macht sie den interessierten Finanzmarktteilnehmern zugänglich. Die Inanspruchnahme dieser Dienstleistung kann den Informationskostenaufwand der Beteiligten erheblich reduzieren. Die Intermediärsfunktion, die von dem Gutachter ausgeübt wird, beschränkt sich also auf die Informationsproduktion und die anschließende entgeltliche Überlassung

---

23 Vgl. Bitz (1989), S. 434.

24 In der Literatur ist die funktionale Einteilung der Finanzintermediäre umstritten, da keine Einigkeit darüber besteht, ab welcher Funktionsausübung von einem Finanzintermediär gesprochen werden kann. Während ein Teil der Literatur bereits bei der Ausübung der reinen Gutachterfunktion von einem Intermediär spricht, ist ein anderer Teil der Auffassung, daß es sich erst ab der Ausübung der "Produzentenfunktion" um einen Finanzintermediär handelt. Vgl. beispielhaft zur ersten Auffassung: Bitz (1989), S. 430, zur zweiten Auffassung: Baltensperger/Milde (1987), S. 1ff.

25 Vgl. Breuer (1993), S. 10.

der Informationen an die Marktteilnehmer. Es werden weder Güter noch Finanztitel gehandelt.[26] Als Beispiel für Finanzintermediäre, die als Gutachter agieren, seien hier Börsendienste, Rating-Agenturen oder Evidenz-Zentralen wie die Schufa genannt.[27]

b) Der Finanzintermediär als Finanzauktionator

Der Auktionator ist ein Intermediär, der sich beim Handel mit Finanzaktiva auf die reine Preisermittlung beschränkt.[28] Er nimmt die Angebots- und Nachfragewünsche der Marktteilnehmer entgegen und teilt nach Ermittlung des Preises die jeweils umgesetzten Mengen zu. Vorrangige Aufgabe des Maklers ist es also, die Herbeiführung eines unmittelbaren Vertrages zwischen zwei Marktteilnehmern zu bewirken. Dabei bleibt er aber - genauso wie der Gutachter - aus dem Tauschprozeß der Marktteilnehmer ausgeschlossen. Er nimmt lediglich eine Maklerfunktion wahr.[29] Solche Maklerfunktionen werden z.B. von Versicherungs- und Wertpapiermaklern ausgeübt. Allerdings üben auch Kreditinstitute eine Maklerfunktion aus, wenn sie im Rahmen ihres Emissionsgeschäftes etwa Euronotes im fremden Namen und auf fremde Rechnung plazieren.[30]

Finanzintermediäre, die entweder Gutachter- oder Auktionatorfunktionen ausüben, werden in der Literatur häufig als *Finanzintermediäre im weiteren Sinne* bezeichnet. Die Begründung dafür liegt in der Tatsache, daß die Ausübung dieser Funktionen eine nicht unmittelbar intermediäre Position im Austauschprozeß zwischen den Marktteilnehmern bedingt. Diese ist jedoch bei den beiden folgenden Funktionen von Finanzintermediären erforderlich. Daher spricht man bei ihnen von *Finanzintermediären im engeren Sinne*.

---

26 Vgl. ebd., S. 44.

27 Vgl. Bitz (1989), S. 432.

28 Vgl. Breuer (1993), S. 10.

29 Vgl. Benston/Smith (1976), S. 215.

30 Bitz (1989), S. 432.

c) Der Finanzintermediär als Händler oder Market Maker

Für den Händler oder auch Market Maker[31] ist es kennzeichnend, daß er in den physischen Prozeß des Güter- oder Finanzmitteltausches eingeschaltet ist, ohne dabei den Handelsgegenstand durch Transformation zu verändern.[32] Dabei wird in der Regel so verfahren, daß der Händler - im Gegensatz zum Auktionator - den Handel auf eigene Rechnung und im eigenen Namen durchführt. Denkbar ist aber auch, daß der Handel im eigenen Namen, aber auf fremde Rechnung durchgeführt wird.[33] Als Beispiel für solche Finanzintermediäre können Banken oder auch reine Investmentbanken genannt werden.

d) Der Finanzintermediär als Finanzproduzent

Als Finanzproduzent ist ein Finanzintermediär dann zu bezeichnen, wenn er in den Gütertauschprozeß der Marktteilnehmer eingeschlossen ist und durch die Ausübung der Transformationsfunktion neuartige Güter produziert.[34] Eine solche Substitution durch Transformation ist z.B. kennzeichnend für Versicherungen, Kreditinstitute, Bausparkassen und Kapitalanlagegesellschaften. So produzieren Kreditinstitute beispielsweise aus verschiedenen kleinen Einlagen mit unterschiedlichen Fristen einen großen Kredit mit einer Frist. In der Literatur zur Finanzintermediation stehen diese Institutionen mit ihrer Transformationsfunktion im Vordergrund, da sich aus ihr die meisten Problemfelder ergeben.[35]

---

31 Market Maker sind Händler, die verpflichtet sind, in den von ihnen betreuten Basiswerten auf Anfrage sog. Quotes zu stellen, d.h. jeweils einen Preis zu nennen, zu dem sie bereit sind, die entsprechende Position auf eigene Rechnung zu übernehmen bzw. abzugeben. Market Maker können aber auch unaufgefordert ihre jeweiligen Quotes bekanntgeben. Vgl. Bitz (1993), S. 267.

32 Vgl. Breuer (1993), S. 12.

33 Handel im eigenen Namen, aber auf fremde Rechnung, gilt als ein Kommissionsgeschäft gem. § 383 HGB.

34 Vgl. Breuer (1993), S. 13.

35 Es muß darauf hingeweisen werden, daß die hier vorgenommene funktionale Einteilung der Finanzintermediäre nicht immer trennscharf auf die einzelnen Intermediärsinstitutionen übertragen werden kann, da es häufig zu Überschneidungen kommt. Eine andere Einteilungsform als die hier gewählte bietet Bitz (1993), S. 29. Er klassifiziert Finanzintermediäre nach ihren Adressaten und dem Ausmaß der erbrachten Transformationsleistungen.

Akzeptiert man aber die vorgenommene Einteilung, so können die Finanzintermediäre hinsichtlich ihrer Funktion in die drei Bereiche Dienstleistung, Handel und Produktion

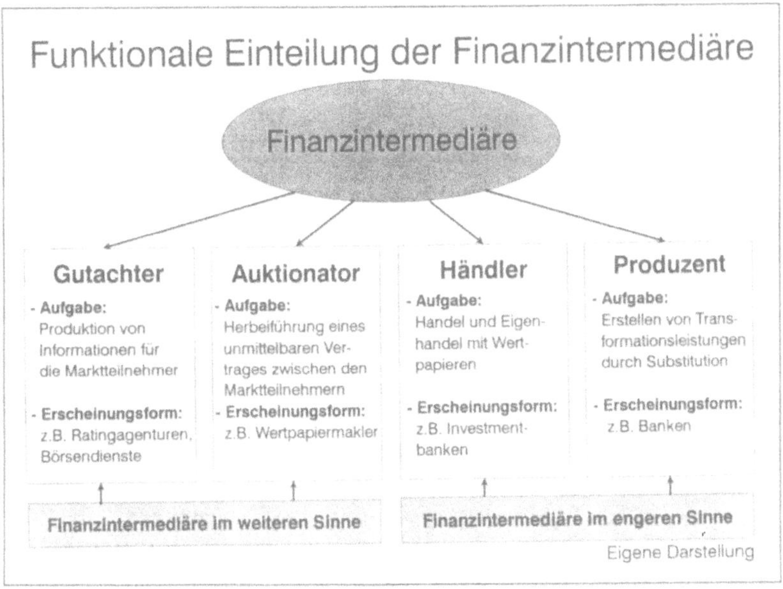

Abbildung 2: Funktionale Einteilung der Finanzintermediäre

Nach der Herleitung des Bedarfs an Finanzintermediation an den Finanzmärkten und der funktionalen Einteilung der Finanzintermediäre steht im folgenden der Finanzintermediär als Unternehmen im Mittelpunkt der Betrachtung. Dabei geht es insbesondere um die institutionenökonomische Begründung für die Entstehung der Finanzintermediäre als ergänzende Koordinationsmechnanismen zum intermediärlosen Finanzmarkt. Die Entstehungsursachen sollen im folgenden mit Hilfe des Transaktionskostenansatzes und den sich daraus ergebenden Erkenntnissen der Institutionenökonomik näher analysiert werden.[36]

---

eingeteilt werden. Vgl. Niehans (1978), S. 166, der allerdings nur zwischen Produktion und Handel unterscheidet.

36 Es sei an dieser Stelle darauf hingewiesen, daß die folgenden Überlegungen auf der Transaktionskostentheorie basieren. Die beiden anderen Bereiche der Institutionenökonomie, das Principal-Agent- und Property-Rights-Problem werden im folgenden keine explizite und vertiefte Anwendung finden, da deren zusätzliche Berücksichtigung weder das Ergebnis der Überlegungen verändern noch einen wesentlichen Beitrag für die anschließenden Untersuchungen liefern würden. Vgl. zu einer ausführlichen Anwendung der beiden letzten Ansätze z.B. auf Banken: Zimmer (1993) und die dort angegebene Literatur.

B. Institutionenökonomische Begründung für die Entstehung von Finanzintermediären als Unternehmungen

1. Der Ansatz von R. Coase

a) Die Bedeutung der Transaktionskosten für die Entstehung von Unternehmungen

Lange Zeit wurde die Unternehmung in der ökonomischen Literatur als eine "black-box" behandelt. Ihre Existenz als Ort der Produktion mittels der Kombination von Produktionsfaktoren wurde zwar akzeptiert, jedoch gelang es nicht, eine schlüssige Begründung für ihre Entstehung zu entwickeln. Außerdem war es Ökonomen nicht möglich, die Unternehmung als einen Ort der Koordination wirtschaftlicher Aktivitäten gegenüber dem Markt als alternativen Ort für dieselbe Aufgabe abzugrenzen. Somit konnten auch die zu beobachtenden Strukturen innerhalb der gesamtwirtschaftlichen Koordination, also die Aufteilung der Aktivitäten zwischen Unternehmungen und Markt, nur unzulänglich erklärt werden. Die Ursache für dieses Defizit lag im wesentlichen im Fehlen geeigneter Erklärungsansätze und Instrumente innerhalb der mikroökonomischen Ideengebäude der Klassik und Neoklassik.[37]

Dies änderte sich mit der zunehmenden Bedeutung der Transaktionskostentheorie. Eine der ersten bahnbrechenden Beiträge zu diesem Theorieansatz stammt von Ronald Coase aus dem Jahre 1937. Der lange unterschätzte Aufsatz "The nature of the firm"[38] lieferte den ersten umfassenden Erklärungsansatz für die Entstehung der Unternehmung als Ort ökonomischer Koordinationsaktivitäten. Die Grundlage der Untersuchung von Coase bildeten die Transaktionen,[39] die den wirtschaftlichen Aktivitäten zugrunde liegen. Nach seiner Ansicht bestehen zwei Möglichkeiten, diese Transaktionen zu koordinieren: Entweder über den Markt oder durch eine Unternehmung.[40] Auf dem Markt findet die Koordination der Transaktionen über den

37 Vgl. hierzu: Bössmann (1983), S. 105-106.

38 Coase (1937).

39 Der Begriff Transaktion wird in der Literatur sehr unterschiedlich verwendet. Meistens bezieht er sich auf einen Akt des Gütertausches auf dem Markt. Im folgenden werden unter Transaktionen neben der genannten Definition auch alle Leistungserstellungen innerhalb einer Volkswirtschaft verstanden. Vgl. Bössmann (1983), S. 107.

40 Vgl. Coase (1937), S. 388.

Preismechanismus statt, im Unternehmen hingegen werden sie durch Anweisungen koordiniert. Im Gegensatz zur klassischen und neoklassischen Theorie läßt Coase die Annahme fallen, daß die Durchführung einer Transaktion kostenlos ist.[41] Er unterscheidet vielmehr zwischen Kosten, die bei einer Transaktion am Markt anfallen und Kosten, die bei einer Transaktion innerhalb einer Unternehmung entstehen.

Die Kosten der marktlichen Koordinierung von Transaktionen bezeichnet Coase als Transaktionskosten.[42] Sie entstehen durch die Inanspruchnahme des Preissystems, welches als Koordinationsmechanismus der Transaktionen fungiert. Unter diesen Transaktionskosten werden somit die Kosten verstanden, die bei der Informationssuche über die relevanten Marktpreise,[43] den Verhandlungen über einen Vertragsabschluß[44] und schließlich der Kontrolle des abgeschlossenen Vertrages[45] entstehen. Die Kosten hingegen, die bei einer unternehmensinternen Koordination anfallen, werden als Organisationskosten bezeichnet. Diese umfassen im wesentlichen die Kosten der selbständigen Leistungserstellung und dem damit verbundenen Organisationsaufwand.

---

41 Vgl. Coase (1937), S. 336. Die Bedeutung dieser Erkenntnis wird bei der Vorstellung deutlich, welche Konsequenzen kostenneutrale Transaktionsmöglichkeiten bewirken würden. Alle Vereinbarungen könnten von den Vertragspartnern so lange ausgehandelt werden, bis alle Seiten zufriedengestellt sind. In der Folge gäbe es dann auch kein Organisationsproblem bei der Koordinierung wirtschaftlicher Aktivitäten. Vgl. Picot (1982), S. 270.

42 Der Versuch, den Begriff Transaktionskosten zu umschreiben, ist häufig vorgenommen worden: Arrow umschreibt die Transaktionkosten in einer sehr weiten Form als "Betriebskosten des Wirtschaftssystems", vgl. Arrow (1969), S. 48. Williamson bezeichnet Transaktionskosten als "Kosten für Entwurf, Verhandlung und Absicherung einer Vereinbarung". Dabei differenziert er zwischen ex ante und ex post Transaktionskosten. Vgl. Williamson (1990), S. 22. Die hier verwendete Definition geht zurück auf Coase (1960), S. 15. Vereinzelt werden zu diesen Kosten der Anbahnung, Aushandlung und Kontrolle noch die Kosten der Anpassung hinzugefügt. Diese entstehen z.B. bei der Durchsetzung von Termin-, Qualitäts- oder Preisänderungen, die aufgrund von veränderten Bedingungen während der Laufzeit einer Vereinbarung nötig werden können. Vgl. Picot (1982), S. 270.

43 Vgl. Coase (1937), S. 338: "The most obvious cost of "organizing" production through the price mechanism is that of discovering what the relevant prices are."

44 Vgl. ebd., S. 336: "The cost of negotiating and concluding a seperate contract for each exchange transaction which takes place on a market must also be taken into account."

45 Vgl. Coase (1960), S. 15.

b) Das Verhältnis von Transaktions- zu Organisationskosten als Erklärungsansatz

Bei der Betrachtung der Koordinationsalternativen Markt und Unternehmung ergibt sich als Entscheidungskriterium für die Wahl des effizienteren Koordinationsmechanismus eine Version des Marginalprinzips: Ist zu erwarten, daß die unternehmensinternen Organisationskosten bei der Erstellung einer Leistung geringer sind als die anfallenden Transaktionskosten bei einer Nachfrage der gleichen Leistung auf dem Markt, so wird die Leistung innerhalb einer Unternehmung erstellt und vice versa.[46] Nun stellt sich die Frage, warum eine unternehmensinterne Leistungserstellung billiger sein kann als die Beschaffung der gleichen Leistung über den Markt. Die von Coase angeführten Gründe sind im wesentlichen die folgenden: Bei Zusammenfassung entsprechender Transaktionen in einer Unternehmung können diese überschaubarer und besser kontrolliert werden. So entfallen z.B. die ständig neu aufzuwendenden Informationskosten, die Kosten der Verhandlung und Kontrolle, wenn die Transaktion einfach durch eine Anweisung ausgeführt wird. Hinzu kommt das Argument der Kostendegression bei der Durchführung zahlreicher gleichartiger Transaktionen.[47]

Durch die Übertragung des von Coase entwickelten Zusammenhanges auf die Finanzmärkte läßt sich die Entstehung von Finanzintermediären als eine Form der Unternehmung erklären.[48] Als Grundlage der Übertragung werden hier die Transaktionen untersucht, die den Finanzmarkt in der Regel kennzeichnen. Dazu gehören im wesentlichen die Substitutionsleistungen,[49] die entsprechend den

---

46 Vgl. Coase (1937), S. 392f. Will man diesen Vergleich der Kostenarten und -höhen durchführen, erfordert dies eine Operationalisierung oder gar Monetarisierung der Transaktions- und Organisationskosten. Dies bereitet jedoch erhebliche Schwierigkeiten, da diese Kostenarten aufgrund ihrer heterogenen Zusammensetzung nicht mit einem Maßstab bewertbar sind. Insofern muß im Zusammenhang mit den genannten Kostenarten der geläufige Kostenbegriff, der in der Regel in Geldeinheiten bewertet wird, erweitert werden. Dazu bietet sich im Rahmen des Vergleichs der Höhe von Transaktions- und Organisationskosten das ordinale Meßkonzept an, welches im folgenden auch angewendet wird.

47 Vgl. ebd., S. 340.

48 Vgl. zu der Anwendung des Transaktionskostenansatzes von Coase auf die Bankunternehmung bzw. auf Finanzintermediäre: Wagner (1982), S. 6-11.

49 Diese umfassen Fristen-, Losgrößen- und Risikotransformation zwischen den Finanzmarktteilnehmern.

oben erwähnten Überlegungen die Interessen von Anlegern und Kreditnehmern bezüglich ihrer finanziellen Interessen zum Ausgleich bringen. Welcher institutionelle Koordinationsmechanismus kann diese Leistungen am besten erbringen? Der Markt oder die Unternehmung?

Beim Markt müssen die Finanzmarktteilnehmer zur Befriedigung ihrer Bedürfnisse direkt miteinander in Kontakt treten.[50] Dabei würde der Preis als Knappheitssignal den Verhandlungsgegenstand bilden. Um aber den Preismechanismus als Koordinationsinstrument nutzen zu können, müssen die Finanzmarktteilnehmer Transaktionskosten aufbringen. Zunächst muß ein Verhandlungspartner mit den gewünschten - möglichst entgegengesetzten - Bedürfnissen gefunden werden. Nach Ermittlung eines geeigneten Kontraktpartners wird dann über den Preis und andere Vertragsinhalte verhandelt. Kommt es zu einem Abschluß, so bedarf es der anschließenden Kontrolle der Einhaltung der Vereinbarung bis schließlich der Vertrag erfüllt ist.

Als Alternative zu dieser Koordinationsform besteht die Möglichkeit, die Interessen der Finanzmarktteilnehmer durch Anweisungen zum Ausgleich zu bringen, was eine Koordination der Bedürfnisse innerhalb einer Unternehmung - dem Finanzintermediär - bedeutet. Um den Ausgleich der Interessen zu erreichen, müssen die Finanzmarktteilnehmer ihre Interessen gegenüber dem Finanzintermediär offenlegen. Diese Artikulation von Angebot und Nachfrage geschieht noch über den Markt, d.h., daß hier Transaktionskosten aufgewendet werden müssen, um den entsprechenden Finanzintermediär zu finden. Kommt es zu einer Vereinbarung, übernimmt der Finanzintermediär den Ausgleich der unterschiedlichen Finanzierungs- und Anlageinteressen unternehmensintern, indem er die Substitution durch Transformation mittels Anweisung organisiert.[51]

Vergleicht man die beiden möglichen Formen der Koordination, müssen bei der Beurteilung, welche Koordinationsform unter ökonomischen Aspekten die sinnvollste ist, folgende Punkte berücksichtigt werden: Zu untersuchen ist, welche Kostenarten in welcher Höhe bei welcher Koordinationsform anfallen. Bei einer Unterscheidung der möglichen Kosten in Transaktions- und Organisationskosten ergibt sich folgendes Bild:

50 Diese Situation ist vergleichbar mit den in Kapitel II. A. beschriebenen intermediärlosen Finanzmärkten.

51 Vgl. Bitz (1989), S. 432.

Bei der marktlichen Koordination fallen ausschließlich Transaktionskosten für die einzelnen Finanzmarktteilnehmer an. Sie umfassen zuerst die Kosten der Vertragspartnersuche, also der Informationsbeschaffung. Diese Kosten dürften aufgrund des bestehenden Informationsparadoxons und der geringen Wahrscheinlichkeit, jemanden mit den gewünschten Bedürfnissen zu finden, sehr hoch sein. Danach entstehen die Kosten der Aushandlung des Vertrages. Dabei muß berücksichtigt werden, daß die Vertragsbestandteile jedesmal neu ausgehandelt werden müssen, da sich die Abschlüsse untereinander wohl in den wenigsten Fällen gleichen. Die damit verbundenen Kosten dürften ebenfalls im Verhältnis zum erhofften Ertrag der Transaktion hoch liegen.[52] Schließlich kommen noch die Kosten der Kontrolle des Vertrages hinzu. Diese Kosten können bei Finanzkontrakten verhältnismäßig hoch sein, da sich diese Art von Verträgen in der Regel durch ein zeitliches Auseinanderfallen von Abschluß und Erfüllung auszeichnet, was dazu führt, daß die Kontrollaktivitäten über einen längeren Zeitraum hinweg durchgeführt werden müssen.[53]

Im Gegensatz zur Koordination durch den Markt, bei der nur Transaktionskosten anfallen, ergeben sich bei der Koordination durch Anweisung Transaktions- *und* Organisationskosten. Die Transaktionskosten entstehen aus den gleichen Gründen wie bei der Marktlösung, jedoch dürften sie aus folgenden Gründen im Vergleich tiefer liegen: Die hohen Informationskosten infolge des Informationsparadoxons können vermieden werden, da aufgrund der Bündelung der Informationen bei den Finanzintermediären der Kreis der potentiellen Verhandlungspartner auf diese eingeschränkt werden kann. Diese Bündelung ermöglicht auch ein flexibleres Eingehen der Finanzintermediäre auf die Bedürfnisse der Finanzmarktteilnehmer. Das bewirkt im Ergebnis eine mögliche höhere Erfolgsquote bei den Verhandlungen. Die Kosten der Kontrolle des Vertrages reduzieren sich für den Marktteilnehmer auf die Kontrollkosten gegenüber dem Finanzintermediär, der ein vorrangiges Interesse an einer Vertrauensentwicklung hat, um weitere Verträge abschließen zu können. Bei der

52 Im Extremfall kann die Höhe der bis hierhin angefallenen Kosten der Anbahnung und Aushandlung bereits dazu führen, daß die Durchführung der gewünschten Transaktion unterlassen wird.

53 Hinzu kommt, daß zur Kontrolle Informationen benötigt werden. Berücksichtigt man auch hier das Bestehen des Informationsparadoxons, so ist das Erreichen einer optimalen Kontrolle nahezu ausgeschlossen.

internen Koordination der Transformationsbedürfnisse entstehen schließlich Organisationskosten. Hier besteht nach Coase gegenüber der Marktlösung ein erhebliches Einsparungspotential, welches in einzelnen Fällen für die Koordination durch Anweisung spricht.[54]

Dieses Einsparungspotential ergibt sich aus folgenden Gründen: Bei einer Zusammenfassung der betreffenden Transaktionen innerhalb einer Unternehmung ergeben sich zunächst Informationsvorteile, weil die relevanten Daten über die Transaktionswünsche der Marktteilnehmer gebündelt vorhanden sind. Dies erleichtert die Koordination der entsprechenden Transaktionswünsche, da eine weitere Informationssuche nur begrenzt oder gar nicht notwendig ist. Desweiteren ist zu beachten, daß bei einer unternehmensinternen Koordination bestimmte wiederkehrende Transaktionen nicht immer wieder neu verhandelt werden müssen. Auch hieraus ergibt sich ein Einsparungspotential gegenüber der Marktlösung.[55] Ferner ergeben sich Vorteile dadurch, daß die abgeschlossenen Verträge innerhalb einer Unternehmung eine Vielzahl der marktlichen Verträge ersetzen.[56] Schließlich ist zu beobachten, daß sich die Kontrollkosten der Transaktionen durch den umfangreichen Bestand an Informationen und dem - aufgrund der bestehenden Vertragsbeziehungen - leichteren Zugang zu den relevanten Informationen reduzieren lassen.[57]

c) Der Erkenntnisgewinn und die Grenzen des Ansatzes von R. Coase

Das Verdienst von Coase ist es, mit dem Transaktionskostenansatz eine Möglichkeit zur Erklärung von Strukturmerkmalen einer Marktwirtschaft geliefert zu haben. Als "Struktur" soll hier die Aufteilung der ökonomischen Aktivitäten auf Unternehmen, Haushalte, Märkte und andere Institutionen verstanden werden.[58] Durch eine Übertragung dieser Erkenntnis auf den Finanzmarkt können daraus die Entstehungsursachen für Finanzintermediäre in Form von Unternehmungen abgeleitet werden.

---

54 Vgl. Coase (1937), S. 392ff.

55 Vgl. ebd., S. 391.

56 Vgl. ebd.

57 Vgl. ebd., S. 392.

58 Vgl. Bössmann (1983), S. 108.

Jedoch weist das Konzept von Coase auch Grenzen auf. So stellt sich die Frage, ob es wirklich nur die beiden Koordinationsmechanismen Markt und Unternehmung gibt, oder ob darüber hinaus noch andere Formen existieren. Des weiteren bleibt ungeklärt, ob die Art der zu koordinierenden Aktivitäten oder Transaktionen mitbestimmend ist für die Höhe der jeweiligen Transaktions- und Organisationskosten und sie damit auf das Zustandekommen bestimmter Koordinationsformen Einfluß hat. In diesem Zusammenhang geht Coase auch nicht der Frage nach, wie sich Transaktions- und Organisationskosten quantifizieren lassen. Dies ist jedoch eine notwendige Voraussetzung, um genauere Angaben über die Struktur einer Wirtschaft machen zu können. Letztlich fehlt dem Modell von Coase der dynamische Charakter, der Veränderungen der Strukturen in einer arbeitsteiligen Volkswirtschaft erfassen und erklären könnte.

Ein großer Teil der aufgeworfenen Fragen ist von Oliver E. Williamson weiter verfolgt worden. Seine Erkenntnisse präzisieren den Ansatz von Coase und sollen daher im folgenden näher vorgestellt werden.

2. Die Weiterentwicklung des Coase-Ansatzes durch O. E. Williamson

a) Transaktionsspezifische Merkmale als Bestimmungsfaktoren der Koordinationsform wirtschaftlicher Aktivitäten

Coase hat in seinen Ausführungen zur Transaktionskostentheorie die Transaktion als kleinste zu untersuchende Einheit dargestellt. Auf mögliche Unterschiede zwischen den einzelnen Transaktionen ist er nur kurz und ohne großen Erkenntnisgewinn eingegangen.[59] Diese möglichen Unterschiede sind allerdings nur zu qualifizieren, wenn geeignete Kriterien zur Unterscheidung vorhanden sind. Eine solche systematische Klassifizierung der Transaktionen im Hinblick auf die sich daraus ergebenden Koordinationserfordernisse hat O. E. Williamson vorgenommen. Er unterscheidet folgende vier Merkmale einer Transaktion:

- das Ausmaß, in dem eine Transaktion dauerhafte "transaktionsspezifische" Investitionen erfordert,
- die Häufigkeit, mit der eine Transaktion vorgenommen wird,

---

59 Coase geht auf eine mögliche Verschiedenheit der Transaktionen nur im Zusammenhang mit der Begründung der Unternehmensgröße ein. Hier führt er als Grund für überproportional ansteigende Organisationskosten neben der Zahl der zu koordinierenden Aktivitäten deren Verschiedenheit auf. Vgl. Coase (1937), S. 394 und 397.

- die mit einer Transaktion verbundene Unsicherheit und
- die Verteilung der transaktionsspezifischen Informationen zwischen den Vertragspartnern.[60]

Als "transaktionsspezifisch" bezeichnet Williamson solche Investitionen, die zur Durchführung einer bestimmten Transaktion notwendig sind. Dies betrifft z.B. Sachinvestitionen in Spezialmaschinen, aber auch Investitionen in Humankapital,[61] die Voraussetzung für die Erstellung von bestimmten Leistungen sind.[62] Die These von Williamson lautet, daß Transaktionen, die hoher spezifischer Investitionen bedürfen, durch eine Unternehmung besser koordiniert werden können als über den Markt.[63] Die Begründung entspricht im wesentlichen der von Coase. Mit der Bündelung der Transaktionen können die transaktionsspezifischen Investitionen effizienter genutzt werden, was im Ergebnis dazu führen kann, daß die Leistung durch die Unternehmung billiger erstellt wird als durch den Markt.

Das zweite Kriterium zur Klasssifizierung von Transaktionen, welches eng mit dem Ausmaß der transaktionsspezifischen Investitionen verbunden ist, betrifft die Häufigkeit der Wiederkehr einer Transaktion. Betrachtet man dieses Kriterium unter dem Aspekt des geeigneten Koordinationsmechanismus, steht die folgende Frage im Vordergrund: Wie verhält sich die Einsparung von Transaktionskosten bei einer unternehmensinternen Koordination häufig wiederkehrender Transaktionen zu den damit möglicherweise verbundenen Skalen- und Verbundvorteilen?[64] Hier bedarf es - ähnlich der Überlegungen im vorhergehenden Abschnitt - einer Untersuchung der jeweiligen Trade-off-Möglichkeiten, um die Effizienz der alternativen Koordinationsmöglichkeiten zu analysieren. Im Ergebnis ist davon auszugehen, daß die Koordination häufig wiederkehrender und äquivalenter Transaktionen durch die Ausnutzung von Fixkostendegressions-

---

60 Vgl. Williamson (1981), S. 676; ders. (1990), S. 59.

61 Insgesamt unterscheidet Williamson vier Arten der Spezifität: Standortspezifität, Spezifität des Sachkapitals, Spezifität des Humankapitals und zweckgebundene Sachwerte. Vgl. Williamson (1990), S. 62.

62 Davon abzugrenzen sind Mehrzweckinvestitionen, die eine alternative Verwendungsmöglichkeit aufweisen, bzw. deren alternative Verwendungen einen relativ hohen Wert haben.

63 Vgl. Williamson (1990), S. 63.

64 Vgl. ebd., S. 69.

effekten und Lernkurveneffekten in einer Unternehmung effizienter als durch den Markt ausgeführt werden kann.[65]

Bei der Analyse der mit einer Transaktion verbundenen Unsicherheit im Hinblick auf die Koordinationserfordernisse sind zwei Bereiche voneinander zu unterscheiden: Ein Bereich, in dem die Markthandlungen von Wirtschaftssubjekten immer mit einem gewissen Maß an Restunsicherheit über die Handlungsfolgen vorgenommen werden und ein zweiter Bereich, in dem die transaktionsrelevanten Informationen zwar bekannt, aber zwischen den Marktteilnehmern ungleich und damit asymmetrisch verteilt sind. Zunächst soll die Frage behandelt werden, welche Auswirkungen das Bestehen von Restunsicherheit auf die Anforderung des Koordinationsmechanismus hat.

Um sich diesem Problem zu nähern, macht Williamson zwei Annahmen: Menschen verhalten sich nur begrenzt, dafür aber intendiert rational, und sie tendieren zum Opportunismus.[66] Die erste Verhaltensannahme betrifft die Tatsache, daß Menschen nur unvollständig informiert sein können,[67] sich aber in dieser dadurch bedingten Restunsicherheit tendenziell rational verhalten.[68] Die Annahme des opportunistischen Verhaltens bedeutet, daß Marktteilnehmer versuchen, die vorhandene Restunsicherheit zu ihren Gunsten strategisch, also geplant, und vorsätzlich auszunutzen.[69] Welche Auswirkungen ergeben sich aus dem Vorhandensein von Unsicherheit gepaart mit begrenzter Rationalität und Opportunismus für die Koordinationserfordernisse?[70]

---

65 Vgl. dazu auch Zimmer (1993), S. 84.

66 Vgl. zur begrenzten, aber intendierten Rationalität: Williamson (1990), S. 50ff; vgl. zum Opportunismus: Williamson (1990), S. 54-59.

67 Neben der unvollständigen Information, die alle Marktteilnehmer gleichermaßen betrifft, umfaßt die Annahme der begrenzten Rationalität ("bounded rationality") auch subjektive Beschränkungen der einzelnen Wirtschaftssubjekte hinsichtlich der Verfügbarkeit von Können, Zeit sowie der Verarbeitungsfähigkeit von Informationen. Vgl. Picot (1982), S. 269.

68 Die Plausibilität dieser Annahme ist unter Ökonomen umstritten, da mit einer annahmegemäßen Einschränkung der Rationalität häufig Nicht-Rationalität oder Irrationalität unterstellt wird. Vgl. hierzu: Williamson (1990), S. 51.

69 Vgl. Williamson (1991), S. 26ff. Die Ausnutzung der Restunsicherheit zur Verfolgung der eigenen Interessen bewirkt naturgemäß, daß dies auf Kosten Dritter geht.

70 Williamson formuliert das entstandene Organisationsproblem wie folgt:

"Organize transactions so as to economize on bounded rationality while simultaneously selfguarding them against the hazards of opportunism." Williamson (1985b), S. 32.

Zunächst werden die Wirtschaftssubjekte, deren Transaktionswünsche mit Unsicherheit verbunden sind, versuchen, diese Unsicherheit zu begrenzen. Dazu bedarf es der Informationsbeschaffung und der Aufwendung von Informationskosten. Da aber eine vollständige Information annahmegemäß nicht erreichbar ist, muß es eine Grenze der individuellen Informationssuche geben. Diese wird nun nicht mehr nur durch die Kosten der Suche, sondern auch durch die Risikobereitschaft und das opportunistische Verhalten der Individuen bestimmt.[71] Damit können im Umkehrschluß die Informationskosten und damit auch die Transaktionskosten für ein und die gleiche Transaktion von Individuum zu Individuum unterschiedlich sein. Dies bedeutet für die Marktstruktur, die sich nach Coase lediglich aus dem Verhältnis von Transaktions- zu Organisationskosten ergibt, daß über die Grenzen zwischen marktlicher und unternehmerischer Koordination keine eindeutigen Aussagen mehr getroffen werden können.[72] Die durch die Anwendung der ersten beiden Transaktionskriterien ermöglichte Präzisierung der Marktstrukturanalyse wird also durch das Kriterium der Unsicherheit wieder relativiert. Dennoch kann festgehalten werden, daß Transaktionen, die mit Unsicherheit und opportunistischem Verhalten verbunden sind, eher in einem Unternehmen koordiniert werden als auf dem Markt, da durch die Koordination in einem Unternehmen zumindest das opportunistische Verhalten unterbunden wird, schließlich würde es ja nur dem Unternehmen selbst schaden.[73]

Ähnlich umschreibt Picot dieses Organisationsproblem. Es besteht seiner Ansicht nach darin, daß unter besonderer Berücksichtigung der Umstände (unvollkommene Information, begrenzte Rationalität und Opportunismus) und vor dem Hintergrund der Gesamtaufgabe - hier die Erreichung einer effizienten Allokation der Finanzmittel - ein Koordinationsmuster gefunden werden muß, das eine möglichst reibungslose Abwicklung der aufgabenbezogenen Beziehungen zwischen den Beteiligten ermöglicht. Vgl. Picot (1982), S. 269.

71 Vgl. Williamson (1990), S. 52.

72 Auf den ersten Blick erscheint der Transaktionskostenansatz von Coase zur Erklärung der Koordinationsstruktur nun als unscharf. Bei genauerer Betrachtungsweise ist jedoch zu erkennen, daß Coase das Vorhandensein von Unsicherheit gar nicht ausschließt, er analysiert die Folgen nur nicht in der Form, wie Williamson es tut. Insofern ist der Beitrag von Williamson als eine Präzisierung der Arbeit von Coase anzusehen. Vgl. Bössmann (1983), S. 110.

73 Vgl. Meyer (1990a), S. 28.

Eine weitere Möglichkeit der Informationsverteilung ist die asymmetrische Verteilung zwischen den Marktteilnehmern bzw. den Vertragspartnern.[74] Sie unterscheidet sich von der Situation bei Unsicherheit dadurch, daß zwar eine objektiv sichere und richtige Information existiert, zu der jedoch die Marktteilnehmer unterschiedlichen Zugang haben. Das daraus resultierende Informationsdefizit kann sowohl auf Seiten der Nachfrager als auch auf Seiten der Anbieter bestehen.[75]

Welche Folgen können asymmetrisch verteilte Informationen für die Koordination entsprechender Transaktionen haben? Es ist davon auszugehen, daß derjenige, der über die transaktionsrelevanten Informationen besser informiert ist, diesen Vorsprung zu seinen Gunsten ausnutzt. Er wird sich also opportunistisch verhalten und damit negative externe Effekte zu Lasten Dritter auslösen. Das opportunistische Verhalten kommt im wesentlichen in der adversen Selektion[76] der angebotenen Güter zum Ausdruck. Diese Tatsache hat Auswirkungen auf das Marktgeschehen und die Aufteilung der Koordination der Transaktionen zwischen Markt und Unternehmen.[77]

Das Marktgeschehen wird insofern negativ beeinflußt, als daß nach gemachter Erfahrung eines negativen externen Effektes der Nachfrager den Markt für entsprechende Transaktionen nicht mehr in Anspruch nehmen wird. Außerdem reduziert sich aufgrund der adversen Selektion der Güter durch den Anbieter die Zahl der gehandelten Güter.[78] Im Ergebnis führt dies zu Marktversagen und im

---

74 Diese Verteilung kann sowohl natürlichen Ursprungs als auch künstlich herbeigeführt sein. Vgl. Richter (1994), S. 19.

75 Vgl. Meyer (1990b), S. 105.

76 Vgl. ausführlich zur adversen Selektion: Milde (1988), S. 1ff.

77 Im Rahmen dieser Negativauslese bietet der besser informierte Anbieter (Insider) einer Ware seinen Kunden Produkte zum Marktpreis an, die aber im Verhältnis zum Marktdurchschnittspreis vergleichbarer Güter eine relativ schlechte Qualität aufweisen. Da der Nachfrager (Outsider) keinen Zugang zu den relevanten Qualitätsinformationen hat, nimmt er an, daß der geforderte Preis auch die erwartete Marktdurchschnittsqualität garantiert. Dies ist jedoch nicht der Fall. Kommt eine solche Transaktion zustande, muß der negative externe Effekt, der hier durch das Auseinanderfallen von erwarteter Leistung und Gegenleistung zum Ausdruck kommt, vom schlechter informierten Nachfrager getragen werden. Den hier eher theoretisch dargestellten Zusammenhang hat Akerlof sehr anschaulich auf den Markt für Gebrauchtwagen übertragen. Vgl. Akerlof (1970), S. 488-500.

78 Die adverse Selektion führt im Ergebnis dazu, daß der Anbieter Produkte, die eine höhere Qualität als die Durchschnittsqualität zum entsprechenden Marktpreis haben, nicht mehr anbietet, da er sich dadurch selbst schaden würde. Vgl. Milde (1988), S. 3.

Extremfall sogar zu einem Marktzusammenbruch.[79] Um die negativen externen Effekte zu vermeiden, werden die Marktteilnehmer den Koordinationsmechanismus für die entsprechenden Transaktionen bevorzugen, der ein opportunistisches Verhalten der besser informierten Seite möglichst ausschließt, zumindestens aber abschwächt. Dies ist dann gegeben, wenn die beteiligten Parteien aus dem opportunistischen Verhalten keinen Nutzen ziehen können, oder die negativen Folgen eines opportunistischen Verhaltens ihnen im Ergebnis selbst schaden würden. Diese Voraussetzungen sind etwa bei der Koordination entsprechender Transaktionen innerhalb eines Unternehmens gegeben. Hier würde das opportunistische Verhalten eines Teilnehmers und die entsprechenden Folgen dem Unternehmen als Ganzem schaden. Insofern ist davon auszugehen, daß die Beteiligten bemüht sind, die Informationsasymmetrien und damit auch die Möglichkeit des opportunistischen Verhaltens abzubauen, um für das Unternehmen möglichst effiziente Transaktionen herbeizuführen.[80]

b) Übertragung der Transaktionskriterien auf den Finanzmarkt

Durch die Übertragung der Transaktionskriterien von Williamson auf die für Finanzmärkte und Finanzintermediäre kennzeichnenden Transaktionen kann nun die Entstehung von Finanzintermediären im Vergleich zum relativ einfachen Transaktionskostenansatz von Coase noch etwas präziser abgeleitet werden.[81] Als Grundlage der Überlegung wird wieder der Frage nachgegangen, mit welchem Koordinationsmechanismus die unterschiedlichen Interessen der Finanzmarktteilnehmer am effizientesten zum Ausgleich gebracht werden können. Die Problematik der marktlichen Koordination ist bereits oben ausführlich behandelt worden,[82] daher soll im folgenden der Schwerpunkt der Untersuchung auf die Argumente für eine Koordination durch Anweisung gelegt werden.

---

79 Vgl. Milde (1988), S. 5.

80 Es sei an dieser Stelle noch einmal darauf hingewiesen, daß in diesem Abschnitt der Arbeit lediglich die beiden extremen Formen der Koordination, der Markt und die Unternehmung, betrachtet werden. In der Realität sind zwischen diesen beiden Formen aber auch noch abgestufte Variationen möglich. Geht man dabei vom Markt aus, so sind die wichtigsten Zwischenformen: Langfristige Verträge zwischen den Parteien, vertikale Integration in das Unternehmen und Divisionalisierung innerhalb eines Unternehmens. Vgl. hierzu: Meyer (1990b), S. 118ff.

81 Vgl. dazu ausführlich die Arbeit von Zimmer (1993), S. 84ff.

82 Vgl. Kapitel II.B.1.c.

Das erste Kriterium einer Transaktion ist nach Williamson die "transaktionsspezifische" Investition. Die Notwendigkeit einer solchen Investition spricht eher für eine Koordination der Transaktion durch ein Unternehmen[83] als durch den Markt. Es stellt sich somit die Frage, ob transaktionsspezifische Investitionen für die Durchführung von Finanztransaktionen notwendig sind. Bei der Betrachtung einzelner Phasen einer Transaktion auf dem Finanzmarkt kann durchaus ein Bedarf an spezifischen Investitionen abgeleitet werden. Zu nennen sind hier insbesondere die Investitionen in die notwendige Informationsbeschaffung und deren Auswertung. Diese Investitionen lohnen sich nur, wenn der Ertrag der entsprechenden Transaktion in einem sinnvollen Verhältnis zu ihnen steht. Dies wird am ehesten dann der Fall sein, wenn die beschafften Informationen für mehrere gleichartige Transaktionen verwendet werden können. Ist diese Voraussetzung gegeben, dann spricht die Möglichkeit der Kostendegression und der Ausnutzung von Lernkurveneffekten bei häufigen Transaktionen für eine unternehmensinterne Koordination, im vorliegenden Falle also für die Koordination der Interessen der Finanzmarktteilnehmer durch ein Unternehmen, welches als Finanzintermediär tätig ist.

Neben den spezifischen Investitionen und der Häufigkeit der Transaktionen gilt die mit der Transaktion verbundene Unsicherheit als ein weiteres Kriterium, anhand dessen Ausprägung das Koordinationserfordernis abgeleitet werden kann. Ziel der Finanzmarktteilnehmer ist es, ihre Transaktionswünsche so zu koordinieren, daß ihnen aus ihrer begrenzten Rationalität in der bestehenden Unsicherheit[84] keine ungewollten Risiken entstehen. Je nach individueller Risikopräferenz werden die Marktteilnehmer entscheiden, ob und bis zu welchem Grad sie das Risiko selbst eingehen, indem sie direkt am Markt agieren, oder ob sie die Koordination der entsprechenden Transaktionen und damit auch die möglichen Risiken ganz oder teilweise einem Finanzintermediär überlassen. Für

---

83 Williamson umschreibt den Ort der Unternehmung auch als Beherrschungs- und Überwachungssytem. Vgl. Williamson (1979), S. 233ff.

84 Z.B. Unsicherheit über die Entwicklung von Wechselkursen und Zinsen oder über die Zuverlässigkeit des Vertragspartners.

Bei genauerer Betrachtung der Unsicherheitsquellen hinsichtlich ihrer Einflüsse auf Finanztransaktionen kann man auch folgende Unterscheidungen treffen. Zunächst kann die Ursache für die Unsicherheit in dem Finanzsystem selbst begründet sein (endogene Unsicherheit). Ferner kann sie von außen auf das System einwirken (exogene Unsicherheit). Schließlich kann man noch differenzieren zwischen einer bestehenden Unsicherheit hinsichtlich der Qualität des Finanzproduktes (Qualitätsunsicherheit) und seiner Preisentwicklung (Preisunsicherheit). Vgl. Zimmer (1993), S. 85.

die Koordination durch die Unternehmung spricht, daß diese aufgrund ihrer Geschäftstätigkeit sowohl über die besseren vergangenheits- und gegenwartsbezogenen Informationen als auch über die besseren Informationen hinsichtlich der zukünftigen Entwicklung der transaktionsspezifischen Kriterien verfügt. Somit kann sie den Grad der Unsicherheit reduzieren. Außerdem ist ein opportunistisches Verhalten innerhalb der Unternehmung aus den bereits oben genannten Argumenten nicht anzunehmen.[85] Schließlich spricht die Existenz von Risikoaversion der einzelnen Marktteilnehmer dafür, daß ein nicht unerheblicher Teil der Finanztransaktionen an den Finanzintermediär delegiert wird.[86]

Als letztes transaktionsspezifisches Merkmal muß noch die Möglichkeit der asymmetrischen Informationsverteilung auf den Finanzmarkt übertragen werden. Hier stellt sich die Frage, ob asymmetrische Informationen auf dem Finanzmarkt vorhanden sind. Dies wäre dann der Fall, wenn objektiv richtige Informationen existierten, zu denen aber die einzelnen Marktteilnehmer einen unterschiedlichen Zugang hätten. Diese Tatsache ist insbesondere im Kreditgeschäft zu beobachten, da in der Regel der Kreditnehmer über die Erfolgsaussichten seiner kreditfinanzierten Investition besser informiert ist als der Kreditgeber. Dies betrifft z.B. die technische Umsetzbarkeit, die Kenntnisse über den relevanten Absatzmarkt, die zu erwartenden Erträge hinsichtlich der Höhe und zeitlichen Verteilung und das mit der Investition verbundene Gesamtrisiko.[87] Der Kreditgeber kann diesen Informationsvorsprung, wenn überhaupt, nur durch die Aufbringung von Kosten aufholen und wird sich daher in der Regel nur mit einer Teilinformation zufrieden geben. Das verbleibende Informationsdefizit des Kreditgebers kann der Kreditnehmer opportunistisch zu seinen Gunsten nutzen.[88]

---

85 Dabei darf allerdings nicht verkannt werden, daß nun ein opportunistisches Verhalten durch den Finanzintermediär gegenüber seinen Kunden, ob Anbieter oder Nachfrager, möglich ist. Auf diesen Zusammenhang wird weiter unten näher eingegangen.

86 Diamond spricht in diesem Zusammenhang auch von Finanzintermediation und "delegated monitoring", vgl. Diamond (1984).

87 Der Informationsvorsprung des Kreditnehmers kann in einen ex ante- und ex post-Vorsprung aufgeteilt werden. Der Blickwinkel dieser Betrachtung ist die tatsächliche Kreditvergabe. Vor der Kreditvergabe ist der Kreditnehmer zunächst besser über die Umsetzungsmöglichkeiten seiner Investitionspläne informiert. Nach der Kreditvergabe ist er besser über den realisierten Erfolg seiner Investition informiert. Vgl. dazu auch Clemenz (1988), S. 599.

88 Vgl. zur Übertragung des Problems asymmetrischer Informationen auf den Finanzmarkt auch: Zimmer (1993), S. 87.

Analog zu den dargelegten Überlegungen ist zu erwarten, daß ein Teil der Kreditgeber dieses Risiko nicht eingehen wird. Sie werden die Koordination der Kreditvergabe an einen Finanzintermediär übergeben, der aufgrund seiner Möglichkeiten den Informationsvorsprung des Kreditnehmers vergleichsweise reduzieren und damit ein opportunistisches Verhalten eher ausschließen kann. In diesem Zusammenhang kommt die Funktion der Risiko- und Informationstransformation der Intermediäre besonders zum Ausdruck.

Im Ergebnis ist festzuhalten, daß die von Williamson entwickelten Transaktionskriterien durchaus auf den Finanzmarkt und die dort vorgenommenen Transaktionen zu übertragen sind. Mit der Analyse der Ausprägung der einzelnen Transaktionskriterien und den daraus folgenden Koordinationserfordernissen konnte die Begründung für die unternehmerische Koordination bestimmter Transaktionen und damit für die Existenz von Finanzintermediären abgeleitet werden. Im folgenden steht die Frage im Vordergrund, ob sich die Aufteilung der Transaktionen auf die Koordinationsmechanismen im Zeitverlauf ändern kann, und wenn ja, welche Determinanten hierfür verantwortlich sind.

c) Die Möglichkeit der dynamischen Strukturanalyse

Neben der unzureichenden Definition der Kriterien einer Transaktion ist die Vernachlässigung der Betrachtung und Erklärung der dynamischen Entwicklungsdeterminanten für die Marktstruktur ein weiterer Kritikpunkt am Coase-Ansatz. Zwar weist Coase auf die möglichen Grenzen des Unternehmenswachstums hin,[89] jedoch vernachlässigt die dabei angeführte Argumentation den dynamischen Aspekt der Marktstrukturanpassung. An dieser Kritik knüpft Williamson an und entwickelt einige Kriterien zur dynamischen Strukturanalyse auf der Grundlage der Transaktionskostentheorie.[90] Bei dieser Strukturanalyse sind zwei Bereiche zu trennen: Zum einen die Aufteilung der ökonomischen Aktivitäten zwischen Markt und Unternehmen, und zum anderen die Formen der Koordination innerhalb einer Unternehmung.

---

89 Vgl. zu diesem Zusammenhang Coase (1937), S. 392ff, insbesondere S. 394: "Naturally, a point must be reached where the costs of organising an extra transaction within the firm are equal to the costs involved carrying out the transaction in the open market, or, to the costs of organising by another entrepreneur." Vgl. dazu auch Bössmann (1983), S. 107.

90 Vgl. Williamson (1986b), S. 83ff.

Betrachtet man den ersten Bereich der Analyse, so ist die Entwicklung der Marktstruktur im wesentlichen von der Entwicklung des Verhältnisses zwischen Transaktions- und Organisationskosten abhängig. Entsprechend der gewonnenen Erkenntnisse wird eine allgemeine Transaktionskostensenkung tendenziell zu mehr marktlicher Koordination führen, während eine Senkung der Organisationskosten eher zu verstärkter unternehmensinterner Koordination führen wird.[91] Wovon hängt die Kostenentwicklung nun ab? Im wesentlichen von Innovationen, deren Anwendung einen Einfluß auf den Spezifitäts-, Unsicherheits- und Komplexitätsgrad einer Austauschbeziehung haben und somit deren Koordinationserfordernisse verändern.[92] Zu nennen sind hier Produkt-, Prozeß- und Marktinnovationen. Je nachdem welche Kostenart die Realisierung dieser Innovationen reduziert, wird sich - entsprechend dem Ziel der Minimierung der Koordinationskosten - die Aufteilung der Koordination ökonomischer Aktivitäten auf Unternehmen und Märkte anpassen.[93] Neben der Möglichkeit der Kostenersparnis durch Innovationen sind aber auch Kostenerhöhungen denkbar, die die Marktstruktur verändern. Als Beispiel seien hier die Kosten genannt, die sich aus der Erfüllung gesetzlicher Auflagen, vorgeschriebener Standards, Normen und anderer Regulierungen bei der Erstellung einer Leistung zusätzlich ergeben. Welche Veränderungen sich daraus für die Marktstruktur ergeben, hängt wiederum davon ab, in welcher Form die Relation zwischen Organisations- und Transaktionskosten verändert wird.[94]

Im zweiten Bereich der Analyse, der Organisation der Koordinationstätigkeiten in einer Unternehmung, kann gleichfalls eine dynamische Anpassung der Organisationskosten und -strukturen beobachtet werden. Ebenfalls vor dem Hintergrund der Minimierung der Koordinationskosten wird die Unternehmung die Organisationsform mit den geringsten Organisationskosten wählen. Mit Veränderung der Transaktions- und Organisationskosten, aber auch der Unternehmensgröße und der durchgeführten Transaktionen, verändern sich die

---

91 Vgl. Picot (1991), S. 149.

92 Vgl. ebda.

93 Die Frage, welcher Teil der Gesamtaufgabe unternehmensintern und welcher unternehmensextern abzuwickeln ist, kann auch als Problem der Bestimmung des effizienten, horizontalen und vertikalen Integrationsgrades aufgefaßt werden. Vgl. Picot (1982), S. 275.

94 So kann die Verkomplizierung der rechtlichen Rahmenbedingungen dazu führen, daß die Transaktionskosten bestimmter Markthandlungen so hoch steigen, daß eine mögliche Spezialisierung auf die Abwicklung dieser komplexen Transaktionen neue Unternehmensgründungen hervorruft.

Anforderungen an die unternehmensinternen Koordinationsformen. Eine entsprechende Anpassung der Unternehmensorganisation würde erforderlich. So könnten etwa Veränderungen des Zentralisierungsgrades oder des Anweisungssystems ein bestehendes Einsparungspotential an Organisationskosten ausschöpfen.[95] Vor dem Hintergrund des ständigen Strebens nach einer Reduzierung der gesamtwirtschaftlichen Koordinationskosten kann also durch die Veränderung der Organisationsform einer Unternehmung - unabhängig von der Entscheidung, ob bestimmte Koordinationen danach marktlich oder hierarchisch durchgeführt werden - eine absolute Senkung des gesamtwirtschaftlichen Koordinationskostenpegels bewirkt werden.[96]

Die Überlegungen des vorherigen Kapitels haben gezeigt, welche Aufgaben Finanzintermediären in einer arbeitsteiligen Wirtschaft zukommen. Mit Hilfe des Transaktionskostenansatzes konnte weiter eine ökonomische Begründung für die Entstehung von Finanzintermediären als Institutionen innerhalb einer Volkswirtschaft abgeleitet werden. Außerdem wurde die Entwicklung des Verhältnisses von Transaktions- zu Organisationskosten als wesentliche dynamische Determinante der Aufteilung der Koordinationsaktivitäten zwischen Markt und Unternehmen dargestellt.

Im folgenden stehen nun die Kreditinstitute als Institutionen im Vordergrund der Betrachtung. Nach einer Strukturierung der Geschäftsfelder werden ausgewählte Tätigkeiten der Bank im Hinblick auf die dabei übernommenen Intermediationstätigkeiten näher analysiert. Darüber hinaus kommt im Leistungsgefüge der Banken der Geldschöpfungsmöglichkeit eine besondere Bedeutung zu, da sich mit dieser Fähigkeit die Kreditinstitute von allen anderen Finanzintermediären unterscheiden. Daher wird auf sie anschließend gesondert eingegangen.

---

95 Vgl. Picot (1982), S. 277.

96 Vgl. Williamson (1991), S. 38. Bei genauerer Betrachtung der Determinanten der dynamischen Strukturanalyse kann man auch mit dem Versagen einzelner Koordinationsformen argumentieren. So impliziert die Theorie des Marktes eine Theorie des Versagens hierarchischer Organisationen und umgekehrt die Theorie des Marktversagens eine Theorie der hierarchischen Organisation. Vgl. Arrow (1974), S. 33ff und Picot (1982), S. 277.

C. Die Kreditinstitute als Sonderform der Finanzintermediäre

1. Die Struktur des Bankengeschäftes

Bevor eine genauere Erläuterung der einzelnen Intermediationsleistungen der Kreditinstitute[97] vorgenommen wird, erscheint es sinnvoll, diese zu strukturieren. Die Möglichkeiten der Strukturierung sind jedoch so vielfältig wie die dabei verwendeten Differenzierungskriterien.[98] Das Hauptkriterium, das unter der hier vorliegenden Themenstellung erfüllt sein muß, ist die Erfassung der intermediären Position der Bank zwischen den Marktteilnehmern. Diese wird am deutlichsten, wenn man die Bankenbilanz als Grundlage der Strukturierung nimmt, da zwischen der Passivseite, auf der die Mittelbeschaffung erfaßt wird, und der Aktivseite, auf der die Mittelanlage oder auch -verwendung bilanziert wird, der eigentliche Intermediationsprozeß stattfindet. Demnach sollen die Bankgeschäfte hier zunächst in das Finanzierungsgeschäft und das Anlagegeschäft bzw. Aktiv- und Passivgeschäft unterteilt werden.[99]

Für die Banken nimmt aber neben dem bilanzwirksamen Geschäft das nichtbilanzwirksame Geschäft eine wesentlich bedeutendere Stellung ein. Dazu zählen insbesondere das Garantie- und Bürgschaftsgeschäft sowie die derivativen Finanzgeschäfte. Bei der Durchführung dieser Tätigkeiten üben sie ebenfalls bestimmte Intermediationsfunktionen aus. Insofern ist es erforderlich, neben dem Aktiv- und Passivgeschäft mit dem bilanzunwirksamen Dienstleistungsgeschäft

---

97 Im folgenden werden die Begriffe "Bank" und "Kreditinstitut" synonym verwendet.

98 Vgl. Schierenbeck/Hölscher (1992), S. 277.

99 Dies entspricht ungefähr der Einteilung, die in der Literatur häufig zwischen dem Einlagen- und Kreditgeschäft der Banken vorgenommen wird. Vgl. Schierenbeck/Hölscher (1992), S. 277; Büschgen (1991), S. 270 erweitert diese Einteilung, um den zunehmend an Bedeutung gewinnenden Anteil des nicht bilanzwirksamen Dienstleistungsgschäftes der Banken zu verdeutlichen. Danach teilt er die Geschäftstätigkeiten der Banken in "Anbieten und Eröffnen von Finanzierungsfazilitäten und zugehörige Aktivitäten" ein, was das bisherige Aktivgeschäft umschreibt, und "Anbieten und Eröffnen von Geld- und Kapitalanlagefazilitäten und zugehörige Aktivitäten", was das bisherige Passivgeschäft beschreibt. Diese Einteilung hat zwar den Vorteil, daß das neue, nichtbilanzwirksame Dienstleistungsspektrum der Banken dadurch im Bereich des Finanzierungs- und Anlagegeschäfts erfaßt werden kann, allerdings werden in der Zusammenfassung zugleich die Grenzen zwischen dem bilanzwirksamen und dem nichtbilanzwirksamen Geschäft verwischt. Diese Trennung ist jedoch für die Darstellung der Intermediationsfunktion der Banken erforderlich. Daher wird die Einteilung von Büschgen hier nicht angewendet.

eine weitere Kategorie der Bankaktivitäten zu bilden.[100] Neben den genannten Tätigkeitsbereichen gibt es noch weitere Felder, auf denen die Banken Dienstleistungen bereitstellen, die aber nur indirekte oder gar keine Intermediärleistungen erforderlich machen. Dazu zählen im wesentlichen Dienstleistungsgeschäfte, die mit keiner aus dem Grundgeschäft resultierenden Haftungsverpflichtung verbunden sind. Zu nennen sei hier als Beispiel der Zahlungsverkehr.

2. Intermediationsleistungen der Banken

Im Rahmen des bilanzwirksamen Geschäftes schließt die Bank zwei Arten von Verträgen ab. Zum einen den Einlagenvertrag mit der Überschußeinheit und zum anderen den Kreditvertrag mit der Defiziteinheit.[101] Gegenstand dieser Verträge ist die Überlassung bzw. Bereitstellung von Geldmitteln gegen die Zahlung von Zinsen bzw. Provisionen. Für die Vertragspartner der Bank ergeben sich aus diesen Verträgen die folgenden Vorteile: Zunächst kann der Kapitalanbieter - wie bereits erwähnt - die ex-ante Transaktions- und Informationskosten der Suche nach einem geeigneten Kapitalnehmer senken, da er sich bei der Suche auf den Kreis der Finanzintermediäre beschränken kann.[102] Des weiteren sind die Kosten des Vertragsabschlusses relativ gering, da die Einlagenverträge in der Regel standardisiert sind. In der ex-post-Betrachtung sinken die Transaktionskosten des Kapitalgebers im Vergleich zu direkten Kapitalmarktbeziehungen ebenfalls, da die Kontrolle der Einlagenverwendung nun von der Bank ausgeübt wird.[103]

---

100 Die hier vorgenomme Trennung in die bilanz- und nichtbilanzwirksamen Intermediationstätigkeit der Banken kann sicherlich noch differenziert und erweitert werden. Für das hier im Vordergrund stehende Ziel einer grundsätzlichen Darstellung der Intermediationstätigkeiten der Banken erscheint die vorgenomme Aufteilung jedoch als ausreichend.

101 Diese Verträge werden in der Literatur häufig auch als relationale Verträge bezeichnet. Dies bedeutet, daß diese Verträge eine langfristige Bindung und Beziehung zwischen den Kontraktpartnern begründen, die je nach Bedarf durch eine konkrete Transaktion ausgestaltet werden. Das Gegenteil zum relationalen Vertrag bildet der diskrete Vertrag, der lediglich eine Transaktion zum Gegenstand hat. Vgl. zu dem Konzept des relationalen Vertrages und der Abgrenzung zum diskreten Vertrag: McNeil (1975,1978).

102 Vgl. Schierenbeck/Hölscher (1992), S. 14 und Bitz (1989), S. 433.

103 An dieser Stelle wird der Unterschied zwischen einer Bank und einem Broker nochmals deutlich. Während der Broker lediglich die ex-anten Transaktionskosten senkt, trägt die Bank dazu bei, daß der Einleger auch gleichzeitig seine ex-post Transaktionskosten senken kann, wenn er zusätzlich die Kontrolle über die Verwendung der Mittel der Bank überläßt.

Außerdem sind die Kosten der Liquidierung der Anlage wesentlich geringer als die Auflösung eines direkten Kreditverhältnisses. Somit ist der Abschluß eines Einlagenvertrages mit der Bank aus der Sicht des Kapitalgebers ökonomisch durchaus zu begründen.[104]

Ähnlich gestalten sich die Vorteile für den Kreditnehmer. Zunächst ist die Ausgestaltung eines Kreditvertrages flexibler zu handhaben als eine Finanzierung durch Wertpapiere. Außerdem muß der Kreditnehmer seine Informationen über die Kapitalverwendung nur der Bank gegenüber offenbaren. Dies hat zwei Vorteile. Zum einen sinken damit die Kosten der Informationsbereitstellung und zum anderen kann der Kreditnehmer damit vermeiden, daß seine exklusiven Informationen über den Markt der Öffentlichkeit zur Verfügung gestellt werden. Somit erhält lediglich die Bank die Insiderinformationen, was das Vertrauensverhältnis zwischen den Vertragsparteien stärkt. Schließlich kann der Kreditnehmer durch den Abschluß eines Kreditvertrages mit der Bank die relativ hohen ex-ante und ex-post Transaktionskosten vermeiden, die sich aus einem Abschluß mehrerer Kreditverträge mit einem Gläubigerkollektiv ergäben.[105] Somit ist auch der Abschluß eines Kreditvertrages mit der Bank für den Kreditnehmer vorteilhaft.

Zur Erfüllung der eingegangenen Verpflichtungen muß die Bank Transformationsleistungen erstellen. Dabei werden die Einlagen je nach ihrer originären Struktur und dem entsprechenden Kreditportfolio hinsichtlich der Frist, der Losgröße und der Risikostruktur so aufgesplittet und wieder neu gebündelt, daß den eingegangenen Kreditverpflichtungen entsprochen werden kann. Damit üben die Banken hier im vollen Umfang die Funktion des Finanzproduzenten aus.[106] Bei der Erstellung dieser Leistungen nutzen sie die Vorteile der zentralen und hierarchischen Koordination dieser Aktivitäten aus.[107] Im Ergebnis führt dies dazu, daß im Rahmen des bilanzwirksamen Anlagen- und Finanzierungsgeschäftes die Vergabe der bisher direkt über den Markt koordinierten Kreditverträge in den Finanzintermediär Bank internalisiert werden.[108]

---

104 Vgl. Zimmer (1993), S. 134ff.

105 Vgl. ebd., S. 130ff.

106 Vgl. Kapitel II.A.3 und 4.

107 Vgl. Kapitel II.B.

108 Vgl. Zimmer (1993), S. 130ff.

Betrachtet man die Intermediationsleistungen der Banken dagegen im Bereich des bilanzunwirksamen Geschäftes, kommt man zu einem differenzierteren Ergebnis. Zwar werden auch hier zwischen den jeweiligen Marktparteien und der Bank Verträge abgeschlossen, jedoch haben diese einen anderen Charakter. Während beim bilanzwirksamen Einlagenvertrag der Bank die Mittel ohne Vorgabe der Verwendung überlassen werden, gibt der Anleger beim Auftrag an die Bank, seine Finanzmittel in bestimmte Wertpapiere anzulegen, die Verwendung genau vor. Ebenso verhält es sich bei den Verträgen über die Plazierung von Wertpapieren zur Finanzierung einer Defiziteinheit. Auch hier ist die Art und Weise der Mittelbeschaffung im Gegensatz zum traditionellen Kreditvertrag genau vorgegeben. In beiden Fällen übernimmt die Bank lediglich die Funktion des Händlers, da sie an den ausgetauschten Finanzprodukten keinerlei Veränderungen vornimmt.[109]

Allerdings gibt es auch bilanzunwirksame Geschäfte, bei denen die Bank eine umfangreichere Intermediationsfunktion ausübt. Zu nennen ist hier zusätzlich zur Gutachter- und Händlerfunktion die Transformationsfunktion. Der Umfang der übernommenen Transformationsleistungen hängt im Falle einer Wertpapierplazierung hängt von den vereinbarten Modalitäten ab.[110] Eine Möglichkeit ist, daß die Bank die Wertpapiere im Auftrage des Emittenten plaziert, dabei aber bestimmte Risiken durch Bürgschaften oder Garantien übernimmt. Vorher festgelegte Risiken, die sich aus der Plazierung ergeben, gehen damit im vertraglich vereinbarten Umfang auf die Bank über. Dies kann z.B. das Preis- oder das Marktliquiditätsrisiko sein. Die Bank garantiert in diesen Fällen dem Emittenten, daß bei der Plazierung entweder ein bestimmter Preis erreicht wird, oder im Falle einer Nichtplazierung der Papiere sie den verbliebenen Teil - dann allerdings wieder bilanzwirksam - in das eigene Portfolio übernimmt. Damit übernimmt die Bank die Fristen-, Losgrößen- und Risikotransformation auch im bilanzunwirksamen Geschäft.[111]

Insgesamt betrachtet ist es also die Hauptfunktion der Banken, durch die Ausübung der genannten Intermediationsfunktionen die Marktunvollkommenheiten und Funktionsmängel des Finanzmarktes zu überwinden und einen möglichst

---

109 Vgl. Kapitel II.A.3.

110 Auf die verschiedenen Verfahren und der daraus resultierenden Aufteilung der Risiken und Intermediationstätigkeiten wird weiter unten noch näher eingegangen.

111 Vgl. dazu Demuth (1986), S. 144ff.

vollständigen und effizienten Interessenausgleich zwischen den Überschuß- und Defiziteinheiten zu bewirken. Erreicht wird dieser Ausgleich durch die Internalisierung der bisherigen direkten Marktbeziehungen in das Unternehmen Bank. Durch die unternehmensinterne Koordination der unterschiedlichen Interessen der Marktteilnehmer tragen die Banken erheblich dazu bei, daß eine im Vergleich zum intermediationslosen Finanzmarkt verbesserte und effizientere Allokation der Finanzmittel erreicht wird.[112] Banken verfügen damit über einen komparativen Effizienzvorteil gegenüber der Organisation von Transformationsleistungen auf unvollkommenen Finanzmärkten.[113] Daher kann die Bank auch als eine "transaktionseffiziente Institution"[114] bezeichnet werden.

Neben den genannten Intermediationsfunktionen besteht noch ein weiterer Tätigkeitsbereich der Kreditinstitute: Die Geldschöpfung. Da die Ausübung dieser zentralen volkswirtschaftlichen Aufgabe neben der Deutschen Bundesbank nur den Kreditinstituten vorbehalten ist, unterscheiden sie sich dadurch von allen anderen Finanzintermediären. Daher soll im folgenden diese Funktion der Geldschöpfung mit ihren Auswirkungen näher untersucht werden.

3. Die Möglichkeit der Geldschöpfung als Besonderheit der Kreditinstitute

Grundsätzlich bestehen zwei Möglichkeiten der aktiven Geldschöpfung.[115] Zu unterscheiden ist zwischen der Schöpfung von Zentralbankgeld und der Schöpfung von Geschäftsbankengeld.[116] Während die Schöpfung von

---

112 Vgl. dazu auch Horn (1994).

113 Vgl. Löffler (1991), S. 68. Vgl. ausführlich zu dieser Sicht einer Bank: Diamond (1984).

114 Vgl. Zimmer (1993), S. 130.

115 Bevor die Schöpfungsmöglichkeiten von Geld behandelt werden können, müßte eigentlich eine Definition des Begriffes Geld vorgenommen werden. Diese ist in der Literatur jedoch nicht eindeutig. Für die hier im Vordergund stehende Thematik der Geldschöpfung der Kreditinstitute wird zunächst die Gelddefinition der Bundesbank zugrundegelegt. Danach wird der Begriff Geld über die Geldmenge definiert. Die am weitesten gefaßte Geldmenge ist die Geldmenge M3. In ihr ist der Bargeldumlauf plus Sicht-, Termin- und Spareinlagen bei den Banken zusammengefaßt. Vgl. Deutsche Bundesbank (1985a), S. 5. Die Diskussion um andere Gelddefinitionen und die sich daraus ergebende Problematik für die Geldpolitik und Bankenaufsicht wird im späteren Verlauf der Arbeit eingeführt und näher diskutiert.

116 Das Geschäftsbankengeld wird auch als Buch- bzw. Giralgeld bezeichnet.

Zentralbankgeld - bis auf die Ausgabe von Münzen[117] - ausschließlich der Deutschen Bundesbank vorbehalten ist,[118] kann das Buch- und Giralgeld von den Geschäftsbanken geschöpft werden. Man spricht deshalb auch von einem zweistufigen Geldschöpfungsprozeß.

Die Schaffung von Zentralbankgeld entsteht durch die Monetisierung von Aktiva durch die Notenbank. Dabei sind zwei Verfahren zu unterscheiden: Zum einen kann die Notenbank durch die Einräumung eines Kredites an Kreditinstitute oder öffentliche Haushalte Basisgeld in den Umlauf bringen. Die andere Möglichkeit der Monetisierung der Aktiva besteht im Ankauf von Devisen oder Wertpapieren durch die Notenbank gegen die Bezahlung mit Notenbankgeld. In beiden Fällen schlägt sich die Schöpfung von Zentralbankgeld in einer Verlängerung der Aktivseite der Notenbankbilanz nieder. Entsprechend dieser Überlegungen findet eine Zentralbankgeldvernichtung dann statt, wenn die Notenbank Aktivaposten gegen Zentralbankgeld verkauft.[119]

Analog zur Schaffung von Zentralbankgeld wird auch Geschäftsbankengeld geschaffen. Eine Möglichkeit besteht darin, daß die Bank einem Wirtschaftssubjekt einen Kredit einräumt, der jederzeit in liquide Mittel umgewandelt werden kann. Eine weitere Möglichkeit eröffnet sich dadurch, daß Kreditinstitute mit einer Forderung gegen sich selbst, z.B. den Ankauf von Aktiva, bezahlen können. In diesem Fall räumen sie dem Verkäufer der Aktiva ein Guthaben bei der Bank (auf der Passivseite) ein, welches ebenfalls jederzeit liquidierbar ist. Bei der Schaffung des Geschäftsbankengeldes muß aber berücksichtigt werden, daß auch eine passive Schöpfung möglich ist. Dies geschieht durch eine Umwandlung von Zentralbankgeld in Geschäftsbankengeld, so etwa durch die Einzahlung von Bargeld gegen Gutschrift in Form von Geschäftsbankengeld. An der Geldmenge, über die der Nichtbankensektor verfügen kann, ändert sich dabei nichts, jedoch verlängert sich die Geschäftsbankenbilanz um den eingezahlten Bargeldbetrag auf der Aktivseite und dem gutgeschriebenen Geschäftsbankengeld auf der Passivseite.[120]

---

117 Die Ausgabe von Münzen ist dem Bundesfinanzminister vorbehalten.

118 Das ausschließliche Recht der Deutschen Bundesbank zur Notenausgabe ist in §14 Abs. 1 BBankG normiert.

119 Vgl. Issing (1987), S. 49ff.

120 Vgl. Issing (1987), S. 53ff. Ob sich die Geldmenge bei der passiven Schaffung von Zentralbankgeld verändert, ist eine Frage des zugrundegelegten Geldmengenbegriffes. Wird

Neben diesen Formen der einmaligen Buchgeldschöpfung besteht noch die Möglichkeit der multiplen Geldschöpfung innerhalb eines Bankensystems. Dieser Prozeß basiert auf der Tatsache, daß bei einem - auf der Grundlage einer Liquiditätsreserve - eingeräumten Kredit nicht der gesamte Betrag in Form von Zentralbankgeld abgehoben wird, sondern ein nicht unerheblicher Teil an Zentralbankgeld (Überschußreserve) im Bankensystem bleibt. Dieser verbleibende Teil bildet dann wieder die Grundlage für eine weitere Kreditgewährung. Je nach Höhe der jeweils übrigbleibenden Überschußreserven bei den einzelnen Banken kann auf diese Weise Geschäftsbankengeld geschöpft werden, solange bis bei keiner Bank mehr Überschußreserven vorhanden sind. Dies ist dann der Fall, wenn die gesamte ursprüngliche Überschußreserve zur Mindestreserve bei der Bundesbank geworden ist.[121]

Mit der Möglichkeit der Geldschöpfung erlangen die Kreditinstitute eine zentrale Rolle in der Geldpolitik der Deutschen Bundesbank, da sie durch ihre Geschäftspolitik den Umfang und die Zusammensetzung der Geldmenge stark beeinflussen können. Aus diesem Grunde setzt das geldpolitische Instrumentarium zur Steuerung der Geldmenge in der Regel an den Geldschöpfungsmöglichkeiten der Kreditinstitute an. Darauf wird an späterer Stelle noch näher einzugehen sein.

Nach dieser ökonomischen Umschreibung der Tätigkeitsbereiche der Kreditinstitute fehlt noch die rechtliche Definition, die im folgenden Abschnitt dargestellt werden soll. Diese Legaldefinition ist für die aufsichtsrechtliche Erfassung der Banken von besonderer Bedeutung, da nur die Institute, die unter das Kreditwesengesetz fallen, auch den entsprechenden Regulierungen im Geld- und Kreditwesen unterliegen.

---

etwa Bargeld auf ein Girokonto eingezahlt, so ändert sich die Geldmenge M1 nicht, da es sich lediglich um eine Umschichtung handelt. Wird hingegen der gleiche Betrag auf ein Sparkonto eingezahlt, verringert sich die Geldmenge M1 um diesen Betrag, M3 aber nicht.

121 Vgl. Issing (1987), S. 56.

4. Die Legaldefinition von Kredit- und Finanzinstituten nach dem KWG

a) Die Legaldefinition der Kreditinstitute gemäß § 1 Abs. 1 KWG

Der Gesetzgeber hat den Begriff Kreditinstitut in § 1 KWG durch eine Enumeration konstituitiver Kennzeichen festgelegt. Danach handelt es sich bei einem Unternehmen um ein Kreditinstitut, wenn es eines der folgenden Geschäfte ausführt, und der Umfang dieser Geschäfte einen in kaufmännischer Weise eingerichteten Geschäftsbetrieb erfordert. Zu den Bankgeschäften zählen im einzelnen:

- das Einlagengeschäft,
- das Kreditgeschäft,
- das Diskontgeschäft,
- das Effektengeschäft,
- das Depotgeschäft,
- das Investmentgeschäft,
- das Revolvinggeschäft,
- das Girogeschäft und
- das Garantie- und Bürgschaftsgeschäft.

Der Gesetzgeber hat sich vorbehalten, weitere Geschäfte zu Bankgeschäften zu erklären, was die diese Geschäfte betreibenden Unternehmen im selben Zug zu Kreditinstituten deklarieren würde.[122] Darüber hinaus entscheidet in Zweifelsfällen das Bundesaufsichtsamt für das Kreditwesen, ob ein Unternehmen den Vorschriften des Kreditwesengesetzes unterliegt oder nicht.[123]

Im Zusammenhang mit der oben aufgeführten Legaldefinition ist es wichtig, darauf hinzuweisen, daß sie nur auf die gewerbliche Erstellung dieser Bankgeschäfte abstellt. Dies bedeutet, daß ein Unternehmen erst dann als ein Kreditinstitut mit allen aufsichtsrechtlichen und regulierenden Konsequenzen eingestuft wird, wenn es die Bankgeschäfte zur Fremdbedarfsdeckung Dritter ausführt. Im Umkehrschluß hat dies zur Folge, daß die Durchführung der genannten Geschäfte zur Eigenbedarfsdeckung noch kein Kreditinstitut im Sinne der Legaldefinition konstituiert.[124] Dieser Zusammenhang erlangt später noch eine größere Bedeutung.

---

122 Vgl. § 1 KWG, Abs. 1. Danach kann der Bundesminister für Finanzen nach Anhörung der Deutschen Bundesbank durch Rechtsverordnung weitere Geschäfte als Bankgeschäfte deklarieren.

123 Vgl. § 4 KWG.

124 Vgl. Reishauer/Kleinhans (1991), § 1. Danach sind Bankgeschäfte, die innerhalb einer Rechtseinheit abgeschlossen werden, keine Bankgeschäfte im Sinne des KWG, da es sich hierbei um eine Eigenbedarfsdeckung handelt.

b) Die Legaldefinition der Finanzinstitute gemäß § 1 Abs. 3 KWG

Mit Beginn des Europäischen Binnenmarktes am 1. Januar 1993 ist in Deutschland die 4. Novelle des Kreditwesengesetzes in Kraft getreten. Mit ihr wurden die wichtigsten EU-Bankrichtlinien[125] in deutsches Recht transformiert und damit ein Beitrag zur EU-weiten Bankrechtsharmonisierung geleistet. Neben der Umsetzung des Prinzips der Niederlassungsfreiheit, des freien Dienstleistungsverkehrs für den Bankensektor innerhalb der EU und neuen Eigenkapitalbestimmungen für Kreditinstitute wurde der Begriff der "Finanzinstitution" neu definiert und in §1 Abs. 3 KWG verankert.[126]

Nach dem neuen Gesetz sind Unternehmen dann "Finanzinstitute", wenn sie ihre *Haupttätigkeit* im Finanzdienstleistungsbereich ausüben, und zwar als:

- Beteiligungsgesellschaften,
- Factoringgesellschaften oder Forfaiteure,
- Leasinggesellschaften,
- Kreditkarten oder Reisescheckunternehmen,
- Unternehmen, die das Sortengeschäft betreiben,
- Unternehmen, die mit Wertpapieren für eigene Rechnung handeln,
- Unternehmen, die mit Finanzinnovationen auf eigene Rechnung oder im Auftrag von Kunden handeln,
- Unternehmen, die an Wertpapieremissionen teilnehmen oder damit verbundene Dienstleistungen erbringen,
- Unternehmensberater und Mergers&Acquisitions-Unternehmen,
- Vermittler von Darlehen zwischen Kreditinstituten (Geldmakler) sowie
- Vermögensverwaltungsgesellschaften.

Notwendig wurde diese neue Definition der Finanzinstitute, da es nicht gelungen war, den engen Begriff des Kreditinstitutes im Sinne der ersten Bankrechtskoordinierungsrichtlinie zu erweitern. Danach ist ein Kreditinstitut ein

---

125 Es handelt sich dabei um die folgenden EG-Richtlinien: Zweite Richtlinie 89/646/EWG des Rates vom 15.12.1989 zur Koordinierung der Rechts- und Verwaltungsvorschriften über die Aufnahme und Ausübung der Tätigkeit der Kreditinstitute und zur Änderung der Richtlinie 77/780/EWG (Zweite Bankrechtskoordinierungs-Richtlinie), Vgl. EG-Kommission (1989b); Richtlinie 89/299/EWG des Rates vom 17.4.1989 über die Eigenmittel von Kreditinstituten (Eigenmittelrichtlinie), ABl Nr. L. 124/16 vom 5.5.1989, Vgl. EG-Kommission (1989a); geändert durch die Richtlinie 92/16/EWG vom 16.3.1992, Vgl. EG-Kommission (1992); Richtlinie 91/633/EWG vom 3.12.1991 zur Durchführung der Eigenmittelrichtlinie, Vgl. EG-Kommission (1991).

126 Neben der Neudefinition des Begriffs "Finanzinstitution" sind auch die Begriffe "Mutter- und Tochterunternehmen" und "Bedeutende Beteiligungen" neu definiert worden. Auf sie wird aber an dieser Stelle nicht weiter eingegangen.

"Unternehmen, dessen Tätigkeit darin besteht, Einlagen oder andere rückzahlbare Gelder des Publikums[127] entgegenzunehmen und Kredite für eigene Rechnung zu gewähren"[128]. Insofern sind die neu umschriebenen Finanzinstitute als Ergänzung zum bisherigen Begriff des Kreditinstitutes zu verstehen.

Zunächst hatte die Einbeziehung der Finanzinstitute in das Kreditwesengesetz für diese keine rechtliche Auswirkung. Vielmehr wurden an die Kreditinstitute neue Anforderungen gestellt, sofern sie über Tochtergesellschaften verfügen, die als Finanzinstitute eingestuft werden. Dies betraf die Bestimmung des haftenden Eigenkapitals von Kreditinstituten gem. § 10 Abs. 6a KWG und die erforderliche Eigenkapitalunterlegung von Beteiligungen der Kreditinstitute an Finanzinstituten gem. § 12 Abs. 5 KWG. Eine Einbeziehung der Finanzinstitute in die Kontrolle des Bundesaufsichtsamtes für das Kreditwesen wurde damit noch nicht vollständig bewirkt, da Kreditinstitute, die eine Beteiligung an solchen Finanzinstituten besitzen, diese noch nicht in ihrer Konzernbilanz konsolidieren müssen.[129]

Mit der 5. Novelle des Kreditwesengesetzes, die am 1.1.1996 in Kraft treten wird, ändern sich die Vorschriften bezüglich der Konzernkonsolidierung der Kreditinstitute. Durch die Umsetzung der EG-Konsolidierungsrichtlinie werden dann die bankaufsichtsrechtlichen Konsolidierungsbestimmungen in der Form erweitert, daß der Konsolidierungskreis der Kreditinstitute um die im KWG definierten Finanzinstitute, Finanzholdinggesellschaften und Unternehmen mit "bankbezogenen Hilfsleistungen" erweitert wird.[130] Damit unterliegen die Finanzinstitute indirekt auch der Kontrolle durch das Bundesaufsichtsamt für

---

127 Hier wird der gewerbliche Charakter der Definition, also die Fremdbedarfsdeckung, als Voraussetzung deutlich.

128 Vgl. Erste Richtlinie 77/80/EWG des Rates vom 12.12.1977 zur Koordinierung der Rechts- und Verwaltungsvorschriften über die Aufnahme und Ausübung der Tätigkeit der Kreditinstitute, Vgl. EG-Kommission (1977); zuletzt geändert durch die Richtlinie 89/646/ EWG, Vgl. EG-Kommission (1989b). In diesem Zusammenhang ist darauf hinzuweisen, daß diese Definition nicht den Bestimmungen des § 1 KWG entspricht. Danach genügt nämlich die Ausübung nur eines Bankgeschäftes, um als Kreditinstitut eingestuft zu werden. Hingegen wird nach der 1. EG-Bankrechtskoordinierungsrichtlinie ein Kreditinstitut nur dann konstituiert, wenn das Unternehmen sowohl das Einlagen- als auch das Kreditgeschäft betreibt. Vgl. dazu Dürselen (1993), S. 268.

129 Vgl. Arnold/Boos (1993), S. 274-277.

130 Vgl. dazu auch Gröschel (1993), S. 227ff.

Kreditwesen. Von besonderer Bedeutung ist in diesem Zusammenhang, daß diese Bestimmungen auch in den Fällen angewendet werden, in denen die Muttergesellschaft kein Kreditinstitut ist.[131] Auf die Auswirkung dieser Tatsache wird im späteren Verlauf der Arbeit noch intensiver eingegangen.[132]

Bettet man nun die Kreditinstitute mit ihren Aufgaben der Intermediation, der Geldschöpfung und der Erbringung sonstiger Dienstleistungen (Finanzinstitute) in eine gesamtwirtschaftliche Ordnung, so kann aus verschiedenen Gründen ein Bedarf an Aufsicht, Kontrolle und Regulierung dieser Institutionen abgeleitet werden. Im wesentlichen sind dies die Risiken, die sich aus der Ausübung der Intermediationsfunktion ergeben, und die Möglichkeit der Kreditinstitute, Geld schöpfen zu können. Entsprechend dieser Aufteilung können zwei große Felder der Aufsicht und Regulierung unterschieden werden: Ein Bereich, in dem die Intermediationsfunktion der Kreditinstitute durch das Bundesaufsichtsamt für das Kreditwesen kontrolliert und beaufsichtigt wird, und ein zweiter Bereich, in dem die Möglichkeit der Geldschöpfung durch die Deutsche Bundesbank reguliert wird. Diese Bereiche sind zwar nicht immer trennscharf voneinander abzugrenzen,[133] jedoch vereinfachen und veranschaulichen sie das weitere Vorgehen. Im folgenden wird im Sinne der genannten Zweiteilung zunächst der Handlungsbedarf für die jeweilige Aufsicht bzw. Regulierung der Kreditinstitute als Sonderform der Finanzintermediäre abgeleitet, um anschließend den konkreten regulativen Rahmen kurz vorzustellen.

---

131 Vgl. zu den Perspektiven der Aufsicht für Finanzinstitute und Finanzkonglomerate: Deutschen Bundesbank (1994a), S. 49-61 und o.V.: Die Kreditaufsicht wird 1996 erweitert, in: F.A.Z. vom 18.6.1994, S. 12.

132 Neben der 5. KWG-Novelle ist bereits auch die 6. KWG-Novelle in der Planung. Sie betrifft im wesentlichen die Umsetzung der europäischen Kapitaladäquanzrichtlinie in deutsches Recht. Vgl. Gröschel (1993), S. 227-230.

133 So begrenzen z.B. die Eigenkapitalgrundsätze des Bundesaufsichtsamtes für Kreditwesen die Höhe der Kreditvergabemöglichkeiten, was indirekt auch die Geldschöpfungsmöglichkeiten der Kreditinstitute einschränkt.

D. Aufsicht und Kontrolle der Kreditinstitute

1. Zu den Risiken im Bankengeschäft

a) Liquiditätsrisiko

Das Liquiditätsrisiko ist das umfassendste Risiko des Bankengeschäftes, da es als Ergebnis der Existenz aller anderer Risiken angesehen werden kann. Dieses Risiko kennzeichnet sich dadurch, daß eine Bank ihren finanziellen Verpflichtungen nicht mehr betrags- und zeitgerecht nachkommen kann. Die Ursachen des bestehenden Liquiditätsrisikos liegen im wesentlichen in der Ausübung der Transformationsfunktion durch die Kreditinstitute. Ziel der Ausübung dieser Funktion ist es - wie oben bereits erläutert[134] -, die unterschiedlichen Wünsche der Finanzmarktteilnehmer bezüglich Losgröße, Frist und Risiko einer Anlage bzw. einer Finanzierung auszugleichen. Gelingt dieser Ausgleich der Bank nicht, gerät sie in Liquiditätsschwierigkeiten. Dies kann dann der Fall sein, wenn die Anlage von hereingenommenen Mitteln betrags- und fristmäßig nicht dem zu erwartenden Mittelabfluß entspricht. Die Folge wäre, daß die Bank aufgrund der Bindung ihrer Mittel den Verpflichtungen auf der Passivseite nicht mehr entsprechen kann.[135] Das Liquiditätsrisiko besteht also demnach in der Gefahr einer fehlerhaften und unzureichenden Finanzplanung einer Bank.[136]

b) Ausfallrisiko

Das Ausfallrisiko[137] umschreibt die Wahrscheinlichkeit des teilweisen oder vollständigen Ausfalls einer Forderung gegenüber einem Schuldner. Für die Bank entsteht dieses Risiko zunächst mit der Vergabe von Krediten in Form der Geldleihe. Verschlechtert sich die Bonität eines Schuldners in der Form, daß er seinen Zahlungsverpflichtungen gegenüber der Bank nur teilweise oder gar nicht mehr nachkommen kann, hat das für die Bank die folgenden Auswirkungen: Zum einen fallen für sie die vereinbarten Zins- und Tilgungszahlungen aus; dies kann im Extremfall zu einem Komplettausfall der Forderung gegenüber dem Schuldner führen. Außerdem entstehen zusätzliche Kosten für die Forderungseintreibung,

---

134 Vgl. Kapitel II.A.3.a.

135 Dieses Problem ist nicht banktypisch, sondern gilt für alle Unternehmen und Haushalte, die in einen wirtschaftlichen Tauschprozeß eingebunden sind.

136 Vgl. Münzer (1992), S. 56.

137 Häufig auch als Gläubiger-, Delkredere- oder Bonitätsrisiko bezeichnet.

deren Erfolg nicht garantiert werden kann.[138] Im Ergebnis bedeutet dies, daß der Ausfall einer Forderung die Bonitäts- und Liquiditätslage einer Bank belastet. Je nach Risikostruktur der vergebenen Kredite kann dies dazu führen, daß die Bank zahlungsunfähig wird.[139]

Neben diesem Ausfallrisiko, das sich aus der Geldleihe ergibt, bestehen für die Banken auch Ausfallrisiken, die sich aus der Kreditleihe ergeben können. Unter Kreditleihe versteht man in diesem Zusammenhang die Gewährung von Bürgschaften, Garantien oder auch einer Back-up-line[140] bei der Plazierung von Wertpapieren auf Rechnung Dritter.[141] Daraus ergeben sich für die Banken Eventualverbindlichkeiten,[142] deren Realisierung sie verpflichtet, die vereinbarten Leistungen zu erbringen. Je nach Risikostruktur der eingegangenen Eventualverbindlichkeiten und Höhe der zu zahlenden Leistungen können sich aus der Inanspruchnahme einer von der Bank gewährten Bürgschaft, Garantie oder Back-up-line erhebliche Liquiditätsschwierigkeiten ergeben.

Außerdem besteht auch ein Ausfallrisiko, das sich allein auf den Wegfall des Geschäftspartners bezieht, ohne dabei sofort einen Forderungsausfall zu bewirken. Diese Möglichkeit ergibt sich insbesondere beim Abschluß von derivaten Finanzkontrakten, bei denen in der Regel keine Zahlungsströme fließen, da der Großteil der Kontrakte vor Ende der Laufzeit mit einem entsprechenden Gegengeschäft geschlossen wird.[143] Der Ausfall eines Kontraktpartners hat hier zur Folge, daß die Bank ein Ersatzgeschäft mit einem anderen Vertragspartner abschließen muß, um die entstandene offene Position wieder schließen zu können. Das Ausfallrisiko hier kann somit mit den Kosten des Ersatzgeschäftes umschrieben werden.[144]

---

138 Die Ausfallrisikohöhe wird bei der Geldleihe i.d.R. in Nominalbeträgen gemessen.

139 Vgl. Hogrefe (1989), S. 59.

140 Mit der Back-up-line wird das Emissionsrisiko des Emittenten auf die Bank übertragen, da diese bei einer nicht erfolgreichen Emission den nichtplazierten Teil in ihr Portfolio übernehmen oder zumindestens den entsprechenden Gegenwert zur Verfügung stellen muß. Vgl. dazu ausführlich Eilenberger (1993), S. 197 ff.

141 Letzteres wird als Anteilseignerrisiko bezeichnet. Vgl. Münzer (1992), S. 59.

142 Diese Eventualverbindlichkeiten werden unter dem Bilanzstrich auf der Passivseite bilanziert.

143 Vgl. zu diesem Zusammenhang: Frenkel (1991), S. 267.

144 Vgl. hierzu Rehm/Geiger (1990), S. 345 und Arnold/Schulte-Mattler (1992b), S. 767.

c) Wertänderungsrisiko

Schließlich besteht für die Bank bei der Ausübung ihrer Geschäftstätigkeiten das Wertänderungsrisiko. Diese Risikoart kann in drei Kategorien unterteilt werden: Zinsänderungsrisiko, Währungsänderungsrisiko und Wertänderungsrisiko bei Sachaktiva. Beim Zinsänderungsrisiko besteht die Gefahr, daß die Zinsspanne zwischen den Zinsaufwendungen für die Mittelbeschaffung und den Zinserträgen aus der Mittelverwendung unter Druck gerät oder gar negativ ausfällt. Je nach Kongruenz der Zinsbindungsfristen und der Zinshöhe der von der Bank gehaltenen Aktiva und Passiva,[145] der Entwicklung der gesamtwirtschaftlichen Zinsstruktur und der Zinspolitik der Bundesbank kann sich die Zinsspanne mit den entsprechenden Folgen für die Liquidität und Ertragslage der Bank unterschiedlich entwickeln.[146]

Unter dem Währungsrisiko werden die Folgen einer unvorhersehbaren Änderung des Wertverhältnisses zwischen der Inlands- und der Auslandswährung subsumiert. Ein aktivisches Währungsrisiko besteht, wenn Aktivposten der Bankenbilanz durch eine Abwertung der ausländischen oder Aufwertung der inländischen Währung an Wert verlieren. Passivische Währungsrisiken entstehen, wenn Passivpositionen der Bankenbilanz durch Aufwertung der ausländischen oder Abwertung der inländischen Währung an Wert gewinnen und somit die Verbindlichkeiten erhöhen. Die gleichen Folgen für die Aktiv- bzw. Passivpositionen der Bankenbilanz können auch durch flexible Veränderungen der Wechselkurse entstehen. Ausgeschlossen werden können die Folgen einer Wechselkursänderung, wenn man auf den beiden Bilanzseiten jeweils die gleiche Fremdwährungssumme hält, da dann die Verluste der einen Bilanzseite durch die Gewinne der anderen Bilanzseite kompensiert werden können.[147] Neben dieser eher statischen Betrachtung der Folgen einer Kursänderung ergeben sich aus einer Wechselkursänderung auch SWAP-Satzrisiken, wenn die Fälligkeiten der Liefer- und Abnahmeverpflichtungen von Devisenpositionen nicht übereinstimmen.[148]

145 Vgl. hierzu: Arnold/Schulte-Mattler (1992b), S. 880.

146 Vgl. Münzer (1992), S. 56.

147 Es handelt sich dabei um sog. geschlossenen Devisenpositionen. Vgl. ebd., S. 59.

148 Vgl. hierzu Hogrefe (1989), S. 35.

Als letztes Wertänderungsrisiko sei hier das Risiko genannt, welches sich aus einer Wertänderung der Sachaktiva ergeben kann. Unter der Sachaktiva einer Bank werden neben der Betriebs- und Geschäftsausstattung Immobilien und Sicherheiten aus verlorengegangenen Krediten verstanden.[149] Wertverluste in diesen Positionen können dazu führen, daß das haftende Eigenkapital nicht mehr ausreicht, diesen Werteverzehr zu decken, was im Ergebnis eine Gefährdung des Fremdkapitals bedeutet.[150]

Das Inkrafttreten der genannten Risiken könnte die "Sicherheit der den Kreditinstituten anvertrauten Vermögenswerte gefährden, die ordnungsgemäße Durchführung der Bankgeschäfte beeinträchtigen oder erhebliche Nachteile für die Gesamtwirtschaft herbeiführen"[151]. Im Sinne dieser Dreiteilung soll im folgenden die Zielsetzung der Bankenaufsicht kurz umrissen werden, um anschließend die zur Vermeidung der genannten Gefahren eingesetzten Kontroll- und Aufsichtsinstrumente kurz vorzustellen.

2. Zielsetzung der Bankenaufsicht

a) Einleger- und Gläubigerschutz

Bisher wurden die Folgen des Inkrafttretens der genannten Risiken nur auf die Entwicklung der Banken projiziert. Dies greift jedoch zu kurz, da Liquiditätsschwierigkeiten der Banken auch einen direkten Einfluß auf die jeweiligen Gläubiger bzw. Einleger haben. Im Extremfall kann es sogar zu einem Totalausfall einer Forderung gegenüber einem Kreditinstitut kommen, wenn es eine den bestehenden Risiken unangemessene Geschäftspolitik betreibt.[152] Mehrere Forderungsausfälle gegenüber einem Kreditinstitut können schließlich zu einem "run", zuerst auf dieses und dann gegebenenfalls auch auf andere Kreditinstitute führen, da die Einleger um den Wert ihrer Einlagen fürchten. Ein solcher "run" war 1931 auch die Ursache für die Bankenkrise, weil die Banken nicht über

149 Vgl. Boos/Schulte-Mattler (1992), S. 641.

150 Vgl. Münzer (1992), S. 58.

151 § 6 Abs. 2 KWG.

152 Vgl. Becker (1988), S. 106ff.

genügend Liquiditätsreserven verfügten[153] und somit ihren Verbindlichkeiten nicht mehr nachkommen konnten. In der Folge erlitten die Einleger erhebliche Vermögensverluste. Als Reaktion auf den Bankenzusammenbruch wurden 1931 die ersten Aufsichts- und Kontrollmaßnahmen für das private Kreditwesen eingeführt.[154] Mit diesen Regelungen verfolgte die Bankenaufsicht das Ziel, die Vertrauensbasis zwischen den Einlegern und den Kreditinstituten wieder herzustellen und es durch eine entsprechende Beaufsichtigung nachhaltig zu schützen.[155] Diese Zielsetzung der Bankenaufsicht gilt heute noch unverändert.[156]

b) Ordnungsgemäße Durchführung der Bankgeschäfte

Eng verbunden mit dem Ziel, das Vertrauen der Gläubiger in die Bank zu stärken, ist die Aufgabe der Bankenaufsicht, eine ordnungsgemäße Durchführung der Bankgeschäfte zu erreichen. Da der Umgang insbesondere mit den neuen Finanzinstrumenten und den sich daraus ergebenen Risiken besonders qualifizierter Kenntnisse und Erfahrungen bedarf, stellt die Bankenaufsicht bestimmte Anforderungen an die Personen, die Bankgeschäfte betreiben dürfen. Neben der Kontrolle der Zulassung zum Bankgeschäft überprüft die Bankenaufsicht auch die laufenden Geschäfte einer Bank, um die Folgen aus betrieblich bedingten Fehlern möglichst gering zu halten.[157]

Unter den Aspekt der ordnungsgemäßen Durchführung von Bankgeschäften fällt auch die Vermeidung von bedrohlichen und für die Existenz der einzelnen Bank gefährlichen Geschäftsentwicklungen. Die Bankenaufsicht versucht mit ihren

---

153 Die Liquiditätsreserven der Banken in Form von Zentralbankgeld sanken von 12,4 % der Verbindlichkeiten, die innerhalb von 7 Tagen fällig waren, im Jahre 1913 auf 5% im Jahre 1931. Vgl. zu den Gründen ausführlich: Lutz (1962), S. 80.

154 Vgl. zu weiteren Argumenten: Baltensperger (1988), S. 53ff, Becker (1988), S. 106ff und Rudolph (1991), S. 596ff.

155 Das erste Kreditwesengesetz wurde 1934 erlassen. Vgl. zur Bankenkrise und den ersten Regulierungen: Niethammer (1990), S. 41-45. Vgl. zum ersten Entwurf des Kreditwesengesetzes: Möschel (1972), S. 201ff.

156 Ob diese Aufsicht unbedingt staatlich organisiert werden muß, wird durchaus kontrovers diskutiert. So ist z.B. Richter der Auffassung, daß die angesprochenen Probleme der Informationsasymmetrien auch mit privatwirtschaftlichen Instrumenten gelöst werden können. Vgl. Richter (1991), S. 43-61. Anderer Auffassung ist Rudolph (1991), S. 596-598.

157 Vgl. zur laufenden Kontrolle der Bankgeschäfte: Hogrefe (1989), S. 8f.

Instrumenten dabei insbesondere drei Gefahrenquellen auszuschließen: Erstens soll eine im Verhältnis zum haftenden Eigenkapital zu hohe Kreditexpansion vermieden werden. Zweitens soll eine fristgerechte Finanzierung der Aktiva zur Vermeidung von Liquiditätsengpässen erreicht werden und drittens soll die Risikostruktur des Bankenportfolios so diversifiziert sein, daß der Ausfall einzelner Forderungen nicht die gesamte Bank in Zahlungsschwierigkeiten versetzt.[158]

c) Der Schutz des gesamten Bankensystems

Banken nehmen als Leitstelle für Kapital und Finanzierungsströme durch ihre vielfältigen Interdependenzen zu anderen Sektoren der Wirtschaft eine zentrale Schlüsselfunktion in der Gesamtwirtschaft ein. Bankeninsolvenzen mit ihren unmittelbaren negativen Folgen für den Finanzsektor und den zu erwartenden Kettenreaktionen (Dominoeffekt) in die verschiedensten Bereiche der Volkswirtschaft haben daher meist weitreichende Auswirkungen.[159] Abgesehen davon, daß ein einmal ausgelöster Vertrauensverlust in das Kreditwesen nur schwer aufzuhalten bzw. zu revidieren ist, ist es im Interesse der Öffentlichkeit, daß eine Mindeststabilität des Kreditwesens erreicht wird. Aus diesem Grunde ist es neben den zuvor genannten Zielen ein weiteres Ziel der Bankenaufsicht, die Stabilität des gesamten Kreditwesens zu stärken und zu festigen, um Nachteile für die Gesamtwirtschaft zu verhindern. Damit wird das weiteste Ziel der Bankenregulierung deutlich und zugleich der öffentliche Gutscharakter der Schutzbedürftigkeit des gesamten Kreditwesens unterstrichen.[160]

Im folgenden werden die wesentlichen Charakteristika der bestehenden Kontroll- und Aufsichtsinstrumente des Bundesaufsichtsamtes für das Kreditwesen dargestellt, mit denen die oben genannten Ziele der Bankenaufsicht erreicht werden sollen. Da eine umfassende Erläuterung der einzelnen Instrumente im vorliegenden Zusammenhang nicht zielführend ist, wird sich der Schwerpunkt der Darstellung auf die Grundprinzipien der Aufsicht und Kontrolle beschränken.

---

158 Vgl. Münzer (1992), S. 72.

159 Vgl. Büschgen (1991), S. 705.

160 Vgl. dazu die Begründung der Bundesregierung zum Entwurf eines Gesetzes über das Kreditwesen von 1961: Deutscher Bundestag (1961). Eher kritische Ausführungen zu dieser Argumentation sind bei Münzer (1992), S. 39ff und der dort angegebenen Literatur zu finden. Die Frage, ob die Schutzbedürfdigkeit des gesamten Geld- und Kreditwesens als öffentliches Gut und die Regulierung daher zwingend staatlich vorgenommen werden muß, soll hier nicht weiter diskutiert werden, da es für die Fragestellung der vorliegenden Arbeit irrelevant ist.

3. Bestehende Aufsichts- und Kontrollinstrumente

a) Zulassungsvoraussetzungen für den Bankbetrieb

Grundsätzlich bedarf die Durchführung von Bankgeschäften im Sinne des § 1 Abs. 1 KWG und die Erstellung von Finanzdienstleistungen im Sinne des § 1 Abs. 2 KWG der Erlaubnis durch das Bundesaufsichtsamt für das Kreditwesen.[161] Die Erlaubnis darf nicht versagt werden, wenn die folgenden wesentlichen Bedingungen erfüllt werden: Erstens muß das Kredit- oder Finanzinstitut mit einem Mindesteigenkapital von 5 Mio. ECU ausgestattet sein.[162] Zweitens müssen Personen, die für die Leitung des Kreditinstitutes vorgesehen sind, eine fachliche Eignung nachweisen, die in der Regel durch dreijährige Berufserfahrung im Kreditwesen an leitender Stelle erbracht wird.[163] Während diese Zulassungsvoraussetzungen auf ein Mindestmaß an Betriebssicherheit und eine angemessene Haftungsgrundlage bei Gründung einer Bank abzielen und somit als Marktzugangsschranke interpretiert werden können,[164] betreffen und begrenzen die folgenden Grundsätze bezüglich der Eigenkapitalausstattung und der Liquiditätshaltung die geschäftspolitische Struktur sowie die laufende Entwicklung der einzelnen Bank.

b) Eigenkapitalgrundsätze

Das KWG stellt an die Kreditinstitute und Kreditinstitutsgruppen besondere Anforderungen bezüglich ihrer Eigenkapitalausstattung. So schreibt § 10 Abs. 1 KWG vor, daß Kreditinstitute "im Interesse der Erfüllung ihrer Verpflichtungen gegenüber den Gläubigern, insbesondere zur Sicherheit der ihnen anvertrauten Vermögenswerte, ein angemessenes haftendes Eigenkapital haben" müssen.[165]

---

161 Vgl. § 32 KWG.

162 Diese Regelung gilt seit der 4. KWG-Novelle vom 1.1.1993. Vgl. Dürselen (1993), S. 269.

163 Vgl. § 33 Abs. 2 KWG. Neben diesen Bedingungen müssen der Antragsteller als zuverlässig gelten (§ 33 Abs 1 S. 2 KWG), mind. 2 Geschäftsleiter bestellt sein (§ 33 Abs. 1 S. 4 KWG) und ein Geschäftsplan vorgelegt werden, dem die Art der geplanten Geschäfte und der organisatorische Aufbau der Bank entnommen werden können (§ 33 Abs. 1 S. 5 KWG). Weitere Regelungen über die Zulassung zum Geschäftsbetrieb sind in den §§ 34-38 KWG geregelt.

164 Vgl. Becker (1988), S. 109f.

165 Für Kreditinstitutsgruppen ist diese Anforderung in § 10a Abs. 1 KWG definiert. Dort heißt es: "Gruppenangehörige Kreditinstitute müssen insgesamt ein angemessenes haftendes Eigenkapital haben. § 10 über die Eigenkapitalausstattung einzelner Kreditinstitutsgruppen gilt entsprechend."

Um dieser Vorschrift einen konkreten Inhalt zu geben, wurde der Eigenkapitalgrundsatz I vom Bundesaufsichtsamt für das Kreditwesen entwickelt.[166] In diesem Grundsatz sind im wesentlichen drei Größen relevant: Die Definition des haftenden Eigenkapitals, die Berechnung der Risikoaktiva und die erforderliche Unterlegung dieser mit Eigenkapital.

Der Begriff des haftenden Eigenkapitals eines Kreditinstitutes wird in § 10 Abs. 4a und § 10 Abs. 6b KWG definiert. Danach setzt sich das Eigenkapital aus dem Kern- und dem Ergänzungskapital zusammen. Zum Kernkapital zählen die Mittel, "die dem Kreditinstitut uneingeschränkt und sogleich für die Risiko- und Verlustabdeckung zur Verfügung stehen, sobald sich die entsprechenden Risiken oder Verluste ergeben"[167]. Bestandteile des Ergänzungskapitals sind die Mittel, die gegenüber dem Kernkapital eine mindere Qualität besitzen, da sie entweder in der Bilanz eines Kreditinstitutes nicht ausgewiesen sind oder nur nachrangig haften und zurückzuzahlen sind.[168] Insgesamt darf das Ergänzungskapital nach § 10 Abs. 6b KWG die Höhe des Kernkapitals nicht übersteigen. Damit ist der Begriff des haftenden Eigenkapitals umfassend umschrieben.

Als zweite Größe im Eigenkapitalgrundsatz I ist die Berechnung der Risikoaktiva relevant. Unter der Position Risikoaktiva werden gem. Abs. 1 des Grundsatzes I die gesamten Bilanzaktiva, die traditionellen außerbilanziellen Geschäfte, Finanz-SWAPs sowie Finanz-Termingeschäfte und Optionsrechte subsumiert. Bei der Berechnung der Risikoaktiva werden diese Positionen jedoch nicht mit ihrem vollen Nominalwert bewertet. Vielmehr wird die bilanzwirksame

---

166 Der Vorteil einer solchen näheren Definition in einem der Grundsätze liegt darin, daß der Grundsatz rechtlich als Rechtsverordnung einzustufen ist. Demzufolge muß bei einer Änderung der dort vorgenommenen Definition nicht der Gesetzgeber bemüht werden. Dies verleiht dem Bundesaufsichtsamt für das Kreditwesen eine bestimmte Flexibilität bei dem Einsatz seiner Instrumente. Vgl. dazu auch Münzer (1992), S. 72.

167 Art. 2 Abs. 3 der Eigenmittel-Richtlinie, Vgl. EG-Kommission (1989a). Dazu zählen das eingezahlte Kapital und die offenen Rücklagen.

Mit der 4. KWG-Novelle wurde die Definition des Kernkapitals erweitert. Danach zählen zum Kernkapital auch Sonderposten für allgemeine Bankrisiken (§ 340g HGB) und nachgewiesene Zwischengewinne (§ 10 Abs. 7 KWG). Hingegen müssen nach §10 Abs. 6a KWG offen ausgewiesene Verluste und immaterielle Vermögensgegenstände vom Kernkapital abgezogen werden. Vgl. dazu auch Dürselen (1993), S. 270f und Gröschel (1993), S. 228.

168 Innerhalb des Ergänzungskapitals wird unterschieden zwischen dem Ergänzungskapital erster und zweiter Klasse. Während das Ergänzungskapital erster Klasse zu 100% zum haftenden Eigenkapital zählt, wird das zweiter Klasse nur mit 50% angerechnet. Vgl. Dürselen (1993), S. 271.

Risikoaktiva in fünf Risikoklassen eingeteilt und mit einem der Risikoklasse entsprechenden Adressengewichtungsfaktor angerechnet.[169] Dieses Prinzip wurde mit der 4. KWG-Novelle auch auf bilanzunwirksame Geschäfte übertragen, für die entsprechend der Geschäftsart seitdem vier verschiedene Risikoklassen existieren.[170]

Nach § 10 Abs. 1 KWG muß nun das Verhältnis zwischen dem haftenden Eigenkapital und der gewichteten Risikoaktiva "angemessen" sein. Diese Angemessenheit wird im Grundsatz I über eine Quote definiert. Danach darf die mit den entsprechenden Adressengewichtungsfaktoren berechnete Risikoaktiva grundsätzlich das 12,5-fache des haftenden Eigenkapitals nicht überschreiten.[171]

Als weiteren Grundsatz hat das BAKred zur inhaltlichen Umsetzung des § 10 Abs. 1 KWG den Eigenkapitalgrundsatz Ia erlassen.[172] In ihm werden Obergrenzen für offene Positionen aus dem Devisen- und Edelmetallgeschäft festgelegt.[173] Dieser Grundsatz ist aufgrund der Innovationen an den Finanzmärkten im Oktober 1990 - wie Grundsatz I - an die Veränderungen angepaßt und ergänzt

---

169 Diese Einteilung in verschiedene Risikoklassen ist das letzte Mal mit der 4. KWG-Novelle vom 1.1.1992 geändert worden. Einige Beispiele sollen hier das Prinzip dieser Einteilung verdeutlichen. So werden z.B. Kredite an juristische Personen des öffentlichen Rechts mit 0% angerechnet. Kredite an inländische Kreditinstitute werden hingegen mit 20% angerechnet. 0% der Kreditsumme werden angerechnet bei Realkrediten, Bürgschaftskrediten oder bei Krediten an ausländische Banken. Schließlich werden 100% der Kreditsumme angerechnet, wenn es sich um sonstige Kredite oder um Beteiligungen handelt. Vgl. zu den Risikoklassen ausführlich: Dürselen (1994), S. 107ff. Einen tabellarischen Überblick bieten Boos/Schulte-Mattler (1992), S. 640.

170 So werden Bürgschaften und Garantien auf Bilanzaktiva oder Terminkäufe auf Bilanzaktiva z.B. mit 100% auf die Bemessungsgrundlage angerechnet. Hingegen werden SWAPs, Finanzterminkontrakte und Optionsgeschäfte zu 50% mit einbezogen. Schließlich werden 20% bei handelsbezogenen Eventualverbindlichkeiten (Akkreditiven) und 0% bei einzelnen außerbilanziellen Geschäften in Anrechnung gebracht. Vgl. hierzu ausführlich: Dürselen (1994), S. 104ff. Einen tabellarischen Überblick bieten Boos/Schulte-Mattler (1992), S. 642.

171 Diese Regelung gilt seit der Einführung der 4. KWG-Novelle vom 1.1.1993. Mit ihr ist u.a. die Solvabilitätsrichtlinie der EG, die einen Solvabilitätskoeffizienten von 8 vorschreibt, in nationales deutsches Recht umgesetzt worden. Vgl. Dürselen (1994), S. 102.

172 Der Grundsatz Ia wurde 1974 im wesentlichen als Reaktion auf die Herrstatt-Pleite eingeführt. Vgl. Münzer (1992), S. 74.

173 Danach darf der Differenzbetrag zwischen Aktiv- und Passiv-Devisenpositionen sowie der Edellmetallbilanzpositionen unabhängig von ihrer jeweiligen Fälligkeit täglich nach Geschäftsschluß 30% des haftenden Eigenkapitals nicht überschreiten. Vgl. Deutsche Bundesbank (1989), S. 75.

worden. Vergleichbar mit der Risikoklassenbildung beim Grundsatz I wurden auch hier unterschiedliche Kategorien gebildet und mit einer entsprechenden Mindesteigenkapitalunterlegung versehen. Die vorgenommene Differenzierung unterscheidet zwischen Wechselkurs-, Zins- und Preisrisiken.[174]

Betrachtet man das Grundprinzip der Eigenkapitalgrundsätze I und Ia, kann folgendes festgehalten werden: Mit der Herstellung einer festen Höchstquote zwischen der gewichteten Risikoaktiva auf der einer Seite und dem haftenden Eigenkapital auf der anderen Seite sollen die möglichen Folgen eines sich ergebenden Ausfall-, Bonitäts-, Kredit- oder Wertänderungsrisikos auf das finanzielle Gleichgewicht der Bank im Interesse der Gläubiger und der Gesamtwirtschaft begrenzt werden. Die mögliche Ausweitung der Geschäftstätigkeit der Bank wird damit sowohl unter quantitativen als auch unter qualitativen Aspekten beschränkt.[174]

c) Liquiditätsgrundsätze

Neben den Eigenkapitalanforderungen sind im KWG auch Bestimmungen über die Liquiditätshaltung einer Bank verankert. Nach § 11 KWG müssen Kreditinstitute "ihre Mittel so anlegen, daß jederzeit eine ausreichende Zahlungsbereitschaft gewährleistet ist". Diese Rahmenvorschrift wurde durch den Erlaß der Grundsätze II und III mit konkreterem Inhalt gefüllt. Während in Grundsatz II Bestimmungen über die Finanzierung des langfristigen Geschäftes enthalten sind, regelt der Grundsatz III die Verwendung kurzfristiger Gelder zur Finanzierung schwer mobilisierbarer Aktiva.

Nach Grundsatz II dürfen die langfristigen Anlagen eines Kreditinstitutes abzüglich einiger Ausnahmen die langfristigen Finanzierungsmittel der Bank nicht übersteigen.[175] Als langfristige Mittel werden hierbei insbesondere das Eigenkapital und die langfristigen Verbindlichkeiten - ohne Spareinlagen - mit einer Laufzeit von mehr als 4 Jahren bezeichnet. In Grundsatz III wird festgelegt,

174 Ob mit dieser Quote zwischen Risikoaktiva und haftendem Eigenkapital die Folgen eines sich ergebenden Risikos wirklich wirksam beschränkt werden können, ist in der Literatur durchaus umstritten. Vgl. dazu Münzer (1992), S. 79-81.

175 Dazu zählen die Wertberichtigungen bei langfristigen Ausleihungen, Beteiligungen, nicht börsenfähigen Wertpapieren, Grundstücken, Gebäuden, Betriebs- und Geschäftsausstattungen. Vgl. Deutsche Bundesbank (1989), S. 74-75.

daß bestimmte kurz- und mittelfristige Aktivpositionen[176] die Summe bestimmter kurz- und mittelfristiger Passivpositionen der Bankenbilanz[177] zuzüglich eines möglichen Finanzierungsüberschusses bzw. abzüglich eines Defizits der Finanzierungsmittel aus Grundsatz II nicht übersteigen sollen.[178]

Das Prinzip, dem mit der Einhaltung dieser Liquiditätsgrundsätze gefolgt werden soll, ist die "Goldene Bankenregel".[179] Danach sollen sich die Fristigkeiten von Aktiv- und Passivpositionen in der Form entsprechen, daß kurzfristige Kredite kurzfristig und langfristige Kredite langfristig finanziert werden. Ziel der Umsetzung dieser Regel ist es, mögliche Gefahren, die sich aus einer nicht fristgerechten Finanzierung - der Ausübung der Fristentransformationsfunktion - ergeben, auf die Liquiditätslage der Kreditinstitute verhindert werden. Außerdem ist die Bank bei Einhaltung der entsprechenden Liquiditätsgrundsätze relativ unanfällig gegen Zinsänderungen, da die Verluste auf einer Bilanzseite durch Gewinne auf der anderen Bilanzseite kompensiert werden können.[180]

d) Großkreditregelungen

Unter Großkrediten werden in § 13 Abs. 1 KWG die Kredite an Kreditnehmer subsumiert, deren Wert 15% des haftenden Eigenkapitals[181] der Bank überschreiten. Die Höchstgrenze für einen einzelnen Großkredit, den eine Bank an einen Kreditnehmer vergeben darf, liegt nach § 13 Abs. 4 KWG derzeit noch

---

176 Zu den Positionen zählen im einzelnen: 20% der Forderungen an Kreditinstitute mit einer Laufzeit von mind. 3 Monaten, aber weniger als 4 Jahren, Forderungen an Kunden mit vereinbarter Laufzeit unter 4 Jahren, bestimmte Wechsel, börsengängige Anteile und Investmentfonds und sonstige Aktiva. Vgl. Deutsche Bundesbank (1989), S. 75f.

177 Dazu zählen im einzelnen: 10% der Verbindlichkeiten gegenüber Kreditinstituten mit täglich fälliger Frist oder einer Laufzeit bis zu 3 Monaten, 50% solcher Verbindlichkeiten mit einer Frist zwischen 3 Monaten und 4 Jahren, 80% der Verbindlichkeiten gegenüber Kreditinstituten aus von der Kundschaft bei Dritten benutzten Krediten, 20% der Spareinlagen, 60% der sonstigen Verbindlichkeiten aus dem Bankgeschäft gegenüber anderen Gläubigern mit einer Frist von weniger als 4 Jahren, 80% der Verpflichtungen aus Warengeschäften, 20% der umlaufenden Schuldverschreibungen mit einer Laufzeit von weinger als 4 Jahren. Vgl. dazu Deutsche Bundesbank (1989), S. 76.

178 Vgl. ebd., S. 75f.

179 Die "Goldene Bankenregel" ist bereits 1854 von Otto Hübner entwickelt worden. Vgl. Münzer (1992), S. 74.

180 Vgl. dazu auch: ebd., S. 75.

181 Der hier zugrundegelegte Eigenkapitalbegriff ist der "alte" aus § 10 KWG. Danach umfaßt das Eigenkapital das jetzige Kernkapital und die ausgegebenen Genußrechte bis zur Höhe von 25%. Vgl. Gröschel (1993), S. 227.

bei 50% des haftenden Eigenkapitals.[182] Die Vergabe solcher Kredite ist nach § 13 Abs. 1 KWG unverzüglich der Deutschen Bundesbank anzuzeigen. Außerdem müssen Kreditinstitute nach § 14 KWG die Kredite, die einen Betrag von 3 Mio. DM übersteigen, vierteljährlich an die Bundesbank melden.[183]

4. Selbstschutzsysteme der Kreditinstitute

Neben den aufgezeigten gesetzlichen Kontrollinstrumenten und Grundsätzen hat die deutsche Kreditwirtschaft noch verschiedene Selbstschutzsysteme in Form von privatwirtschaftlich organisierten Einlagenversicherungen eingerichtet, die die Folgen möglicher Liquiditätsengpässe einer Bank mildern oder gar auffangen sollen. Da die Zulassung zum Betreiben von Bankgeschäften gem. § 32 Abs. 3 KWG an die Mitgliedschaft in einer Einlagenversicherung verbunden ist, sind faktisch alle Kreditinstitute durch diese Selbstschutzsysteme versichert.

Die Einlagensicherungsfonds sind so organisiert, daß für private Banken, Sparkassen und Volksbanken jeweils eigenständige Fonds bestehen. Die Mitglieder dieser Fonds zahlen entsprechend ihrer in der Bilanz ausgewiesenen Verbindlichkeiten einen Promillesatz dieser Summe als Beitrag jährlich in den Fonds ein.[184] Im Falle von Liquiditätsschwierigkeiten bei einer Mitgliedsbank bestehen dann folgende Möglichkeiten, diese zu beseitigen: Zunächst können die Mittel des Fonds zur Überbrückung der Engpässe herangezogen werden. Desweiteren können die nicht betroffenen Mitgliedsinstitute durch das Ausstellen von Bürgschaften oder Garantien über die Liquiditätsschwierigkeiten hinweghelfen und letztlich können auch durch eine vereinbarte Nachschußpflicht der Mitglieder die erforderlichen Mittel aufgebracht werden. Je nach Fondsart sind diese drei Leistungsmerkmale unterschiedlich ausgeprägt.[185]

Zusätzlich zu diesen privaten Fonds hat das Kreditgewerbe zusammen mit der Deutschen Bundesbank die Liquiditäts- und Konsortialbank GmbH (LIKO-Bank)

---

182 Die EG-Großkreditrichtlinie, die die Großkreditgrenze auf 25% des haftenden Eigenkapitals herabsetzt, soll mit der 5. KWG-Novelle zum 1.1.1996 in deutsches Recht umgesetzt werden. Vgl. hierzu und zu weiteren geplanten KWG-Novellen: Gröschel (1993), S. 225-230.

183 Diese Meldegrenze gilt seit dem 1. Juli 1993. Vorher lag die Mitteilungsgrenze bei 1 Mio. DM. Vgl. Arnold/Boos (1993), S. 277.

184 Dies ist in der Regel 0,3 Promille der ausgewiesenen Verbindlichkeiten.

185 Vgl. dazu auch Münzer (1992), S. 94f und Beber (1988), S. 18ff.

gegründet.[186] Im Falle von Liquiditätsschwierigkeiten eines Kreditinstitutes kann dieses einen Finanzwechsel auf die LIKO-Bank ziehen, die diesen als Selbstdiskont ankauft. Damit stehen dem gefährdeten Institut wieder liquide Mittel zur Verfügung. Dadurch, daß die Bundesbank der LIKO-Bank ein Rediskontkontingent von 500 Mio. DM einräumt, kann die Funktion der LIKO-Bank auch mit der des "lender of last resort" verglichen werden.[187]

Neben der aufgezeigten Kontrolle durch das Bundesaufsichtsamt für das Kreditwesen erfahren die Kreditinstitute schließlich eine Regulierung durch die Deutsche Bundesbank. Diese Regulierung liegt im wesentlichen in der Geldschöpfungsmöglichkeit der Kreditinstitute begründet. Auf der Grundlage des geldpolitischen Konzepts der Deutschen Bundesbank werden im folgenden die wichtigsten Instrumente der Geldpolitik in ihren Grundzügen dargestellt. Zusammen mit den Vorschriften des Bundesaufsichtsamtes für das Kreditwesen ist damit dann der bestehende regulative Rahmen für die Kreditinstitute als Sonderform der Finanzintermediäre vollständig dargestellt.

---

186 An der LIKO-Bank sind die Deutsche Bundesbank mit 30%, private Banken mit 30%, Sparkassen mit 26,5%, Genossenschaftsbanken mit 11%, Gemeinwirtschaftliche Geschäftsbanken mit 1,5% und Treuhandfonds und Teilzahlungsbanken mit 1% beteiligt.

187 Vgl. dazu und zu weiteren Funktionen der LIKO-Bank: Münzer (1992), S. 95f und Fischer (1975), S. 2ff.

E. Die geldpolitische Regulierung der Kreditinstitute

1. Zum geldpolitischen Konzept der Deutschen Bundesbank

Nach § 3 BBankG hat die Deutsche Bundesbank die Aufgabe, den Geldumlauf und die Kreditversorgung der Wirtschaft mit den Zielen zu regeln, die Währung zu sichern und für die bankmäßige Abwicklung des Zahlungsverkehrs im Inland und mit dem Ausland zu sorgen. Da auf die Rolle und Funktion der Bundesbank bei der Abwicklung des Zahlungsverkehrs und der Geldschöpfung bereits in Kapitel II.C.4/5 eingegangen wurde, soll hier lediglich die Aufgabe der Sicherung der Währungsstabilität im Vordergrund stehen.

Unter dem Begriff der Stabilität kann sowohl die binnenwirtschaftliche als auch die außenwirtschaftliche Sicherung des Geldwertes subsumiert werden.[188] Während unter der Geldwertstabilität im Inneren in der Regel die Preisniveaustabilität verstanden wird, betrifft die Stabilität des Außenwertes der Währung die Kaufkraftparität. Zur Sicherung der Geldwertstabilität setzt die Deutsche Bundesbank seit 1975 auf das Geldmengenkonzept. Diesem Konzept liegt die Erkenntnis zugrunde, daß zwischen der Entwicklung der Geldmenge und der Geldwertstabilität ein mittelfristiger Zusammenhang besteht.[189] Demzufolge versucht die Bundesbank, das Ziel der Geldwertstabilität über die Steuerung der Geldmenge zu erreichen. Zur näheren und differenzierteren Eingrenzung der Geldmenge hat die Bundesbank drei verschiedene Geldmengenaggregate definiert:

- **M1**: Bargeld und Sichteinlagenbestände inländischer Nichtbanken bei inländischen Kreditinstituten,
- **M2**: M1 zuzüglich Termingelder inländischer Nichtbanken unter 4 Jahren bei inländischen Kreditinstituten und
- **M3**: M2 zuzüglich Spareinlagen inländischer Nichtbanken mit gesetzlicher Kündigungsfrist bei inländischen Kreditinstituten.[190]

---

188 Vgl. Deutsche Bundesbank (1993a), S. 13ff.

189 Vgl. Francke (1985), S. 509. Es ist hervorzuheben, daß die Deutsche Bundesbank mit ihrer Geldpolitik tatsächlich eine mittelfristige Politik betreibt, da sie de facto nicht in der Lage wäre, auf kurzfristige Entwicklungen sofort angemessen, wirkungsvoll und ohne große Irrtumsgefahr zu reagieren.

190 Vgl. Deutsche Bundesbank (1993a), S. 93f.

Seit 1988 dient die Geldmenge M3 als wichtigste Orientierungsgröße in der deutschen Geldpolitik, da sie seitdem als Zwischenzielvariable für die Steuerung der Geldmenge fungiert.[191] Am Anfang eines jeden Jahres gibt die Deutsche Bundesbank den geplanten Wachstumskorridor dieser Geldmenge für das kommende Jahr an. Dabei orientiert sie sich an der voraussichtlichen Entwicklung des Produktionspotentials der deutschen Volkswirtschaft, welches zu laufenden Preisen bewertet wird. Mit dieser Zielfestlegung bezüglich des geplanten Geldmengenwachstums versucht die Bundesbank nicht nur eine Erwartungsstabilisierung bei den Marktteilnehmern hinsichtlich der Geldwertstabilität zu erreichen, sondern auch einen Geldmengenkorridor vorzugeben, innerhalb dessen sich ein möglichst inflationsfreies Wirtschaftswachstum entwickeln kann.[192]

Die Geldpolitik der Deutschen Bundesbank zielt nun darauf ab, mit Hilfe des geldpolitischen Instrumentariums die gewählte Zwischenzielvariable entsprechend der gemachten Zielsetzung zu steuern. Dabei folgt die Bundesbank im Grundsatz marktwirtschaftlichen Prinzipien. Die einzelnen Steuerungsinstrumente sind so konzipiert, daß der Wettbewerb im Finanzsektor erhalten bleibt und eine Diskriminierung von Finanzinstituten und Finanzierungsformen vermieden wird.[193] Da die Geld- und Kreditschöpfungsmöglichkeiten der Geschäftsbanken einen zentralen Einfluß auf die Entwicklung der Geldmenge M3 haben, versucht die Bundesbank durch die Anwendung weitgehend marktkonformer zins- und liquiditätspolitischer Instrumente, das Kreditangebotsverhalten der Geschäftsbanken auf der einen und die monetäre Nachfrage der privaten Wirtschaftssubjekte auf der anderen Seite zu steuern.[194]

---

191 Zuvor diente die Zentralbankgeldmenge als Zwischenzielgröße. Unter dieser Geldmengenabgrenzung wurden der Bargeldumlauf in den Händen von Nichtbanken und das Mindestreserve-Soll der Banken für ihre Inlandsverbindlichkeiten - zu konstanten Reservesätzen gerechnet - subsumiert. Aus verschiedenen Gründen wurde jedoch diese Zwischenzielgröße durch die Geldmenge M3 abgelöst. Vgl. dazu: ebd., S. 96ff.

192 Vgl. zu der Festlegung und Überprüfung des Geldmengenziels ausführlich: ebd., S. 104ff.

193 Vgl. Deutsche Bundesbank (1993), S. 50. Ob die geldpolitischen Instrumente der Deutschen Bundesbank wirklich wettbewerbsneutral wirken und den marktwirtschaftlichen Prinzipien entsprechen, wird weiter unten näher zu untersuchen sein. Vgl. Kapitel V.

194 Vgl. Feldsieper/Terres (1994), S. 536.

Die einzelnen geldpolitischen Instrumente eignen sich in unterschiedlicher Weise dazu, das gewählte monetäre Zwischenziel in eine bestimmte Richtung (qualitativ) und/oder in einem gewünschten Ausmaß (quantitativ) zu beeinflussen. Außerdem werden die Instrumente hinsichtlich ihrer Wirkungsdauer in jene unterschieden, die eher zur Feinsteuerung geeignet sind und jene, die eher zur Grobsteuerung verwendet werden.[195] Im folgenden werden die wesentlichsten geldpolitischen Instrumente mit ihren jeweiligen Auswirkungen in ihren Grundzügen kurz dargestellt.

2. Die geldpolitischen Instrumente zur Regulierung der Kreditinstitute

a) Refinanzierungspolitik

Da die Deutsche Bundesbank in der Bundesrepublik Deutschland über das Ausgabemonopol hinsichtlich gesetzlicher Zahlungsmittel verfügt, stehen die Geschäftsbanken in einem ständigen Abhängigkeitsverhältnis zur Bundesbank, wenn sie sich mit gesetzlichen Zahlungsmitteln refinanzieren wollen. Ziel der Refinanzierung der Kreditinstitute durch die Bundesbank ist nach § 15 BBankG, den Geldumlauf in der Volkswirtschaft und den Kreditgewährungsspielraum der Kreditinstitute zu beeinflussen. Dazu stehen der Bundesbank zunächst zwei Instrumente zur Verfügung: Der Diskont- und der Lombardkredit.

Die gesetzliche Grundlage für den Diskontkredit bildet § 19 BBankG. Danach darf die Deutsche Bundesbank im Verkehr mit Banken Handels- und Schatzwechsel,[196] die die vorgegebenen Bedingungen erfüllen[197], zu dem von ihr festgelegten Diskontsatz[198] gegen Zentralbankgeld ankaufen. Zur Regulierung des Volumens der eingeräumten Diskontkredite und damit des zur Verfügung gestellten Zentralbankgeldes stehen der Bundesbank zwei Mittel zur Verfügung: Zum einen kann sie die Menge über die Veränderung des Diskontsatzes steuern, zum anderen kann sie durch die Variation der Rediskontkontingente den ausnutzbaren Kreditrahmen begrenzen.[199]

---

195 Vgl. Deutsche Bundesbank (1993), S. 50/51.

196 Vgl. § 19 Abs. 1 S. 1 und 2 BBankG.

197 Vgl. dazu im einzelnen: § 19 Abs. 1 S. 1 BBankG.

198 Vgl. § 19 Abs. 2 BBankG.

199 Bei genauerer Betrachtung handelt es sich bei einem Diskontkredit nicht um einen Kredit im klassischen Sinne, sondern vielmehr um einen Kaufvertrag zwischen der Bundesbank

Als weiteres Instrument im Rahmen der Refinanzierungspolitik dient der Lombardkredit. Nach § 19 Abs. 1 S. 3 BBankG darf die Bundesbank den Kreditinstituten verzinsliche Darlehen gegen die Verpfändung von bestimmten Wertpapieren[200] gewähren. Auch durch diese - auf eine Laufzeit von drei Monaten begrenzten - Darlehen können sich die Geschäftsbanken bei der Bundesbank mit Zentralbankgeld refinanzieren. Vergleichbar mit der Diskontpolitik kann die Bundesbank auch hier das ausgegebene Volumen durch die Höhe des Lombardzinssatzes und der Festlegung von Kontingenten begrenzen.[201]

Eine Erhöhung des Diskont- und des Lombardsatzes bzw. eine Reduzierung der jeweiligen Kontingente wirkt demnach kontraktiv auf die Geldmenge, während eine Senkung des Diskont- und Lombardsatzes bzw. eine Ausweitung der Kontingente einen expansiven Effekt auf die Geldmenge bewirkt.[202] Somit kann die Deutsche Bundesbank mit Hilfe der beiden genannten Instrumente die monetäre Expansion bei den Geschäftsbanken kontrollieren und steuern.[203]

b) Mindestreservepolitik

Neben der Beeinflussung der Refinanzierungsmöglichkeiten hat die Bundesbank die Möglichkeit, mit Hilfe der Mindestreservepolitik die Entwicklung der Geldmenge zu steuern. Die Rechtsgrundlage für die Mindestreserveregelungen ist § 16 BBankG. Danach kann die Bundesbank verlangen, daß die Kreditinstitute in Höhe eines vorgegebenen Prozentsatzes ihrer Verbindlichkeiten aus Sichteinlagen, befristeten Einlagen und Spareinlagen sowie aus aufgenommenen kurz- und mittelfristigen Geldern mit Ausnahme der Verbindlichkeiten gegenüber anderen mindestreservepflichtigen Kreditinstituten Guthaben auf Girokonten bei der Deutschen Bundesbank als Mindestreserve unterhalten.[204]

---

und den Geschäftsbanken. Allerdings geht dabei das Ausfallrisiko hinsichtlich des Wechselausstellers auf die Bundesbank über, womit der Begriff "Kredit" vielleicht noch zu rechtfertigen ist.

200 Vgl. dazu im einzelnen: § 19 Abs. 1 S. 3 BBankG.

201 Vgl. Deutsche Bundesbank (1993), S. 56ff.

202 Vgl. ausführlich zu den Wirkungen der Festsetzung der einzelnen Parameter: Deutsche Bundesbank (1993), S. 59ff.

203 Vgl. Münzer (1992), S. 88.

204 Seit dem 1. März 1993 werden auf Sichtverbindlichkeiten gegenüber Gebietsansässigen je nach Progressionsstufe 6,6-12,1% und auf befristete Verbindlichkeiten bzw. Spareinlagen

In geldpolitischer Hinsicht erfüllt die Verpflichtung zur Haltung einer Mindestreserve eine Doppelfunktion: Zum einen kann die Bundesbank mit der Veränderung der Mindestreservesätze den Umfang der dauerhaften Zentralbankgeldschöpfung bzw. den der ungenutzten Refinanzierungslinien und damit den der Liquiditätsversorgung der Kreditinstitute mittelfristig lenken, um sie entsprechend den Zielvorstellungen zu korrigieren. Zum anderen bewirkt die Mindestreserve, daß das Bankensystem in seinen Geldschöpfungsmöglichkeiten in dem Maße eingeschränkt wird, in dem es das neu geschaffene Giralgeld mit einer Mindestreserve bei der Bundesbank unterlegen muß.[205]

Zusätzlich hat die Mindestreservepflicht noch zwei weitere Auswirkungen. So kann der Mindestreservebetrag, der bei der Deutschen Bundesbank gehalten wird, als eine Art Einlegerschutz interpretiert werden, da selbst bei einem "run" auf die Geschäftsbanken diese Beträge sicher sind. In diesem Einlegerschutz lag auch der ursprüngliche Sinn der Mindestreserve, bevor sie als geldpolitisches Instrument entdeckt wurde. Eine weitere Auswirkung ergibt sich daraus, daß die gehaltenen Mindestreserven nicht verzinst werden. Dies hat zur Folge, daß sich die geschäftlich nutzbaren Mittel der Banken reduzieren, was eine Schmälerung des Betriebsergebnisses nach sich zieht. Aus diesem Grunde versuchen die Banken immer mehr, in unregulierte und damit nicht reservepflichtige Marktnischen, etwa nach Luxemburg, zu drängen, was einen effizienten Einsatz der Mindestreserve zunehmend erschwert.[206]

2% des Volumens als Mindestreserve angefordert. Das Mindestreserveinstrument wurde zuletzt im Mai 1986 neu geregelt. Seither sind alle Buchverbindlichkeiten (einschl. Verbindlichkeiten aus Namensschuldverschreibungen und Orderschuldverschreibungen, die nicht Teile einer Gesamtemission darstellen) mit einer Befristung von weniger als vier Jahren und Verbindlichkeiten aus Inhaberschuldverschreibungen (und Orderschuldverschreibungen, die Teile einer Gesamtemission darstellen) mit einer Befristung von weniger als zwei Jahren reservepflichtig, soweit die Verbindlichkeiten nicht gegenüber selbst reservepflichtigen Kreditinstituten bestehen. Die genannten verbrieften Verbindlichkeiten zählen zu den befristeten Verbindlichkeiten und sind somit mit 2% reservepflichtig. Damit hat die Bundesbank darauf reagiert, daß die Kreditinstitute in zunehmendem Maße sich über Wertpapieremissionen refinanzierten, um die Mindestreserveregelungen zu umgehen. Vgl. dazu ausführlich: Deutsche Bundesbank (1986), S. 14-16 und Deutsche Bundesbank (1993), S. 63ff.

205 Vgl. Deutsche Bundesbank (1993), S. 72.

206 Vgl. Münzer (1992), S. 90.

c) Offenmarktpolitik

Im Rahmen der Offenmarktpolitik kauft und verkauft die Deutsche Bundesbank bestimmte Wertpapiere[207] auf eigene Rechnung zu Marktsätzen am offenen Markt. Die rechtliche Grundlage dafür bildet § 21 BBankG. Mit dem Kauf bzw. Verkauf der Wertpapiere, die sowohl dem Geldmarkt- als auch dem Kapitalmarktsegment zuzuordnen sind, kann die Bundesbank dem Bankensektor auf direktem Weg über die Steuerung des angebotenen Zinssatzes und der Mengen Liquidität entziehen oder geben, was eine vergleichsweise präzise und marktwirtschaftliche Steuerung der Geldmenge ermöglicht. Seit Juli 1993 hat die Bundesbank dieses Geschäft auch auf den Nichtbankenbereich - etwa Versicherungen, Kapitalanlagegesellschaften und Großunternehmen - in der Form ausgedehnt, daß sie sog. "Bulis" zum Verkauf anbot.[208] Der gewünschte Effekt einer verbesserten Geldmengenkontrolle blieb jedoch aus, was zur Einstellung dieser Geschäfte führte.[209]

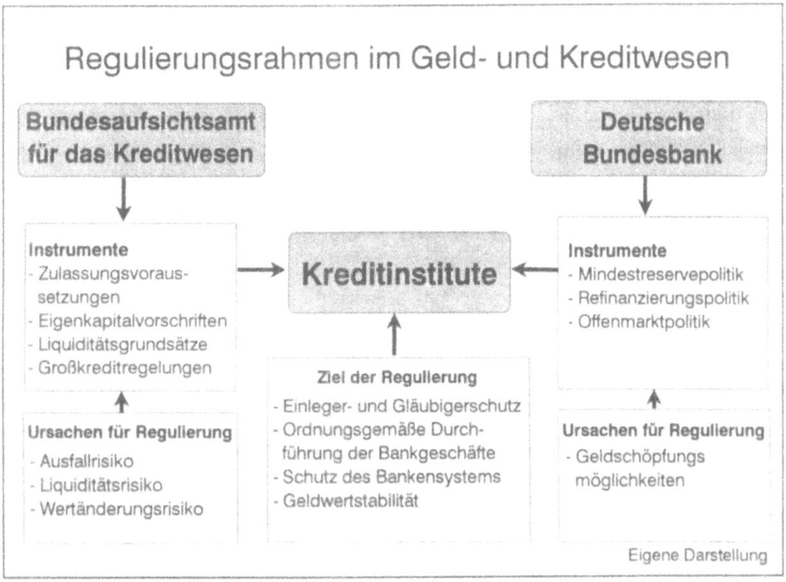

Abbildung 3: Regulierungsrahmen für die Kreditinstitute

207 Vgl. dazu im einzelnen: § 21 BBankG und Deutsche Bundesbank (1993), S. 73.

208 Vgl. o.V.:"Bundesbank will Profis für die Bulis gewinnen", in: Handelsblatt v. 20.8.1993.

209 Vgl. zu den Bundesbank-Liquiditätspapieren: Feldsieper/Terres (1994), S. 540.

F. Zusammenfassung der bisherigen Erkenntnisse und erweiterte Themenstellung

Die Ergebnisse der bisherigen Untersuchungen lassen sich wie folgt zusammenfassen:

1. Aufgrund der bestehenden Friktionen hinsichtlich der Losgröße, der Fristigkeit und der Risikostruktur zwischen der angebotenen und nachgefragten Finanzaktiva und der auf den Finanzmärkten zu beobachtenden Informationsmängeln und -asymmetrien besteht ein Bedarf nach Finanzintermediären, die diese Markthindernisse und -unvollkommenheiten überwinden können.

2. Mit Hilfe der Transaktionskostentheorie konnte hergeleitet werden, welche Gründe für eine Koordination der Finanzintermediation innerhalb einer Unternehmung sprechen. Dabei wurde zunächst auf die Erkenntnisse von Ronald Coase zurückgegriffen, der das Verhältnis von Transaktionskosten, die bei der Inanspruchnahme des Marktes entstehen, zu den Organisationskosten, die bei einer unternehmensinternen Leistungserstellung anfallen, als Erklärungsansatz für die Aufteilung der Leistungserstellung zwischen Markt und Unternehmen entwickelt hat. Mit der Übertragung der von Oliver Williamson entwickelten transaktionsspezifischen Merkmale auf Finanztransaktionen konnte die Begründung für eine unternehmensinterne Koordination der Finanzintermediation noch weiter präzisiert werden. Schließlich wurde dargelegt, daß es sich bei der transaktionskostentheoretischen Erklärung für die Existenz von Finanzintermediären um einen dynamischen Ansatz handelt, da sich je nach Veränderung der transaktionsspezifischen Kriterien auch die Aufteilung der Koordination zwischen Markt und Unternehmen ändert.

3. Nach diesen theoretischen Vorüberlegungen wurden die Kreditinstitute als Sonderform der Finanzintermediäre dargestellt. Dabei wurde unter ökonomischen Aspekten insbesondere auf ihre Möglichkeit der Geldschöpfung abgehoben, da diese sie von anderen Finanzintermediären wesentlich unterscheidet. In Ergänzung zu den ökonomischen Funktionen eines Kreditinstitutes konnte mit Hilfe der Legaldefinition von Kredit- und Finanzinstituten gem. § 1 KWG der Tätigkeitsbereich der Kreditinstitute unter rechtlichen Aspekten weiter eingegrenzt werden. Nach dieser rechtlichen

Umschreibung handelt es sich bei Unternehmen nur dann um Kreditinstitute, wenn sie die Ausübung ihrer Geschäfte gewerblich und damit zur Fremdbedarfsdeckung ausüben. Ist diese Voraussetzung erfüllt, so unterliegen die entsprechenden Kreditinstitute den Vorschriften des Kreditwesengesetzes und damit auch der Bankenaufsicht.

4. Der Bedarf an Aufsicht und Kontrolle der Kreditinstitute wurde mit der bestehenden Marktstruktur im Kreditwesen und den existierenden Risiken im Kreditgeschäft begründet. Nach Erläuterung der Ziele der Bankenaufsicht - der Einleger- und Gläubigerschutz, die ordnungsgemäße Durchführung der Bankgeschäfte sowie der Schutz des gesamten Bankensystems - wurden die Instrumente der Bankenaufsicht - die Zulassungsvoraussetzungen zum Bankbetrieb, die Eigenkapital- und Liquiditätsgrundsätze sowie die Großkreditregelungen - in ihren Grundzügen dargestellt.

5. Schließlich wurde die Notwendigkeit, Kreditinstitute unter geldpolitischen Aspekten zu regulieren, mit ihrer Möglichkeit der Geldschöpfung begründet. Aufbauend auf dem geldpolitischen Konzept der Deutschen Bundesbank und der Zielsetzung der Geldpolitik wurden die wesentlichen Kennzeichen des geldpolitischen Instrumentariums dargestellt und ihre Auswirkungen auf die Geschäftstätigkeit der Kreditinstitute dargelegt.

Nach der Untersuchung der institutionellen Struktur des Finanzmarktes stellt sich nun die Frage, welche Auswirkungen die jüngsten instrumentellen Veränderungen an den Finanzmärkten auf die bisherige Aufteilung der Koordination der Finanzintermediation zwischen dem Finanzmarkt, den Kreditinstituten und anderen Unternehmen haben. Im folgenden Kapitel soll dieser Frage nachgegangen werden.

Dazu werden zunächst die verschiedenen Arten von Finanzinnovationen dargestellt. Daran anschließend wird analysiert, in welcher Form die Finanzinnovationen die Transaktionseigenschaften von Finanztransaktionen beeinflussen und verändern. Mit den daraus gewonnenen Erkenntnissen wird weiter untersucht, welche Konsequenzen sich daraus auf die bisherige Aufteilung der Erstellung von Intermediationsleistungen ergeben.

III. FINANZINNOVATIONEN UND IHR EINFLUß AUF DIE VERTEILUNG DER INTERMEDIATIONSTÄTIGKEITEN

A. Arten von Finanzinnovationen

1. Zur Problematik der Einteilung

Um die Auswirkungen von Finanzinnovationen auf die klassische Finanzintermediation untersuchen zu können, bedarf es zuvor einer auf das Erkenntnisziel ausgerichteten Klassifizierung und Strukturierung dieser Innovationen. Vor dem Hintergrund des vorliegenden Erkenntnisziels müssen die Finanzinnovationen so eingeteilt werden, daß ihr Einfluß auf die Faktoren deutlich wird, deren Veränderung Auswirkungen auf die jeweiligen Koordinationserfordernisse der Intermediationstätigkeit und damit auf deren Verteilung zwischen dem Finanzmarkt und den Finanzintermediären hat. Diese Faktoren sind zum einen in der Veränderung der Transaktionseigenschaften und zum anderen in der Verteilung der transaktionsrelevanten Informationen zu sehen.

Eine ausschließlich auf diese beiden Aspekte ausgerichtete Strukturierung der Finanzinnovationen gestaltet sich jedoch als schwierig, da die Ursachen für eine Veränderung der Informationsverteilung und der Transaktionseigenschaften sehr unterschiedlich sein können. Um diese verschiedenen Ursachen erfassen zu können, ist eine Systematisierung der Finanzinnovationen nach nur einem Kriterium nicht ausreichend. Vielmehr ist es notwendig, verschiedene Strukturierungen der Finanzinnovationen vorzunehmen, um ihre Auswirkungen auf die Verteilung der Intermediationstätigkeit an den Finanzmärkten umfassend und präziser untersuchen zu können. Hierbei bietet sich zunächst eine Einteilung der Finanzinnovationen nach den zu beobachtenden Innovationstrends an, da damit zugleich auch eine Analyse der Entstehungsursachen für die neuen Finanzinstrumente möglich ist.[1]

---

1 Auf ein eigenständiges Kapitel über Entstehungsursachen von Finanzinnovationen wird an dieser Stelle bewußt verzichtet, da sich diese Analyse in vielen Bereichen im Ergebnis mit den Einteilungsversuchen von Finanzinnovationen überschneidet. Da aber die Strukturierung der Finanzinnovationen nach ihren Merkmalen für den Fortgang der Arbeit von wichtigerer Bedeutung ist, wird auf sie der Schwerpunkt gelegt.

2. Strukturierung nach Innovationstrends

a) Sekuritisierung

Mit Sekuritisierung wird der Prozeß der Verbriefung von Buchforderungen und -verbindlichkeiten an den Finanzmärkten bezeichnet. Die Ursache für diesen Trend zur Verbriefung von Finanzpositionen geht zurück auf die Schuldenkrise der Entwicklungsländer im Jahre 1982.[2] Diese bewirkte einen erheblichen Vertrauensverlust der Finanzmarktteilnehmer in die Bonität der involvierten Banken. Aus diesem Grunde substituierten die internationalen Anleger[3] innerhalb ihrer Portfolios bisher unverbriefte Bankeinlagen in Wertpapiere, die von Emittenten mit zweifelsfreier Bonität begeben wurden. Auch die Banken änderten daraufhin ihre Strategie und begaben zur Refinanzierung ihrer immobil gewordenen Kredite zunehmend mehr Schuldverschreibungen.[4] Neben der Schuldenkrise führten die Deregulierungsbestrebungen[5] an den internationalen Finanzmärkten zu einer stark ansteigenden Zahl verbriefter Finanzierungsinstrumente.

Die aus dem Prozeß der Sekuritisierung entstandenen innovativen Wertpapierformen lassen sich in zwei Gruppen einteilen: In langfristig ausgelegte Kapitalmarktpapiere und in Geldmarktpapiere mit relativ kurzer Laufzeit. Zu den verbrieften Instrumenten an den Kapitalmärkten zählen u.a. Floating rate notes, Zerobonds, Anleihen mit Optionen und Doppelwährungsanleihen. Die Innovationen an den Geldmärkten umfassen im wesentlichen Euro-Certificates of Deposit, Euronotes und Euro-Commercial Paper.

---

2 Vgl. Büschgen (1988b), S. 15; Schmidt (1987), S. 84; Güde (1987), S. 48.

3 Zu den wichtigsten internationalen Anlegern zählten zunächst die OPEC-Länder, die durch die Ölpreiserhöhungen Anfang und Mitte der siebziger Jahre über Zahlungsbilanzüberschüsse verfügten. In der Folgezeit, also ab Mitte der achtziger Jahre, kehrten sich die Zahlungsbilanzüberschüsse zugunsten der europäischen Industriestaaten und Japans um. Somit bestimmten sie als Anleger zunehmend das Geschehen an den Finanzmärkten. Vgl. Büschgen (1988b), S. 15.

4 Vgl. Schmidt (1987), S. 84.

5 Wichtige Deregulierunsmaßnahmen an den internationalen Finanzmärkten waren: Die Liberalisierung des Euro-Yen Bondmarkets, die Wiedereröffnung des Euro-Franc Bondmarkets, die Deregulierungsmaßnahmen an der Londoner Börse (Big-Bang) und der Depository Institution Deregulation and Monetary Controll Act in den USA (DIDMCA). Vgl. Füllenkemper/Rehm (1985), S. 558. Vgl. zum Zusammenhang von Regulierungs-/ Deregulierungsmaßnahmen und der Entstehung von Finanzinnovationen: Mayer/Kneeshaw (1989), S. 120ff.

Im Ergebnis hat der Verbriefungstrend Finanzprodukte hervorgebracht, die sich bezüglich ihrer Ausstattungsmerkmale durch einen hohen Grad an Normierung und Standardisierung auszeichnen. Dies bewirkt nicht nur eine Senkung der Informations- und Transaktionskosten, die mit der Verwendung dieser Instrumente verbunden sind,[6] sondern steigert auch in einem bestimmten Umfang die Transparenz für die Finanzmarktteilnehmer. Sind die neu geschaffenen Wertpapiere börsenfähig, ermöglichen sie zudem einen Handel von Forderungen und Verbindlichkeiten an den Sekundärmärkten.[7]

b) Futurisierung

Die Grundidee der Futurisierung ist die Absicherung von Finanzaktiva gegen zukünftige Schwankungen von Zinsen, Wechselkursen und Preisen. Der Bedarf nach diesen Finanzinstrumenten entstand in Folge der hohen Inflationsraten[8] und den stark schwankenden Wechselkursen[9] in den siebziger und Anfang der achtziger Jahre, welche das Wertänderungsrisiko der Finanzaktiva stark erhöhten. Die im Trend zur Futurisierung enstandenen Finanzinnovationen ermöglichen eine Absicherung gegen diese Wertänderungsrisiken entweder durch Überwälzung der entsprechenden Risiken auf andere Marktteilnehmer oder durch Hedging[10], wodurch eine Kompensation der bestehenden Risiken erreicht wird.

Die Idee der Absicherung gegen Wertänderungsrisiken ist nichts Neues. Die traditionelle Form der Termingeschäfte war aber auf Grund der Individualität der abgeschlossenen Verträge, d.h. der mangelnden Normierung der Vertragsbestandteile, und des Fehlens einer ausreichend organisierten Abrechnungsstelle wenig geeignet, um auf die Finanzmärkte übertragen zu werden. Um dieses Defizit zu beseitigen, wurden die Finanzterminkontrakte zunächst standardisiert, um die dadurch entstandenen Optionen und "Financial Futures" an Börsen handelsfähig zu machen.[11] Ebenso wie die Verbriefung der Finanzinstrumente bewirkte die Entwicklung dieser Innovationen für die Finanzmarktteilnehmer eine Senkung der Informations- und Transaktionskosten bei der Absicherung gegen bestehende zu-

---

6 Vgl. Schmidt (1987), S. 86.

7 Vgl. Güde (1987), S. 48.

8 Vgl. OECD (1985), S. 181.

9 Vgl. ebd., S. 185.

10 Eine ausführliche Darstellung des Hedging liefert Frenkel (1991), S. 266-269.

11 Vgl. Büschgen (1988b), S. 31f.

künftige Wertänderungsrisiken. Die Produkte, die aus dem Futurisierungstrend entstanden, sind im wesentlichen Zins-, Devisen-, Aktienindex- und Rohstoffterminkontrakte in Form von Optionen oder Futures.[12]

c) Globalisierung

Bedingt durch den Wegfall internationaler Kapitalverkehrsbeschränkungen, dem steigenden Liberalisierungsdruck auf den weltweiten Finanzmärkten und den neuen Möglichkeiten der weltweiten Telekommunikation kam es zu einer internationalen Integration der Finanzmärkte.[13] Diese zunehmende internationale Verflechtung der Finanzmärkte bietet den Finanzmarktteilnehmern nicht nur eine größere Anzahl von Anlage- oder Finanzierungsmöglichkeiten, sie fördert auch den Wettbewerb zwischen den einzelnen Finanzplätzen. Außerdem sind durch den Trend zur Globalisierung neue internationale Märkte - wie etwa der Euromarkt - entstanden. Schließlich eröffnet der ermöglichte Zugang zu den internationalen Finanzmärkten auch die Ausnutzung von absoluten und relativen Kostenunterschieden zwischen den jeweiligen Märkten.[14] Dies erfolgt z.B. durch die Anwendung von Zins- oder Währungsswaps.[15]

Bei der bis hierhin vorgenommenen Einteilung der Finanzinnovationen konnten ausschließlich die sogenannten Produktinnovationen berücksichtigt werden. Damit ist der Bereich der Finanzinnovationen aber noch nicht erschöpfend analysiert und strukturiert worden, da neben den Finanzproduktinnovationen auch noch Finanzprozeß- und -marktinnovationen die Veränderung der Finanzmärkte kennzeichnen. Da auch diese Arten von Finanzinnovationen das Informations- und Transaktionskostengefüge an den Finanzmärkten nachhaltig verändern, soll auf sie im folgenden näher eingegangen werden.

---

12 Vgl. zur Funktionsweise und zu den möglichen Ausgestaltungsmerkmalen dieser Instrumente ausführlich: Hull (1993).

13 Vgl. Mayer / Kneeshaw (1989), S. 116.

14 Vgl. Glokowski / Münch (1990), S. 398.

15 Auf die Konstruktion von SWAP-Geschäften wird in Kapitel IV näher eingegangen.

3. Strukturierung nach Innovationsarten

a) Finanzproduktinnovationen

In der ökonomischen Literatur wird der Begriff der Innovation stets im Zusammenhang mit realwirtschaftlichen Veränderungen erwähnt. Die grundlegende Theorie zur Entstehung von Innovationen ist von A. Schumpeter gelegt worden. Er unterscheidet drei Phasen des Innovationsprozesses: Die Invention (Erfindung), die Innovation (erstmalige Nutzung) und die Imitation bzw. Verbreitung (Diffusion).[16] Auch wenn dieser Prozeß nur bedingt auf den monetären Bereich übertragbar ist[17], so kann jedoch nicht bestritten werden, daß die Innovationen an den Finanzmärkten im Ergebnis etwas Neues, vorher nicht Bekanntes darstellen.[18]

Im Bereich der Finanzproduktinnovationen besteht der Neuigkeitscharakter nicht unbedingt in einer fundamental neuen Substanz des Produktes, sondern eher in der Neukombination bisher bekannter Elemente eines Anlage- oder Finanzierungsinstrumentes.[19] Bei dieser Vorgehensweise kommt die Innovationstechnik des "stripping and rebundling"[20] zum Ausdruck. Einzelne Grundbestandteile eines traditionellen Finanzinstrumentes, etwa die Art der Verzinsung, die Fälligkeit oder die Tilgungsmodalitäten, werden dabei zu einem Instrument mit neuartigen Anwendungsmöglichkeiten zusammengefügt.[21] Den Möglichkeiten der Neukombinationen bei der Kreation von Finanz-

---

16 Vgl. Schumpeter (1964), S. 100.

17 In vielen Beiträgen ist der Frage nachgegangen worden, ob dieser Prozeß auch auf die Finanzmärkte zu übertragen sei. Diese Frage ist nicht abschließend zu beantworten, da sich die Innovationen im realgüterwirtschaftlichen und monetären Bereich in ihrer Entstehung, ihrer Verwendung und anschließenden Diffusion nicht immer miteinander vergleichen lassen. So werden z.B. die Stofflosigkeit der Finanzinnovationen, der fehlende Patentschutz für Finanzinnovationen, die unterschiedlichen Entwicklungs- und Forschungsvoraussetzungen u.a. Aspekte angeführt, um die Unterschiede zu unterstreichen. Vgl. Münzer (1992), S. 155f; Widmer (1986), S. 8ff. Dennoch sind gewisse Parallelen nicht zu verkennen. Vgl. dazu insbesondere Silber (1983), S. 91. Zumindest kann nicht bezweifelt werden, daß Finanzinnovationen neue, vorher nicht bekannte Anlage- und Finanzierungsmöglichkeiten eröffnen. Büschgen spricht in diesem Zusammenhang von "peripheren" Innovationen. Vgl. Büschgen (1988b), S. 12.

18 Vgl. ebda.

19 Vgl. dazu Meyer/Kneeshaw (1989), S. 116.

20 Vgl. Münzer (1992), S. 138. Die BIZ spricht in diesem Zusammenhang von "unbundling and repackaging", vgl. BIZ (1986), S. 169.

21 Vgl. dazu auch Deutsche Bundesbank (1986), S. 31.

produktinnovationen sind dabei kaum Grenzen gesetzt.[22] Dennoch lassen sich bei genauerer Betrachtung die Finanzproduktinnovationen in drei Gruppen einteilen: neue Finanzierungs- und Anlageinstrumente, neue Sicherungsinstrumente und neue spezifische Finanzdienstleistungen.[23]

Mit der Entwicklung dieser neuen Produkte wird das Ziel verfolgt, bisher vorhandene Marktlücken an den Finanzmärkten auszufüllen. Damit wird das Produktangebot an den Finanzmärkten vollständiger und differenzierter, was dazu führt, daß immer mehr Finanztransaktionen direkt durch den Markt koordiniert werden können. Mit dieser verbesserten Marktfähigkeit der Finanzprodukte geht auch eine Senkung der Kosten für die entsprechenden Finanztransaktionen einher. Schließlich wird durch die Kreation der neuen Finanzprodukte auch der potentielle Kreis der Finanzmarktteilnehmer erweitert.

b) Finanzprozeßinnovationen

In enger Wechselwirkung mit den Finanzproduktinnovationen stehen die Finanzprozeßinnovationen. Diese betreffen insbesondere die neuartigen Methoden zur Verrechnung, Abwicklung und Erfüllung von Finanztransaktionen, deren Entstehung auf die technologischen Neuerungen zurückzuführen sind.[24] Dabei sind zwei Auswirkungen der Technikinnovationen zu unterscheiden. Zum einen kann durch die Einführung einer neuen Technik eine völlig neue Beziehung zwischen den Marktteilnehmern hergestellt werden,[25] und zum anderen bewirkt der technische Fortschritt, daß bisher vorhandene Prozesse rationeller und kostengünstiger bearbeitet oder durchgeführt werden.[26]

---

22 Denkbare Grenzen können lediglich in rechtlichen Schranken oder einer mangelnden Marktfähigkeit des neuen Produktes gesehen werden.

23 Vgl. Eilenberger (1991), S. 812.

24 Vgl. zu den Veränderungen der technischen Rahmenbedingungen und deren Auswirkungen auf den Innovationsprozeß an den Finanzmärkten: BIZ (1986), S. 181ff. Die relevanten Technikinnovationen sind hier insbesondere die verbesserten Kommunikations- und Informationsmöglichkeiten sowie die rationelleren Verfahrenstechnologien.

25 Als Beispiel sei hier die Etablierung von Cash-Managementsystemen genannt, die eine neuartige, direktere Beziehung z.B. zwischen einer Tochtergesllschaft und der Konzernfinanzabteilung herstellen.

26 Hier sind insbesondere die ständig steigenden Möglichkeiten und Kapazitäten der Datenverarbeitung und -übertragung unter dem Aspekt der Menge und der Zeit zu betrachten.

Damit verändern auch Finanzprozeßinnovationen das Transaktionskostengefüge an den Finanzmärkten. Während vorher zahlreiche Verfügungen, Abwicklungen und Erfüllungen von Verträgen nur durch die Marktteilnehmer ausgeführt werden konnten, die über die entsprechend teuren technischen Voraussetzungen verfügten, bietet der technische Fortschritt und die damit einhergehende Kostensenkung der Inanspruchnahme dieser neuen Techniken nun einem erweiterten Kreis von Marktteilnehmern die Möglichkeit, entsprechende Transaktionen durchzuführen.[27]

c) Finanzmarktinnovationen

Eine Besonderheit der Finanzinnovationen im Vergleich zu realwirtschaftlichen Innovationen ist, daß ein Teil der Produktinnovationen die Entstehung neuer Marktformen bewirkt. Diese sogenannten Finanzmarktinnovationen werden erforderlich, um die neuen Produkte überhaupt handeln zu können. Als Beispiel seien hier die Financial-Future-, Optionen- oder SWAP-Märkte genannt. Neben der Schaffung vollkommen neuer Märkte umfassen die Marktinnovationen auch Neuerungen in der Organisation und Funktion der Finanzmärkte. So haben Organisationsveränderungen z.B. die Möglichkeit des ungeregelten Freiverkehrs[28] oder des geregelten Marktes[29] eröffnet, während ein Funktionswandel z.B. an der Einführung von spezifischen Aktienindizes als Grundlage für die Entstehung neuartiger Options- und Futuremärkte deutlich wird.[30]

Neben diesen neu entstandenen Märkten ist aber auch das Zusammenwachsen bisher sachlich, zeitlich und räumlich getrennter Märkte unter dem Begriff der Marktinnovation zu subsumieren. So verwischen z.B. die Grenzen zwischen dem Geld- und Kapitalmarkt durch die Anwendung eines "Roll-over Kredites", der dem Kreditnehmer eine langfristige Kapitalüberlassung zu Geldmarktkonditionen ermöglicht. Gleiche Auflösungstendenzen sind bei der zeitlichen Abgrenzung der

---

27 Auf den Zusammenhang zwischen Transaktionskosten und technischen Innovationen im Hinblick auf die Verlagerung von Aufgaben wird in Kapitel IV.B. intensiver eingegangen.

28 Im ungeregelten Freiverkehr werden Wertpapiere außerhalb der Börsenzeiten im Telefonverkehr z.B. zwischen Banken gehandelt. Diese Geschäfte unterliegen - im Gegensatz zum geregelten Markt - keiner Börsenkontrolle oder -aufsicht.

29 Der geregelte Markt eröffnet seit 1.5.1987 insbesondere kleinen und mittleren Unternehmen den Zugang zur börsenmäßigen Finanzierung.

30 Vgl. hierzu ausführlicher Eilenberger (1991), S. 812.

Märkte zu erkennen. Durch die Anwendung von Futures und Optionen wird es möglich, bereits in der Gegenwart den Preis einer Finanzposition für einen Zeitpunkt in der Zukunft festzulegen.[31]

Im Anschluß an die vorgenommenen Systematisierungen der Finanzinnovationen nach Innovationstrends und -arten erscheint es sinnvoll, diese abschließend nach ihren Funktionen zu gliedern, da dies für die Frage, welchen Einfluß Finanzinnovationen auf den Intermediationsprozeß haben, von besonderer Bedeutung ist.

4. Strukturierung nach Innovationsfunktionen

a) Risikotransferierende Innovationen

Die Erläuterung der Ursachen für die Entstehung der Finanzmarkttrends zur Sekuritisierung und Futurisierung hat bereits gezeigt, daß Finanzmarktteilnehmer Instrumente suchen, mit denen sie sich gegen Risiken, die sich aus einem Finanzaktivum ergeben, absichern können. Grundsätzlich können Finanzpositionen zwei Risikoarten beinhalten: Das Preisrisiko und das Kreditrisiko.[32] Das Preisrisiko bringt die Wahrscheinlichkeit zum Ausdruck, daß sich der Preis für ein Aktivum im Zeitablauf verändert. Im Bereich des Finanzwesens handelt es sich dabei im wesentlichen um das Zinsänderungs- und Wechselkursrisiko.[33] Die Funktion von "pricerisk-transferring innovations" besteht darin, dieses Preisrisiko auf andere Marktteilnehmer zu übertragen.[34] Zu den Finanzinnovationen, mit denen dieses Ziel erreicht werden kann, zählen z.B. Futures, Optionen und SWAPs.

---

31 Siehe zur genaueren Darstellung der Aufweichung der traditionellen Marktstrukturen: Münzer (1992), S. 144.

32 Vgl. Laske (1988), S. 49 und BIZ (1986), S. 174f.

33 Als eine Ursache für die Schwankungen der Zinsen und Wechselkurse wird in der Regel die Inflation angeführt. Daraus könnte man folgern, daß bei geringen Inflationserwartungen "pricerisk-transferring innovations" nicht nachgefragt werden. Dieser Schluß ist aber nicht richtig, da auch die Schwankungen der realen Wechselkurse und Zinssätze erheblich zugenommen haben. Vgl. zu den Gründen für diese realen Schwankungen: BIZ (1986), S. 175.

34 Die Möglichkeiten der Übertragungen sind dabei vielfältig. In der Regel werden die Risiken von Marktteilnehmern aus drei Gründen übernommen: Entweder verfügt der Partner über eine gegenläufige Position, die er damit schließen kann (hedging), oder er tauscht das Risiko gegen eine Risikoposition von ihm (SWAP) oder er hat schließlich spekulative Motive. Auf die einzelnen Formen und Instrumente wird in Kapitel IV näher eingegangen.

Das zweite Risikoelement von Finanzaktiva, das Kreditrisiko, drückt die Wahrscheinlichkeit aus, mit der eine Forderung betrags- und zeitgemäß nicht getilgt wird.[35] Auch gegen dieses Risiko versuchen sich die Marktteilnehmer auf Grund der gemachten Erfahrungen im Zusammenhang mit den Öl- und Verschuldungskrisen abzusichern. Die Instrumente, die dieses erlauben, sind u.a. Kredit-SWAPs und "revolving underwriting facilities" (RUFs).[36]

Mit dem Einsatz von risikotransferierenden Innovationen zielen die Marktteilnehmer darauf ab, die einzelnen Risikokomponenten einer Finanzanlage vom Grundgeschäft zu trennen, um sie anschließend separat an andere Marktteilnehmer übertragen zu können.[37] In diesem Vorgang kommt somit der Prozeß des "stripping and rebundling" bei der Schaffung von Finanzproduktinnovationen genauso wie der Trend zur Futurisierung und Sekuritisierung zum Ausdruck. Diese Tatsache verdeutlicht die Notwendigkeit mehrerer Systematisierungsansätze, um die Charakteristika von Finanzinnovationen umfassend herausstellen zu können.

b) Liquiditätssteigernde Innovationen

Eine weitere Funktion von bestimmten Finanzinnovationen ist es, die Liquidität oder die Möglichkeit des Liquidierens von Finanzaktiva eines Finanzmarktteilnehmers zu erhöhen.[38] Zu den Innovationen, die dieses ermöglichen, zählen u.a. alle verbrieften Forderungen, Verbindlichkeiten und Vermögensgegenstände.[39] Damit werden bislang immobile Finanzpositionen handelbar und können somit wesentlich leichter als bisher in eine Finanzposition mit einem höheren Liquiditätsgrad überführt werden, was zu einer Steigerung der Finanzmarktliquidität führt.[40] Insgesamt ermöglichen diese Instrumente die Erhaltung oder Steigerung der Liquidität zu - im Verhältnis zu traditionellen Formen der Liquiditätshaltung - geringeren Opportunitätskosten.[41]

---

35 Vgl. Laske (1988), S. 49.

36 Auf die Strukturmerkmale dieser Instrumente wird anhand von Beispielen in Kapitel IV näher eingegangen.

37 Vgl. Franke (1995), S. 15.

38 Vgl. BIZ (1986), S. 171.

39 Dazu zählen u.a. Asset Backed Securities, Commercial Papers und andere Euro-Note Fazilitäten.

40 Vgl. BIZ (1986), S. 171.

41 Vgl. ebd., S. 177.

Neben diesen Finanzproduktinnovationen bewirken aber auch Prozeßinnovationen wie z.B. Cash-Management Systeme eine Steigerung der Liquidität.[42] Diese Steigerung wird aber nicht durch Schaffung zusätzlicher Liquidität erreicht, sondern durch eine effizientere Organisation der Zahlungsströme und damit einer besseren Synchronisation von Ausgaben und Einnahmen in einem Unternehmen.[43]

c) Fremdkapitalschaffende Innovationen

Unter fremdkapitalschaffenden Innovationen werden die Instrumente und Produkte subsumiert, die einem Unternehmen neue Möglichkeiten der Fremdkapitalbeschaffung eröffnen. Dabei sind zwei Entwicklungen zu unterscheiden: Zum einen können die Ausstattungsmerkmale der traditionellen Finanzierungsinstrumente so verändert werden, daß ein größerer Investorenkreis als bisher interessiert ist, diese zu kaufen. Dabei sind Variationen in den Vereinbarungen über Höhe und Zeitpunkt der Zinstilgung ebenso denkbar wie die Kreation von "junk-bonds".[44] Zum anderen kann der Investorenkreis auch durch Innovationen erweitert werden, die einen Zugang zu bisher verschlossenen internationalen Märkten erlauben.[45] Der Einsatz dieser Instrumente gewinnt insbesondere dann an Bedeutung, wenn dadurch unterschiedliche nationale und internationale Regulierungsdichten ausgenutzt werden können.[46]

Neben diesen Variationen der Ausstattungsmerkmale kann schließlich durch die Verbriefung bisher immobiler Aktivposten eine Steigerung der Fremdfinanzierungsmöglichkeiten erfolgen, da sich dadurch der Wert der Aktivposition als mögliche Sicherheit erhöht, was wiederum den Fremdfinanzierungsrahmen erweitert.[47]

---

42 Hierbei muß berücksichtigt werden, daß die zusätzliche Liquidität einer rentableren Verwendung als bisher zugeführt wird.

43 Vgl. zu den Aufgaben von Cash-Management Systemen: Pausenberger/Völker (1985), S. 57.

44 Vgl. zu den einzelnen Variationsmöglichkeiten: BIZ (1986), S. 177; Demuth (1988).

45 Als Beispiel seien hier die "synthetischen" DM-Commercial-Papers erwähnt. Die Basis dieses Finanzinstrumentes sind US-Dollar Commercial Papers, deren Betrag durch ein Devisentermingeschäft oder durch ein Währungs-SWAP in DM getauscht wurde. Damit wurde das bis zum 31.12.1990 auf DM-Basis nicht zugelassene Instrument auch für deutsche Kreditnehmer interessant. Vgl. Friese (1988), S. 135.

46 Z.B. durch SWAPs. Vgl. BIZ (1986), S. 178.

47 Vgl. ebd., S. 177.

d) Eigenkapitalschaffende Innovationen

Im Rahmen der funktionalen Einteilung der Finanzinnovationen seien hier die Innovationen genannt, die neue Formen der Eigenkapitalbeschaffung eröffnen. Hierbei werden, ähnlich wie bei den fremdkapitalschaffenden Innovationen, entweder die Ausstattungsmerkmale der bisherigen Instrumente so variiert, daß sie einen größeren Investorenkreis ansprechen, oder es werden mit Hilfe neuer Instrumente bisher nicht vorhandene Märkte für Eigenkapital geschaffen. Während die Variation der bisherigen Instrumente z.B. in Vorzugsaktien zum Ausdruck kommt, wird die Schaffung eines neuen Marktes für Eigenkapital an der Begebung von Genußscheinen deutlich, die unter bestimmten Voraussetzungen Eigenkapitalcharakter besitzen. Vom letzteren Instrument machen insbesondere die Banken seit den siebziger Jahren in Folge verschärfter Eigenkapitalbestimmungen Gebrauch.[48]

Mit den unterschiedlichen Systematisierungsansätzen konnten die wesentlichen Entstehungsursachen, Arten und Funktionen von Finanzinnovationen herausgestellt werden. Für die Untersuchung des Einflusses der Finanzinnovationen auf die Verteilung der Intermediationstätigkeit an den Finanzmärkten ist es nun wichtig, die innovationsbedingten Veränderungen der Faktoren näher zu untersuchen, welche die Aufteilung der Intermediationstätigkeiten zwischen Markt und Unternehmen bestimmen. Wie bereits erwähnt, sind dies insbesondere die Transaktionseigenschaften und die Verteilung der transaktionsrelevanten Informationen. Im folgenden wird der Einfluß der Finanzinnovationen auf diese beiden Faktoren näher untersucht. Daran anschließend wird ergänzend der Frage nachgegangen, welchen Einfluß die Finanzinnovationen außerdem auf die Funktionsfähigkeit der Finanzmärkte und die Struktur der Finanzmarktteilnehmer haben, da auch die Entwicklung dieser beiden Aspekte Auswirkungen auf die Verteilung der Intermediationstätigkeiten an den Finanzmärkten hat.

48 Vgl. BIZ (1986), S. 179.

B. Auswirkungen der Finanzinnovationen auf die Transaktionseigenschaften und die Leistungsfähigkeit der Finanzmärkte

1. Die Wirkung von Finanzinnovationen auf Finanztransaktionen

Da die Ausübung der Finanzintermediation im wesentlichen durch die Anwendung von Finanztransaktionen erfolgt, erscheint es zunächst zielführend, die Kennzeichen der Finanzinnovationen herauszustellen, welche die Eigenschaften von Finanztransaktionen nachhaltig verändert haben. Die folgenden fünf Wesensmerkmale erscheinen dabei von besonderer Bedeutung:

1. Finanzinnovationen steigern die Marktfähigkeit von Finanzaktiva. Diese Steigerung der Marktfähigkeit wird durch die Standardisierung und Normierung der gehandelten Finanzprodukte erreicht. Dadurch bedingt sinken die Kosten der Gewinnung und Verarbeitung von Informationen über die Eigenschaften der entsprechenden Produkte. Je niedriger diese Kosten sind, desto marktfähiger ist die entsprechende Finanzposition.[49]

2. Finanzinnovationen eröffnen den Marktteilnehmern neuartige Finanztransaktionen.
   Diese Neuartigkeit der Finanztransaktionen ermöglicht den Marktteilnehmern die räumliche, sachliche und zeitliche Umgehung von Markthindernissen.[50] Dadurch erweitert sich das Spektrum der möglichen Finanztransaktionen. Im Ergebnis entstehen somit für die Marktteilnehmer immer mehr Möglichkeiten, die Finanzmärkte zur Koordinierung finanzieller Aktivitäten und Transaktionen zu nutzen. Die Finanzmärkte werden dadurch vollständiger.

3. Finanzinnovationen bewirken eine zunehmende Standardisierung des Finanztransaktions*prozesses*.
   Neben der bereits erwähnten Einsparung von Informationskosten über die Qualität von Finanzprodukten bewirken Finanzinnovationen auch eine Reduzierung der Transaktionskosten, die unmittelbar durch die Ausübung der Transaktion entstehen. Dies wird durch die zunehmende Standardisierung der Transaktion erreicht. Als Beispiel sind hier die Einführung neuer

---

49 Vgl. zu diesem Zusammenhang: Grünärml (1989), S. 208.

50 Diese Markthindernisse können verschiedener Natur sein. In der Regel sind sie aber alle auf Regulierungsbestimmungen der Behörden zurückzuführen. Eine Systematik der denkbaren Ausweichreaktionen bietet: Münzer (1992), S. 109-114.

Börsenmärkte oder Clearingstellen zu nennen, an denen die Finanzprodukte in standardisierter Form angeboten, nachgefragt, gehandelt und abgerechnet werden. Die Durchführung einer Finanztransaktion an diesen Plätzen reduziert somit die Kosten der Anbahnung, Aushandlung und Kontrolle einer Transaktion.[51]

4. Finanzinnovationen ermöglichen den Marktteilnehmern spezifischere Finanztransaktionen.
   Grund hierfür ist die Technik des "stripping and rebundling", welche die Durchführung von spezifischen, auf die individuellen Bedürfnisse der Finanzmarktteilnehmer zugeschnittenen Finanztransaktionen erlaubt. Dies erweitert ebenfalls das Spektrum der möglichen Finanztransaktionen und damit auch eine quantitative Erhöhung der Marktteilnehmer, die daraus einen ökonomischen Nutzen ziehen können. Dies bewirkt ebenso wie die Möglichkeit der Umgehung von Markthindernissen eine Steigerung der Leistungsfähigkeit der Finanzmärkte.[52]

5. Finanzinnovationen erhöhen die Anzahl der Finanztransaktionen an den Finanzmärkten.
   Die Ursache hierfür liegt in der steigenden Vielfalt der Finanztransaktionen und der Möglichkeit der Zerlegung bisher einer Transaktion in viele einzelne Kontrakte. Dies bewirkt im Ergebnis, daß die Zahl der getätigten Finanztransaktionen nicht mehr von den realwirtschaftlichen Bewegungen bestimmt wird, sondern vielmehr von der Schaffung neuer Instrumente und ihrer Einsatzmöglichkeiten.[53]

---

51 In diesem Zusammenhang ist darauf hinzuweisen, daß Transaktionskosten in einmalige und laufende Transaktionkosten eingeteilt werden können. Die einmaligen Transaktionskosten fallen bei der Etablierung der institutionellen Rahmenbedingungen für wirtschaftliches Handeln an. Dazu zählt auch die Festsetzung von Standards hinsichtlich der handelbaren Objekte, der zugelassenen Marktteilnehmer sowie Ort und Zeit des Handels. Diese Standardisierungen bewirken aber im Ergebnis sinkende laufende Transaktionskosten, die bei der Anbahnung, Aushandlung und Kontrolle einer Transaktion anfallen. Insofern führt die Standardisierung zunächst zu einem einmaligen Transaktionskostenanstieg, der aber durch die anschließende Senkung der laufenden Transaktionskosten mehr als kompensiert wird. Vgl. dazu Streit (1991), S. 74-77 und die dort angegebene Literatur.

52 Münzer führt die Steigerung der Leistungsfähigkeit der Finanzmärkte weiter darauf zurück, daß durch Finanzinnovationen die Märkte im Hinblick auf die Markttransparenz "vollkommener" und unter dem Aspekt der Allokation "vollständiger" werden. Vgl. Münzer (1992), S. 164.

53 So werden z.B. rund 95% der Devisenumsätze an den internationalen Devisenmärkten durch Trading, Portfolioumschichtungen, Arbitragetransaktionen oder Spekulationen bestimmt. Vgl. Zdrahal (1988), S. 228.

Neben diesen transaktionsspezifischen Veränderungen haben die Finanzinnovationen weiter dazu geführt, daß sich die Informationsversorgung an den Finanzmärkten nachhaltig verändert hat. Dies betrifft sowohl die Verteilung als auch die Qualität der transaktionsspezifischen Informationen.

2. Die Veränderungen der Informationsverteilung

Die Existenz von unvollständigen und teilweise asymmetrisch verteilten Informationen ist - wie bereits gezeigt - ein Grundproblem an den Finanzmärkten.[54] Die Entstehung von Finanzprozeßinnovationen in Form von modernen Informations- und Kommunikationssystemen hat dazu beigetragen, diese Defizite abzubauen, denn diese Systeme ermöglichen den Marktteilnehmern einen verbesserten und umfangreicheren Zugang zu den notwendigen Finanzmarktinformationen. Durch den schnellen Zugriff auf die ständig aktualisierten Informationen kann die unvollständige Kenntnis über die transaktionsrelevanten Informationen reduziert werden. Von Bedeutung ist hier, daß die Informationen nicht mehr nur einem kleinen Kreis von Finanzmarktteilnehmern, sondern nahezu allen Akteuren zugängig sind. Dadurch wird z.B. der bisher vorhandene Informationsvorsprung der Banken gegenüber den Nichtbanken um einen nicht unerheblichen Teil abgebaut. Ein unüberwindbares Informationsdefizit als Marktzugangsschranke existiert somit nicht mehr.[55]

Zu den technischen Veränderungen kommt hinzu, daß für ein Agieren an den organisierten Finanzmärkten durch die Anwendung von Finanzinnovationen eine andere Qualität der Informationsversorgung notwendig ist. Ursache hierfür ist u.a. die Vervollständigung der Märkte, die zunehmende Standardisierung der Produkte und Abläufe sowie der schnelle Informationsfluß. Diese Veränderungen führen dazu, daß etwa Verhandlungen über die Ausgestaltung von spezifischen Verträgen, die Festlegung von Haftungsfolgen oder des Abrechnungsmodus nicht mehr notwendig sind, da diese von vornherein in standardisierter Form feststehen. Dadurch wird der Umfang der für Finanztransaktionen erforderlichen Informationen erheblich reduziert.[56]

---

54 Vgl. Kapitel II.A.

55 Vgl. Zimmermann (1994b), S. B22.

56 Vgl. ebda.

Neben der Vervollständigung der Informationen tragen die neuen Informations- und Kommunikationssysteme gleichzeitig zu einem Abbau der asymmetrischen Verteilung der vorhandenen Informationen bei, indem sie den Marktteilnehmern den Zugang zu ihnen bisher nicht bekannten Informationen ermöglichen. Diese Informationen werden entweder von den Marktteilnehmern selbst an den Markt weitergegeben oder von unabhängigen Institutionen produziert und entsprechenden Interessenten zur Verfügung gestellt. Als Beispiel für die unabhängige Bereitstellung von Informationen seien hier die Ratingagenturen angeführt.[57] Nach bestimmten und vergleichbaren Kriterien beurteilen sie z.B. einzelne Marktteilnehmer hinsichtlich ihrer Bonität oder ihrer Geschäftsentwicklung. Darüber hinaus bewerten sie auch einzelne Emissionen von Marktteilnehmern, z.B. Commercial-Paper-Programme, hinsichtlich ihres Risikos. Allerdings muß hier darauf hingewiesen werden, daß der Umfang des Abbaus der Informationsasymmetrien im wesentlichen davon abhängt, in welchem Maße z.B. Ratingagenturen vorher noch nicht bekannte Informationen produzieren und für alle Marktteilnehmer zugängig machen können.

Insgesamt haben die Produkt-, Prozeß- und Marktinnovationen unter informationsökonomischen Aspekten die Qualität, Quantität und die Verteilung der Informationen und damit die Markttransparenz positiv beeinflußt. Dies gilt jedoch nur für vergleichbare Finanzprodukte und einzelne Marktsegmente. Insgesamt hat der Finanzmarkt auf Grund der zahlreichen neuen Produkte und Märkte eher an Transparenz verloren.

3. Die Veränderung der Funktions- und Leistungsfähigkeit der Finanzmärkte

Die aufgeführten Veränderungen der Finanztransaktionen und der Verteilung der transaktionsrelevanten Informationen haben bereits die Steigerung der Funktionsfähigkeit des Koordinationsmechanismus Finanzmarkt angedeutet. Die Ursache hierfür liegt im wesentlichen in der zunehmenden Standardisierung sowohl der Finanzprodukte als auch der -transaktionen. Dies kann im Extremfall dazu führen, daß nur der Preis als einzige Variable bleibt, über den im Falle einer Transaktion verhandelt werden kann. Ist dies der Fall, kommen dem Preis als

57 Vgl. Mattern (1984), S. 374.

kodiertem Informationssignal[58] allein die Lenkungs- und Informationsfunktion[59] zur Allokation der Finanzmittel auf den Finanzmärkten zu. Die auf diese Weise erreichte Stärkung des Preismechanismus erleichtert die Koordination der Finanztransaktionen und verbessert damit die Funktionsfähigkeit und Effizienz der Finanzmärkte weiter, da der Umfang der vorher notwendigen Informations- und Suchkosten erheblich sinkt.[60]

Mit dieser verbesserten Funktionsfähigkeit eng verbunden ist eine beobachtbare Leistungssteigerung der Finanzmärkte hinsichtlich ihrer Fähigkeit, Intermediationsbedürfnisse zu koordinieren. Um diese Veränderung näher analysieren zu können, erscheint eine weitere Systematisierung der Intermediations- und Transformationsleistungen sinnvoll. Zu diesem Zwecke bietet sich neben der funktionalen Einteilung der Intermediationsleistungen[61] eine Unterscheidung zwischen der *institutionellen* und *instrumentellen* Ausübung der Intermediationsleistungen an.[62] Während das Erstellen z.B. einer Transformationsleistung innerhalb einer Oragnisation als *institutionelle* Ausübung bezeichnet wird, umfaßt die *instrumentelle* Intermediation den Bereich, in dem - unabhängig von entsprechenden Institutionen und Organisationen - die marktliche Verwendung bestimmter Finanzinstrumente bereits eine eigenständige Intermediationsleistung bewirkt.[63]

Die Verwendung der Finanzinnovationen hat zu einer Stärkung der instrumentellen Intermediation beigetragen, da sie sowohl die Eigenschaften der Finanztransaktionen als auch der gehandelten Produkte nachhaltig veränderten. Dazu zählt insbesondere die Steigerung der Marktfähigkeit der gehandelten Finanzprodukte. Diese Steigerung wird hauptsächlich durch die Zerlegung

---

58 Der Preis kann deshalb als kodiertes Signal verstanden werden, weil in ihm zahlreiche Informationen über das bewertete Gut oder die Dienstleistung vorhanden sind. Die Signalfunktion kommt am Finanzmarkt z.B. dadurch zum Ausdruck, daß etwa der Kurs eines Wertpapiers auch Dritten Informationen über die relevanten Knappheitsverhältnisse, die Qualität und andere Eigenschaften des Wertpapiers gibt. Vgl. Streit (1991), S. 26.

59 Vgl. zu den einzelnen Preisfunktionen, insbesondere der Informations- und Lenkungsfunktion: Ebd., S. 33.

60 Vgl. zu dem grundsätzlichen Zusammenhang zwischen der Informationsverteilung und der Effizienz der Allokation: Ebd., S. 32f.

61 Risiko-, Fristen-, Losgrößen- und Informationstransformation. Vgl. dazu Kapitel II.A.2.

62 Vgl. dazu auch Francke (1988), S. 118.

63 Vgl. Baxmann (1993), S. 113.

einzelner Finanzaktivapositionen in getrennte Komponenten und deren anschließende Standardisierung erreicht. Die dadurch verbesserte Marktfähigkeit der Finanzprodukte bewirkt, daß sich für die entsprechenden Positionen Märkte bilden. Zunächst entstehen Primärmärkte, auf denen die standardisierten Finanzprodukte plaziert werden. In einer zweiten Stufe bilden sich dann Sekundärmärkte, auf denen die plazierten Innovationen gehandelt werden. Die Existenz dieser Sekundärmärkte ist der Hauptgrund für die Leistungssteigerung der Märkte.[64] So stellt z.B. die erfolgreiche Plazierung eines Commercial-Paper-Programmes für den Emittenten mittelfristiges Fremdkapital dar, während es aber für den Anleger durchaus kurzfristig veräußerbar ist. Damit wird die Beseitigung der Fristendiskrepanz zwischen dem Kapitalnachfrager und dem Kapitalanbieter durch den Markt koordiniert. Ebenso verhält es sich bei handelbaren Terminkontrakten,[65] bei denen der Emittent z.B. eine langfristige Risikoabsicherung erreicht, während diejenigen, die mit diesen Kontrakten handeln, für sich jeweils eine kurzfristige Absicherung bewirken.[66]

Als Beispiel für die unzureichende Marktfähigkeit von Finanzprodukten seien hier die neuen Formen der OTC-Geschäfte[67] erwähnt. Sie werden zwar am freien Markt abgeschlossen, jedoch ist dieser Markt für diese individuellen Kontrakte so eng, daß er bei Marktturbulenzen oder Änderungen in den Rahmenbedingungen sehr empfindlich reagiert und entsprechende Angebote und Nachfragen nicht zum Ausgleich gebracht werden können. Ein leistungsfähiger Markt ist in diesem Marktsegment somit noch nicht vorhanden.[68]

Schließlich hat der Innovationsprozeß neben den genannten Veränderungen noch die Struktur der Marktteilnehmer nachhaltig verändert. Dieser Aspekt soll im folgenden als letzte Auswirkung der Finanzinnovationen erläutert werden.

---

64 Vgl. ebda.

65 Dazu zählen z.B. Warrants, die eine verbriefte Form von Optionen darstellen.

66 Vgl. Baxmann (1993), S. 113.

67 OTC-Geschäfte sind Kontrakte, die in individuellen Losgrößen auf einen Marktteilnehmer zugeschnitten sind. Sie werden "over the counter - OTC" zwischen den Marktteilnehmern direkt - also ohne Börse - gehandelt. Vgl. dazu: Damm (1993), S. 509 und Deutsche Bundesbank (1993), S. 48.

68 Vgl. hierzu ausführlich: Damm (1993), S. 509.

4. Die Veränderungen in der Struktur der Finanzmarktteilnehmer

Bei einer Analyse der Entwicklung der Finanzmarktteilnehmerstruktur in den letzten Dekaden ist eine nachhaltige Veränderung sowohl unter quantitativen als auch unter qualitativen Aspekten zu beobachten. Waren in den siebziger Jahren und Anfang der achtziger Jahre noch die Banken nahezu allein am Markt vertreten, hat sich der Teilnehmerkreis in den letzten Jahren erheblich ausgeweitet. Neben die traditionellen Kreditinstitute treten immer mehr neue Institutionen, die gleichberechtigt an den Finanzmärkten agieren können.[69] Dazu zählen insbesondere die institutionellen Anleger wie Versicherungen, Investmentfonds, Kapitalanlagegesellschaften und Pensionsfonds, die nicht selten größere Portfolios verwalten als die Banken.[70] Hinzu kommen noch multinationale Unternehmen, deren Kerngeschäft zwar in anderen Bereichen liegt, die aber ebenfalls die gesteigerte Leistungsfähigkeit der Finanzmärkte nutzen wollen. Die Gründe für diesen Strukturwandel sind vor allem in der Kombination der Entstehungsursachen für die Finanzinnovationen und den zuvor erläuterten Veränderungen an den Finanzmärkten zu suchen.

Von den zahlreichen, sich gegenseitig bedingenden Ursachen sollen hier nur einige exemplarisch erwähnt werden. So hat z.B. die umfangreiche Deregulierung der internationalen Finanzmärkte und deren Verknüpfung vielen neuen Finanzmarktteilnehmern erst die Chance eröffnet, direkt am Marktgeschehen teilzunehmen.[71] Dadurch ist die Anzahl der Finanzmarktakteure und damit auch der Kontraktmöglichkeiten angestiegen. Eine weitere Ursache für die Ausweitung der Anzahl der Finanzmarktteilnehmer ist darin zu sehen, daß die Anwendung von Finanzinnovationen es ermöglicht, noch bestehende Regulierungen so zu umgehen, daß Marktlücken geschlossen werden können und sich für die Akteure neue effizienzsteigernde Finanztransaktionen eröffnen.[72]

Eine weitere Ursache für das Wachstum der Anzahl der Finanzmarktteilnehmer liegt in der Steigerung der Leistungsfähigkeit der Märkte, da diese die Anfor-

---

69 Vgl. Zimmermann (1993), S. B18.

70 Vgl. Thießen (1994), S. 684.

71 So können z.B. erst seit Januar 1991 Commercial-Paper in Deutschland auf DM-Basis begeben werden. Dies hat bewirkt, daß in der Folge viele mittelständische Unternehmen dieses Instruemt zur Finanzierung oder zur Anlage von Mitteln nutzen. Vgl. o.V.: "CP - Neue Rolle von Industrie und Bank", in: Börsen Zeitung v. 25.4.1991, S. 4.

72 Vgl. dazu Zimmermann (1994a), S. 23.

derungen an den Zugang zum Markt reduziert haben. So wird, entsprechend den oben gemachten Ausführungen, ein Teil der Transformationsleistungen bereits am Markt erbracht, was die Erstellung der gleichen Leistung innerhalb eines Unternehmens nicht mehr erforderlich macht. Unternehmen, die aufgrund der mangelnden Fähigkeit, diese Transformationsleistung institutionell erstellen zu können, bisher vom Markt fern geblieben sind, können jetzt als Anbieter oder Nachfrager tätig werden.

Eng verbunden mit der gesteigerten Leistungsfähigkeit der Märkte ist die letzte hier angeführte Ursache für die ständig steigende Zahl der Marktteilnehmer. Die immer größeren und leistungsfähigeren Sekundärmärkte haben mittlerweile eine kritische und zugleich stabile Masse in der Form erreicht, daß auch eher risikoscheue Unternehmen oder auch Versicherungen, die an die Anlage ihrer Gelder bestimmte Anforderungen hinsichtlich der Sicherheit und des Liquiditätsgrades stellen, bereit sind, Mittel dort anzulegen.[73]

Die Analyse der Auswirkungen der Finanzinnovationen auf die Eigenschaften von Finanztransaktionen und die Verteilung der transaktionsrelevanten Informationen haben deutlich gemacht, daß der Koordinationsmechanismus Finanzmarkt eine erhebliche Leistungssteigerung hinsichtlich der Erstellung von Intermediations- und Transformationsleistungen erfahren hat. Diese Stärkung der instrumentellen Transformationsleistungsfähigkeit ist nicht ohne Auswirkung auf die institutionell erbrachten Intermediations- und Transformationsleistungen geblieben. Dabei sind zwei Entwicklungen zu beobachten: Auf der einen Seite werden die Banken als traditionelle Finanzintermediäre immer mehr aus dem Prozeß der Intermediation und Transformation gedrängt, während auf der anderen Seite neue Finanzintermediäre entstehen, welche die gesteigerte Leistungsfähigkeit der Märkte unter Umgehung der Banken direkt nutzen wollen. Im Sinne dieser beiden Entwicklungen wird im folgenden zunächst der Prozeß der Disintermediation der Banken näher erläutert, bevor anschließend auf die Gründe für die Entstehung der neuen Finanzintermediäre eingegangen wird.

---

73 Waren es z.B. 1963 gerade sechs Euroanleihen, über die die Emittenten Mittel in Höhe von \$ 75 Mio. aufgenommen haben, wurden 1993 bereits 1309 neue Programme mit einem Volumen von 267 Mrd. Dollar plaziert. Vgl. Schulz (1993), S. 11.

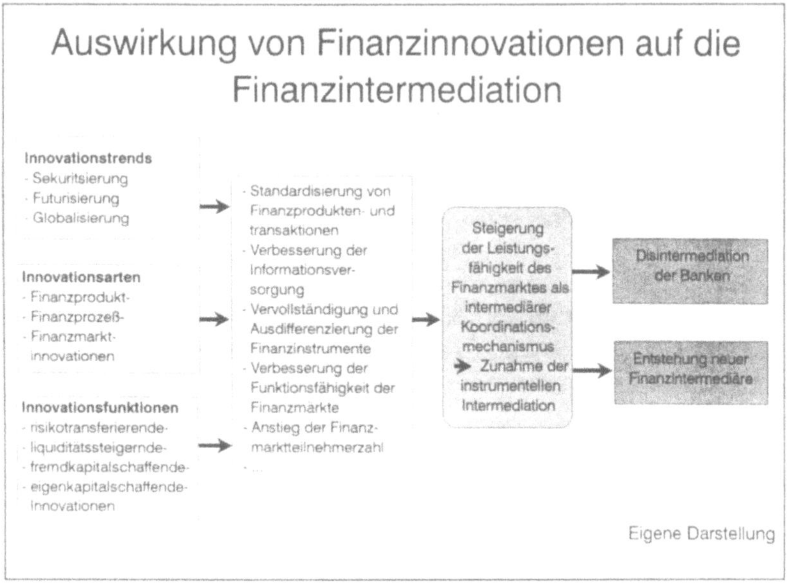

Abbildung 4: Auswirkung von Finanzinnovationen auf die Finanzintermediation

C. Einfluß der Finanzinnovationen auf die Intermediations- und Geschäftstätigkeit der Kreditinstitute

1. Die Entwicklungsstufen zur Disintermediation der Banken

a) Traditionelle Intermediation

In der Literatur wird unter dem Begriff der Disintermediation in der Regel das Ausschalten der Banken aus dem Transformationsprozeß zwischen den Finanzmarktteilnehmern verstanden.[74] Bei einer etwas genaueren Betrachtung ist diese Umschreibung aber unzulänglich, da die Intermediationstätigkeit, wie oben bereits gezeigt, sich nicht nur auf die Transformationsfunktion beschränkt. Vielmehr muß bei der Analyse der Disintermediation die weitere und genauere Definition des Intermediationsbegriffes[75] zugrundegelegt werden, um differenziertere Aussagen über die Auswirkung der Disintermediation auf die Banken treffen zu können.[76] Daher wird im folgenden anhand der in Kapitel I vorgenommenen funktionalen Einteilung der Finanzintermediäre der durch die Entstehung und Anwendung von Finanzinnovationen ausgelöste Prozeß der Disintermediation dargestellt. Da die Aufteilung der einzelnen Intermediationstätigkeiten am besten am Prozeß der Sekuritisierung verdeutlicht werden kann, soll der Ausgangspunkt der Überlegungen eine unverbriefte, bilanzwirksame Kreditfinanzierung einer Unternehmensinvestition sein.

In dieser klassischen Situation steht das Kreditinstitut als Finanzintermediär unmittelbar zwischen dem Kreditnehmer (Investor) und dem Kreditgeber (Sparer). Es erfüllt dabei die folgenden intermediären Funktionen: Es nimmt für den Kreditgeber die Gutachterfunktion war, da es stellvertretend für ihn alle relevanten Informationen über den Kreditnehmer und seine Investitionswünsche beschafft und entsprechend bewertet. Zusätzlich übernimmt das Kreditinstitut in

---

74 So z.B. bei Güde (1987).

75 Vgl. Kapitel II.B.

76 Die Notwendigkeit der Erweiterung des Betrachtungshorizontes auf die gesamte Intermediationstätigkeit ergibt sich schon aus dem Wort Dis*intermediation*. Würde man sich nur auf die Transformationstätigkeiten und ihre Neuverteilung beschränken, so müßte konsequenterweise von einer Dis*transformation* gesprochen werden.

seiner Funktion als Finanzproduzent die Losgrößen, Fristen- und Risikotransformation zwischen den unterschiedlichen Interessen des Investors und des Sparers und damit auch die Liquiditäts-, Ausfall- und Wertänderungsrisiken, die sich aus dieser Tätigkeit ergeben.

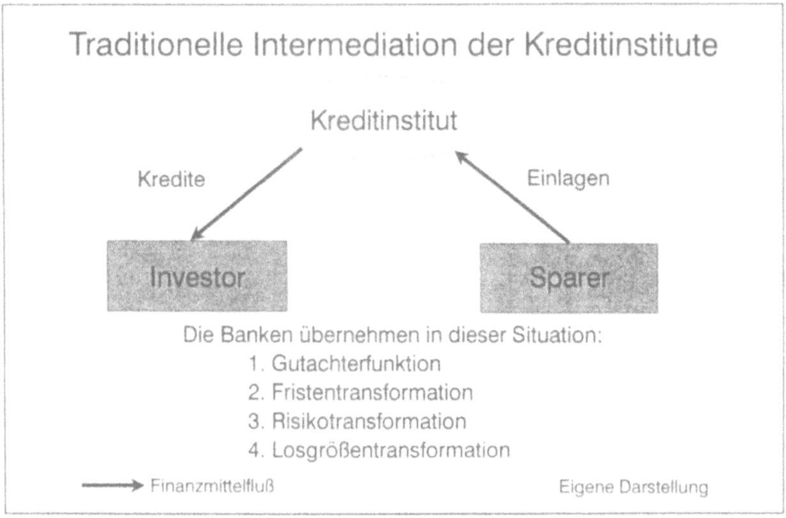

Abbildung 5: Traditionelle Intermediation der Kreditinstitute

Die Auswirkungen der Sekuritisierung auf die beschriebene traditionelle Intermediations- und Transformationsfunktion der Banken können in drei Stufen unterschieden werden.

b) Aufteilung einzelner Intermediationsfunktionen

In der ersten Stufe der Sekuritisierung werden die Forderungen des Kreditgebers und die Verbindlichkeiten des Kreditnehmers gegenüber der Bank verbrieft. An die Stelle der Einlagen treten von der Bank emittierte fungible Wertpapiere und an die Stelle des Kredits von der Unternehmung ausgegebene Wertpapiere.[77] Bei dieser Konstellation verändert sich die intermediäre Stellung und Funktion der Kreditinstitute wie folgt: Es bleibt nach wie vor die Gutachterfunktion, da das Kreditinstitut vor der Zeichnung der vom Kreditnehmer ausgegebenen Wert-

77 Vgl. Güde (1987), S. 48.

papiere die entsprechenden Informationen beschaffen und bewerten muß. Allerdings ändert sich die Transformationsfunktion der Kreditinstitute, da es mit der Ausgabe und der Zeichnung von Wertpapieren die Fristentransformation und das daraus resultierende Risiko auf die Kreditgeber /-nehmer überträgt.[78] Für die Übernahme erhält der Kreditgeber einen höheren Zins, während der Kreditnehmer aufgrund der Übernhame einen geringeren Zins für die Mittelüberlassung bezahlen muß. Die durch die Verbriefung erreichte Steigerung des Liquiditätsgrades der Bankenbilanz geht somit zu Lasten der Zinsspanne der Banken.[79]

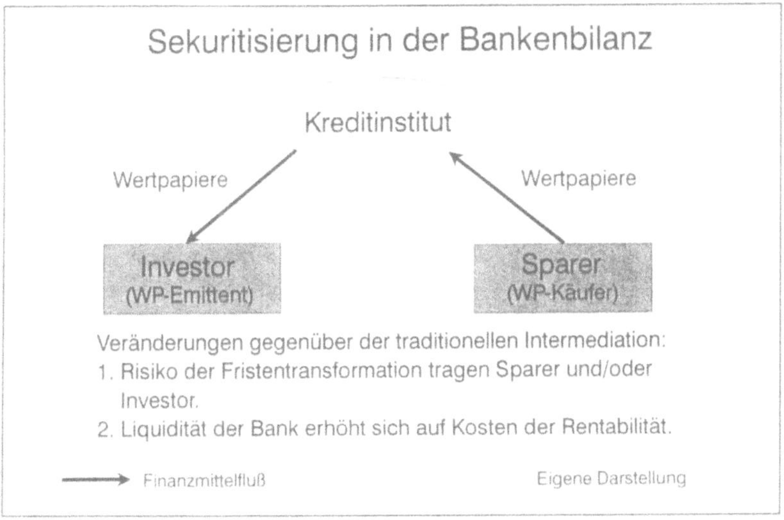

Abbildung 6: Sekuritisierung in der Bankenbilanz

In der zweiten Stufe der Sekuritisierung treten die Kreditgeber und -nehmer direkt miteinander in Beziehung. Der Kreditnehmer begibt Wertpapiere, die der Kreditgeber unmittelbar zeichnet. In dieser Situation übt die Bank zunächst noch die Gutachterfunktion aus, da sie - wie zuvor - die relevanten Informationen generiert und den jeweiligen Marktseiten zur Verfügung stellt. Zusätzlich übernimmt sie nun die Funktion des Auktionators und/oder des Händlers. Die Auktionatorfunktion übt die Bank z.B. dadurch aus, daß sie Commercial-Paper

78 Vgl. Thiemann (1988), S. 234f.

79 Vgl. ebd., S. 235.

im Namen des Kreditnehmers und auf dessen Rechnung am Markt plaziert. Werden die Papiere allerdings im Rahmen eines Übernahmekonsortiums von der Bank ganz übernommen und erst anschließend am Markt plaziert, übt die Bank die Händlerfunktion aus, da sie durch die Übernahme in den physischen Tauschprozeß zwischen den Marktparteien eingeschaltet ist, ohne das Produkt zu verändern.[80] Die Risiken, die sich aus der Transformationsfunktion ergeben, werden bei der direkten Vermittlung der Wertpapiere auf den Kreditgeber und -nehmer übertragen. Dadurch verbilligt sich für den Kreditnehmer die Mittelaufnahme, während die Mittel des Kreditgebers höher verzinst werden. Die Bankenmarge beschränkt sich damit nur noch auf eine Vermittlungsprovision und ggf. eine Bereitstellungsgebühr für eine Back-up-line.[81]

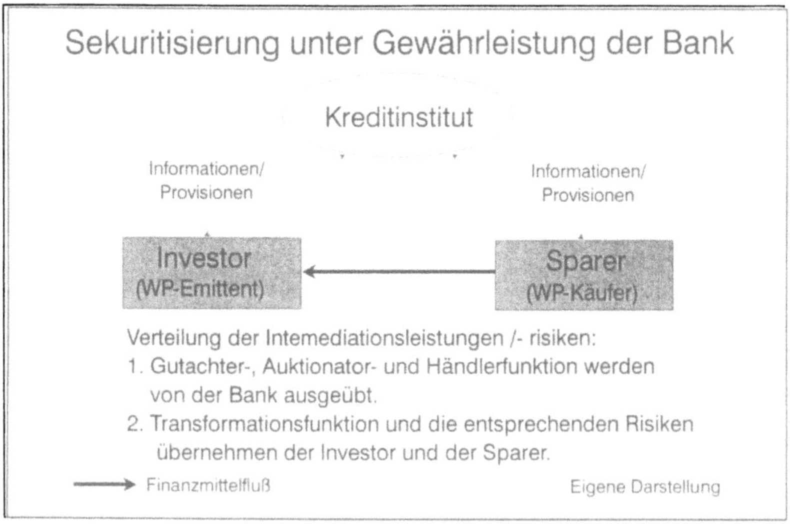

Abbildung 7: Sekuritisierung unter Gewährleistung der Bank

80 Vgl. Breuer (1993), S. 12.

81 Vgl. Zimmermann (1994a), S. 24.

c) Zustand der Disintermediation der Kreditinstitute

In der dritten Stufe der Sekuritisierung wird die Bank aus dem direkten physischen Prozeß des Finanzmittelaustausches ganz ausgeschaltet. Sie übernimmt dann nur noch - je nach Instrument - Teile der Gutachter- und Auktionatorfunktion. Gegen eine weitere Senkung der Bankenmarge übernehmen die beteiligten Finanzmarktteilnehmer nun alle Risiken, die sich aus der Transformationsfunktion ergeben.[82]

Diese Konstellation beschreibt den Zustand der vollständigen Disintermediation der Banken. Auf den ersten Blick entsteht damit wieder ein intermediärloser Finanzmarkt. Dies ist jedoch bei genauerer Betrachtung der Veränderung an den Finanzmärkten nicht der Fall, da zum einen - wie bereits gezeigt - ein Teil der Intermediationsleistungen durch den Markt selbst koordiniert wird und zum anderen die Marktteilnehmer durch die Anwendung der Finanzinnovationen einen weiteren Teil der Intermediationsleistung selbst erstellen.[83]

Abbildung 8: Disintermediation der Bank

82 Vgl. Thiemann (1988), S. 235.

83 Vgl. Zimmermann (1994a), S. 24ff.

Bevor die Übernahme dieser Intermediationsfunktionen durch die Marktteilnehmer und damit auch die strukturellen Veränderungen der Verteilung der institutionellen Intermediations- und Transformationstätigkeiten näher erläutert werden, sollen im folgenden die Auswirkungen der Disintermediation der Banken auf ihre Geschäftsstruktur beschrieben werden. Außerdem stellen die Erkenntnisse, die sich aus dem Strukturwandel des Bankgeschäftes ergeben, eine wichtige Grundlage für die weiter unten, vor dem Hintergrund der Veränderungen an den Finanzmärkten vorzunehmende Beurteilung der Effizienz der Bankenaufsicht und der Geldpolitik dar.

2. Der Strukturwandel im Bankengeschäft

a) Die Entwicklung im Aktivgeschäft

Die zunehmende Verwendung von Finanzinnovationen durch Banken und Nichtbanken hat die Struktur des Aktivgeschäftes der Banken nachhaltig verändert. Dabei sind drei Entwicklungen hervorzuheben: Erstens werden Banken als Kreditgeber zunehmend weniger in Anspruch genommen[84]. Zweitens verringert sich das traditionelle bilanzwirksame Kreditgeschäft (Geldleihe) zugunsten des bilanzunwirksamen Kreditgeschäftes (Kreditleihe),[85] und drittens legen Banken selber mit steigender Tendenz ihr Kapital in Wertpapieren an[86].

Der Grund für die zurückgehende Inanspruchnahme der Banken bei der Kreditvergabe liegt im wesentlichen in der Existenz der verbrieften Finanzierungsinstrumente, die es ihren Anwendern ermöglichen, Kapital an den Bankenbilanzen vorbei, also direkt an den Finanzmärkten, aufzunehmen. Neben dieser absoluten Senkung der Inanspruchnahme der Banken bei der Kreditvergabe bewirken diese verbrieften Innovationen auch die Substitution der bisher bilanzwirksamen Kredite durch bilanzunwirksame Kredite, bei denen die Banken nur noch eine Garantiefunktion übernehmen.[87] Schließlich ist die steigende Zuwachsrate der Wertpapiere in den Portfolios der Banken ebenfalls mit dem Trend zur Verbriefung zu erklären, da im Gegensatz zur bisher direkten Kreditgewährung die Banken den Unternehmen nun durch den Kauf von Wertpapieren einen indirekten "Kredit" zur Verfügung stellen.

Diese Strukturveränderungen verdeutlichen die oben aufgezeigte Veränderung der Intermediationstätigkeit der Banken. Durch die zunehmende Verwendung verbriefter Finanzaktiva wird der quantitative Umfang der Intermediationsleistung und hier insbesondere der Transformationsleistung erheblich reduziert. Hingegen steigen unter qualitativen Aspekten die Intermediationstätigkeiten im Leistungsgefüge der Banken, die nicht unmittelbar in den physischen Tauschprozeß zwischen den Finanzmarktteilnehmern eingreifen. Zu nennen sind hier die Gutachter-, Auktionator- und Händlerfunktion.

---

84 Vgl. Deutsche Bundesbank (1989b), S. 16.

85 Vgl. Artus/Boissieu (1989), S. 106; Ospel/Bachem (1994), S. 519ff.

86 Vgl. Deutsche Bundesbank (1987), S. 25-35 und ebd. (1989b), S. 15.

87 Vgl. Thiemann (1988), S. 235.

Bedingt durch diese Veränderungen im Aktivgeschäft hat sich auch die Ertragsstruktur der Kreditinstitute seit Mitte der achtziger Jahre geändert.[88] Während die Zinsspanne der Kreditinstitute zunehmend unter Druck gerät, bleibt die Provisionsspanne relativ konstant. Allerdings erlangt der Provisionsüberschuß im Verhältnis zum Zinsüberschuß eine immer wichtigere Bedeutung in der Ertragsstruktur der Kreditinstitute.[89]

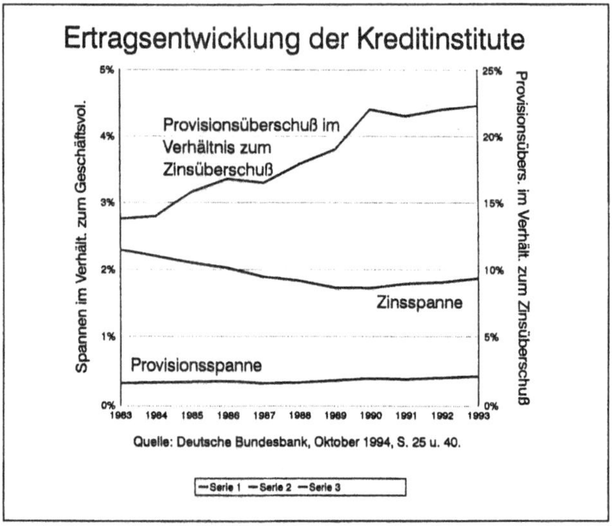

Abbildung 9: Ertragsentwicklung der Kreditinstitute

Eine immer bedeutender werdende Ertragsquelle sind die Provisionen für das Garantiegeschäft und die Erträge aus den Wertpapieren. Neben diesen Veränderungen in der Ertragsstruktur ist zu beobachten, daß die Zinsmargen und Provisionen zunehmend unter Druck geraten. Die Ursachen hierfür liegen zum einen im steigenden Wettbewerb der Banken untereinander und zum anderen in der wachsenden Zahl der Konkurrenten an den Finanzmärkten, die aus dem Nichtbankenbereich kommen.[90]

---

88 Vgl. Deutsche Bundesbank (1989b), S. 16ff.

89 Vgl. Deutsche Bundesbank (1994b), S. 25.

90 Vgl. Deutsche Bundesbank (1989b), S. 14. Zu den Konkurrenten aus dem Nichtbankenbereich zählen insbesondere Investmentfonds, Finanzinstitute sowie Versicherungsgesellschaften. Vgl. BIZ (1991), S. 120.

b) Die Entwicklung im Passivgeschäft

Auch das Passivgeschäft der Banken hat sich durch die zunehmende Verwendung verbriefter Finanzierungsinstrumente strukturell verändert. Zu nennen ist zunächst die fortschreitende Substitution von Sicht-, Termin- und Spareinlagen durch fungible Wertpapiere.[91] Die Ursache für diese Substitution liegt im Anlageverhalten der Marktteilnehmer. Sie bevorzugen es zunehmend, ihre Liquiditätsüberschüsse in Wertpapieren oder in Geldmarktfonds anzulegen, da diese eine vergleichsweise attraktivere Rendite bei gleicher oder sogar höherer Flexibilität der Anlage garantieren. Die dadurch bedingte Reduzierung der Sicht-, Termin- und Spareinlagen zwingt die Banken dazu, sich durch die Begebung von Wertpapieren neue Refinanzierungsquellen zu erschließen. Die Substitution der traditionellen Einlagen durch Wertpapiere seitens der Banken hat folgende Auswirkungen: Zum einen verteuert sich für die Banken die Refinanzierung, da die ausgegebenen Wertpapiere - um mit anderen Anlageformen konkurrieren zu können - mit einem höheren Zins bedient werden müssen als die bisherigen Sicht-, Termin- und Spareinlagen.[92] Dies bewirkt zum einen, daß die bisherige Zinsmarge noch weiter unter Druck gerät. Zum anderen wird durch die Substitution der Einlageformen die Basis in der Bankenbilanz, an der das Instrumentarium der Geldpolitik ansetzt, im Verhältnis zum gesamten Bilanzvolumen relativ kleiner.[93]

Eine weitere wichtige Position auf der Passivseite der Bankenbilanz ist die Beschaffung von Eigenkapital. Obwohl die Versorgung mit Eigenkapital nicht unmittelbar die Intermediationstätigkeiten der Banken berührt, soll dennoch kurz darauf eingegangen werden, da der Umfang des Eigenkapitals der begrenzende

---

Neben diesen Entwicklungen muß noch eine Veränderung in den Kreditportfolios der Banken beachtet werden, die allerdings noch nicht empirisch belegt werden kann. Auf Grund der Tatsache, daß nur Nichtbanken mit einer erstklassigen Bonität sich an den Banken vorbei direkt an den Finanzmärkten finanzieren können, wird angenommen, daß diese somit seltener in den Portfolios der Banken erscheinen. Hingegen müssen die Unternehmen, die über ein schlechteres Standing verfügen, sich weiter bei den Kreditinstituten refinanzieren. Betrachtet man unter diesen Aspekten die qualitative Struktur des gesamten Kreditportfolios der Banken, so ist davon auszugehen, daß sich diese vergleichsweise verschlechtert hat. Vgl. Krümmel (1987), S. 40 und Rossa (1991), S. 516.

91 Vgl. Deutsche Bundesbank (1989b), S. 16.

92 Diese Verteuerung resultiert aus der Übertragung der Fristentransformation an den Käufer der Wertpapiere. Vgl. Thiemann (1988), S. 234/235.

93 Vgl. Bofinger (1987), S. 131.

Faktor für die Ausweitung des bilanzwirksamen und -unwirksamen Kreditgeschäftes der Banken ist[94]. Um dieses Volumen auszuweiten, versuchen die Banken, ihr Eigenkapital entsprechend aufzustocken. Eine Möglichkeit ist dabei die Ausgabe von Genußscheinen, die als Finanzproduktinnovationen bezeichnet werden. Erfüllen die ausgegebenen Genußscheine die vorgegebenen Kriterien[95], so werden sie im Rahmen des Ergänzungskapitals als zusätzliches Eigenkapital der Kreditinstitute anerkannt.[96] Eine weitere Möglichkeit der Kreditinstitute, ihr Eigenkapital zu erhöhen, besteht in der Ausgabe von Vorzugsaktien.

c) Die Bedeutung bilanzunwirksamer Bankgeschäfte

Während sich in den bisher genannten Geschäftsbereichen der Banken durch die Anwendung von Finanzinnovationen zumeist strukturelle Veränderungen ergeben haben, hat die Verwendung bestimmter neuer Finanzinstrumente zu einer erheblichen Ausweitung des Geschäftsbereiches geführt, der bilanzunwirksam ist. Im allgemeinen werden unter diesen bilanzunwirksamen Geschäften Termingeschäfte im weitesten Sinne und derivative Geschäfte[97], wie z.B. Finanz-Swaps, Futures und Optionen verstanden.

Das Volumen der bilanzunwirksamen Geschäfte weist seit Mitte der achtziger Jahre im Leistungsgefüge der Banken einen ungebrochenen Wachstumstrend auf. Faßt man alle maßgeblichen Geschäfte zusammen,[98] betrug 1991 der Anteil der bilanzunwirksamen Geschäfte am Gesamtgeschäftsvolumen der Banken noch

---

94 Die entsprechenden Grenzen des Kreditvolumens im Verhältnis zur Eigenkapitalausstattung sind in den Eigenkapitalgrundsätzen I und Ia des Bundesaufsichtamtes für das Kreditwesen festgelegt. Vgl. hierzu ausführlich: Arnold/Schulte-Mattler (1992a), S. 764-772 und Arnold/Schulte-Mattler (1992b), S. 879-882.

95 Vgl. § 10, Abs. 5 KWG.

96 Vgl. dazu Kapitel II.D.3. und Arnold/Boos (1993), S. 274ff.

97 Derivative Geschäfte zeichnen sich dadurch aus, daß bei ihnen Finanzaktiva oder -passiva lediglich als Basis für die Begründung von Zahlungsströmen oder von Ausgleichszahlungen herangezogen werden. Dies bedeutet, daß nur in den wenigsten Fällen bei Ablauf der Kontraktfrist Liquidität aufgebracht werden muß, um den Vertrag zu erfüllen. Hingegen bewirken die traditionellen Termingeschäfte stets bei Erreichen des Erfüllungstermins einen Liquiditätsfluß über die vereinbarte Höhe. Vgl. Deutsche Bundesbank (1993), S. 47f.

98 Dazu zählen: Devisentermingeschäfte, Wertpapiertermingeschäfte, Finanz-Swaps, Optionen und Terminkontrakte (Futures, Forward-Rate Agreements u.a.). Vgl. ebd. S. 52.

58%, während er Mitte 1993 bereits auf über 90% angestiegen ist.[99] Auch die Wachstumsraten dieses Geschäftsbereiches sind im Verhältnis zum bilanzwirksamen Geschäft stark angestiegen. So wuchs das Bilanzgeschäft zwischen 1991 und 1993 durchschnittlich um 1,7%, das Geschäft mit den herkömmlichen - bereits aber bilanzunwirksamen - Devisen- und Wertpapiertermingeschäften im gleichen Zeitraum um 4,9% und das Geschäft mit den Derivaten um 12,5%, was im Vergleich zum Bilanzgeschäft eine siebenmal höhere Wachstumsrate bedeutet.[100]

Die starke Zunahme der bilanzunwirksamen Geschäfte unterstreicht die zunehmende institutionelle Disintermediation der Banken bei einer gleichzeitigen Stärkung der instrumentellen Transformationsmöglichkeiten durch die Anwendung der genannten Geschäfte. Jedoch muß in diesem Zusammenhang darauf hingewiesen werden, daß die Banken eine entscheidende Rolle auf den Märkten für Termingeschäfte und Derivate ausüben. Als Schöpfer und Händler dieser Finanzinnovationen tragen sie erheblich dazu bei, daß die Sekundärmärkte und ihre Fähigkeit zur marktlichen Koordination der Transformationsbedürfnisse in diesem Marktsegment erhalten und gestärkt werden.

d) Die Entwicklung im Dienstleistungsgeschäft

Auch der Bereich der Dienstleistungen nimmt im Leistungsgefüge der Banken eine immer bedeutendere Rolle ein.[101] Diese Entwicklung muß jedoch differenziert betrachtet werden, da nur die Bedeutung einzelner Dienstleistungsangebote stark gestiegen ist, während bei anderen ein Rückgang zu verzeichnen ist.

Stark gestiegen sind die neuen Dienstleistungsangebote der Banken, die zum Teil bankuntypisch sind. Hierzu zählen insbesondere die neuen Angebote im Rahmen des Versicherungs- und Bauspargeschäftes. Von seiner Bedeutung eher rückläufig sind hingegen die Dienstleistungsgeschäfte mit großen Unternehmen. Teilt man diese Geschäfte in die Beratungs- und Händlertätigkeit auf, so kann folgende Entwicklung beobachtet werden: Die Beratungstätigkeit wird zunehmend von den

---

99 Vgl. Deutsche Bundesbank (1993), S. 52.

100 Vgl. Deutsche Bundesbank (1993), S. 52.

101 Vgl. Deutsche Bundesbank (1989b), S. 14ff.

Unternehmen selbst erstellt, während die Händlertätigkeit noch zum großen Teil bei den Banken verbleibt.[102]

Der Grund für die Übernahme der Beratungstätigkeit durch die Unternehmen liegt darin, daß es für sie durch die direkte und kostengünstige Informationsbeschaffung, die bessere Kenntnis der eigenen Bedürfnisse sowie der spezialisierten Ausrichtung der eigenen Finanzabteilung häufig kostengünstiger ist, die Auswertung der Informationen und die daraus resultierende Beratung intern zu erstellen, als sie auf dem Markt - z.B. bei Banken - nachzufragen. Bei der Händlertätigkeit sind die "In-House Banking" betreibenden Unternehmungen - insbesondere in der Bundesrepublik Deutschland - auf Grund rechtlicher Zugangsbeschränkungen zu den Börsen noch auf die Banken angewiesen. Allerdings wird das Händlergeschäft für die Banken zunehmend unattraktiver, da sowohl der verstärkte Wettbewerb unter den Banken als auch die zunehmende Standardisierung der gehandelten Kontrakte die Erlöse der Banken aus diesem Geschäft zunehmend reduziert oder sogar Verluste verursacht.[103]

Ein weiteres Feld im Rahmen des Dienstleistungsangebotes der Banken ist der Zahlungsverkehr. Doch auch hier müssen die Banken einen deutlichen Rückgang der Nachfrage durch Konzerne verzeichnen.[104] Insbesondere durch die Anwendung neuer Cash-Management Systeme versuchen die "In-House Banken" die teure Inanspruchnahme des Zahlungsverkehrsnetzes der Banken zu vermeiden.[105]

Die bisherigen Überlegungen zu den Auswirkungen der Finanzinnovationen auf die Verteilung der Intermediations- und Transformationstätigkeiten im Finanzwesen haben gezeigt, daß die Banken aufgrund der Stärkung der instrumentellen Leistungsfähigkeit der Finanzmärkte zunehmend dem Prozeß der Disintermediation unterliegen. Was nun noch untersucht werden muß, ist die Frage, in welcher Form die Nichtbanken die gesteigerte Leistungsfähigkeit der Finanzmärkte nutzen können und welche Folgen dies auf die Verteilung der Intermediations- und Transformationsleistungen an den Finanzmärkten hat.

---

102 Vgl. Zimmermann (1992), S. 703.

103 Vgl. Ulrich (1991), S. 158/159.

104 Vgl. Gnoth (1992), S. 705ff.

105 Vgl. Ulrich (1991), S. 159. Danach können durch die Anwendung von Cash-Management-Systemen bis zu 60% der bisherigen Transaktionskosten eingespart werden.

Die folgenden Ausführungen sollen eine mögliche Substitution der Leistungserstellung durch den alternativen Koordinationsmechanismus "Nichtbank" theoretisch begründen. Dabei wird zum einen untersucht, warum es für Nichtbanken attraktiv ist, die Intermediationsleistungen des Marktes auszunutzen. Zum anderen soll der Frage nachgegangen werden, aus welchen Gründen die Eigenerstellung des noch verbleibenden Intermediationsbedarfs ebenfalls rentierlich sein kann.

D. Die Entstehung neuer Finanzintermediäre

1. Die Veränderung der Transaktionseigenschaften als Ursache für die Entstehung der neuen Intermediäre

a) Zur veränderten Wirtschaftlichkeit transaktionsspezifischer Investitionen und der Häufigkeit von Transaktionen

Aus der Sicht einer Unternehmung, die einen bestimmten Intermediationsbedarf an Finanzmitteln hat, stellen sich die Möglichkeiten der Befriedigung dieser Nachfrage wie folgt dar: Entweder das Unternehmen nimmt die intermediäre Leistungserstellung einer Bank in Anspruch oder es agiert direkt am Finanzmarkt und erbringt den noch verbleibenden Intermediationsbedarf unternehmensintern. Zerlegt man diese beiden Möglichkeiten der intermediären Leistungserstellung in einzelne Transaktionen, so bedarf es bei der ersten Variante lediglich einer Transaktion zwischen dem Unternehmen und der Bank, während bei der zweiten eine Transaktion zwischen dem Unternehmen und dem Kapitalmarkt und eine weitere innerhalb des Unternehmens erforderlich ist. Um entscheiden zu können, welche dieser beiden Möglichkeiten unter ökonomischen Aspekten effizienter ist, bedarf es einer Betrachtung der Kosten, die bei der Inanspruchnahme der entsprechenden Koordinationsmechanismen anfallen.

Als ein Faktor dieser Kostenbetrachtung spielen transaktionsspezifische Investitionen eine entscheidende Rolle. Dabei drückt sich die Spezifität der Transaktion in der Höhe des zur Erstellung bzw. Durchführung derselben erforderlichen Sach- und/oder Humankapitals, in dem Standort und/oder in dem zweckgebundenen Sachkapital aus.[106] Je spezifischer im vorliegenden Fall also die geforderten Intermediationsleistungen[107] sind, desto höher sind die für die Erfüllung erforderlichen Investitionen. Zu nennen sind hier z.B. Investitionen in Informations-, Datenverarbeitungs- und Abrechnungssysteme sowie Fachpersonal. Bisher haben die Banken diese Investitionen getätigt, da sie durch die Aggregation der Nachfrage über den Markt die Möglichkeit der Mehrfachnutzung dieser Investitionen ausnutzen und damit die nachgefragten Intermediations-

---

106 Vgl. Williamson (1990), S. 62.

107 In der Regel wird die Spezifität der gewünschten Intermediationsleistungen durch firmenspezifische Umstände und Geschäftstätigkeiten bestimmt.

leistungen anbieten konnten. Um diese Dienstleistung der Banken in Anspruch nehmen zu können, müssen die Unternehmen Transaktionkosten aufbringen. Im wesentlichen sind dies die Kosten der Anbahnung, Aushandlung und Kontrolle der entsprechenden Verträge mit der Bank, die mit zunehmender Spezifität der gewünschten Leistung spürbar ansteigen können.[108]

Als Alternative zu diesem Fremdbezug der Dienstleistung besteht für die Unternehmen auf Grund der entstandenen Innovationen an den Finanzmärkten die Möglichkeit, selbst am Kapitalmarkt zu agieren und den verbleibenden Intermediationsbedarf unternehmensintern zu koordinieren. Um diese Transaktionen durchführen zu können, bedarf es jedoch ebenfalls transaktionsspezifischer Investitionen in Informations-, Datenverarbeitungs- und Kommunikationssysteme sowie in entsprechend qualifiziertes Personal. Bisher haben sich diese Investitionen für die Unternehmen aus mehreren Gründen nicht gelohnt. So war ihnen z.B. der direkte Marktzutritt, der für die Nutzung derartiger Investitionen erforderlich ist, bisher verschlossen. Außerdem war das Volumen der getätigten Finanztransaktionen für eine Amortisierung der Investitionen zu gering. Die Ursache hierfür war entweder, daß die Transaktionen technisch noch nicht möglich bzw. nicht erlaubt oder die transferierten Finanzvolumina der Unternehmen tatsächlich zu gering waren.

Diese Relationen haben sich in den letzten Jahren grundlegend geändert. So sind durch die Entstehung von Finanzinnovationen die finanziellen Transaktionsmöglichkeiten um ein Vielfaches angestiegen. Hinzu kommt, daß viele Konzerne durch ein nachhaltiges Umsatzwachstum die kritische Masse an Finanztransaktionen erreicht haben, die für eine Ausnutzung von Größenvorteilen (economies of scale) bei den getätigten Investitionen notwendig sind.[109] Außer-

---

108 Je zahlreicher und intensiver die spezifischen Merkmale im Rahmen einer Transaktion auftreten, desto größer werden die zu lösenden Transaktionsprobleme und desto schwieriger wird eine freie vertragliche Vereinbarung. Dies kann sogar soweit gehen, daß ein Vertrag überhaupt nicht zustande kommt. Vgl. Picot (1982), S. 271/272. Grundsätzlich ist also davon auszugehen, daß Transaktionen, die hoher transaktionsspezifischer Investitionen bedürfen, eher durch eine Unternehmung koordiniert werden als durch den Markt. Vgl. Bössmann (1983), S. 109.

109 Z.B. sind die Umsätze der großen Kapitalgesellschaften im produzierenden Gewerbe von 652,5 Mrd. DM im Jahre 1991 auf 880,9 Mrd. DM im Jahre 1993 gestiegen. Eine vergleichbare Entwicklung ist beim Handel zu beobachten. Hier sind die Umsätze der großen Kapitalgesellschaften von 176,3 Mrd. DM im Jahre 1991 auf 254,6 Mrd. im Jahre 1993 angestiegen. Vgl. Bundesamt für Statistik (1991), S. 146, ebd. (1994), S. 146.

dem sind durch die Entwicklung von Derivaten Finanzinstrumente entstanden, für deren Anwendung ein verhältnismäßig geringer Kapitaleinsatz notwendig ist. Durch diese Veränderungen sind einige Unternehmen in die Lage versetzt worden, mit der Durchführung der entsprechenden transaktionsspezifischen Investitionen die Veränderungen der Finanztransaktionen an den Finanzmärkten so zu nutzen, daß sie im Ergebnis die notwendige Intermediationsleistung selbst erstellen können.

So eröffnet der organisierte Kapitalmarkt durch die entstandenen Finanzprodukt-, prozeß- und -marktinnovationen den Unternehmen sehr spezielle, auf ihre Bedürfnisse zugeschnittene Finanztransaktionen. Die Durchführung dieser Transaktionen erfordert vergleichsweise geringere Transaktionskosten, da durch die Standardisierung der Produkte und der Abrechnungsverfahren die Kosten der Anbahnung, Aushandlung, Kontrolle und Anpassung der Kontrakte erheblich reduziert werden konnten.[110] Außerdem hat die Vervollständigung des Leistungsangebotes der Finanzmärkte dazu geführt, daß bereits ein Teil der erforderlichen Intermediationsleistung durch den Markt selbst erbracht wird. Somit kann die unternehmensintern zu koordinierende Intermediationsleistung auf ein Minimum reduziert werden.

Zur unternehmensinternen Erstellung der verbleibenden Intermediationserfordernisse, etwa zwischen der Holding- und einer Tochtergesellschaft, sind ebenfalls transaktionsspezifische Investitionen in Form von Informations-, Kommunikations- und Datenverarbeitungssystemen erforderlich. Jedoch ergeben sich hier aus den bereits getätigten Investitionen Verbundvorteile (economies of scope)[111], da mit nur relativ geringen Zusatzkosten diese auch für die unternehmensinterne Leistungserstellung nutzbar gemacht werden können.[112] Dadurch entsteht ein neues Potential zur Senkung der Durchschnittskosten der getä-

---

In diesem Zusammenhang ist zu beachten, daß mit der Steigerung des Umsatzes eines Konzerns auch die innerbetrieblichen Finanztransaktionen zunehmen.

110 Vgl. Diemer (1994), S. 673.

111 Economies of scope resultieren aus der Nutzbarkeit einer Investition für die Erstellung anderer Produkte oder Dienstleistungen, die wiederum auf - wegen Unteilbarkeit der Investition - ungenutzten Kapazitäten basieren. Häufig werden die daraus entstehenden Vorteile auch als Verbundvorteile bezeichnet. Vgl. hierzu Löffler (1991), S. 47.

112 Die installierten Informations- und Kommunikationsnetze können auch für andere Bereiche, etwa das Controlling oder das Rechnungswesen, genutzt werden.

tigten Finanztransaktionen.[113] Insgesamt bewirken also die Veränderungen an den Finanzmärkten und die Entwicklung der Unternehmen, daß es sich für diese durchaus lohnen kann, intermediationsspezifische Investitionen zu tätigen, da sie durch die Ausnutzung von Größen- und Verbundvorteilen in die Lage kommen können, die bisher von den Banken - gegen die Aufbringung entsprechender Transaktionskosten - erbrachte Intermediationsleistung selbst billiger zu erstellen.

Neben diesen zu beobachtenden Effekten der Economies of scale und Economies of scope, welche die Internalisierung bzw. vertikale Integration der Marktbeziehungen in ein Unternehmen begründen, spielen die Transaktionskosten der Marktbeziehungen zwischen der Bank und dem Unternehmen in Kombination mit den transaktionsspezifischen Investitionen eine entscheidende Rolle. Die Existenz von transaktionsspezifischen Investitionen zur Erstellung einer Leistung bewirkt nach Abschluß des individuellen Vertrages ein Abhängigkeitsverhältnis zwischen den Marktparteien. Diese Abhängigkeit kommt darin zum Ausdruck, daß derjenige, der die transaktionsspezifischen Investitionen getätigt hat, darauf angewiesen ist, daß der vereinbarte Vertrag ausgeführt wird. In diesem Moment hat aber die andere Marktseite die Möglichkeit, den Investor in der Form opportunistisch auszunutzen, daß er - wissend um die unmögliche alternative Verwendung der getätigten Investitionen[114]- den vereinbarten Preis für die zu liefernden Güter oder Dienstleistungen drückt. Dieses Verhalten wird als opportunistische Expropriation der Quasirente bezeichnet.[115]

Im Rahmen von Finanzdienstleistungen kann dieser Zusammenhang an der Übernahme eines Bank-Cash-Managementsystems durch eine Unternehmung deutlich gemacht werden. Hier begibt sich das Unternehmen auf Grund der notwendigen unternehmensinternen, transaktionsspezifischen Investitionen in systemspezifische Hard- und Software und in die Schulung des Personals in eine Abhängigkeit von der anbietenden Bank. Diese Abhängigkeit schwächt die Verhandlungsposition des Unternehmens bei Verhandlungen über die Konditionen komplementärer Bankleistungen wie etwa dem Zahlungsverkehr oder dem Devisengeschäft, da ein Bankwechsel durch die damit verbundenen Kosten des

---

113 Vgl. Picot (1982), S. 272. Außerdem können durch die Entstehung von Lerneffekten, z.B. der Entdeckung von vereinfachten Abwicklungsformen, die Kosten der unternehmensinternen Koordination sinken.

114 Zumindest ist dies nicht ohne zusätzliche Kosten möglich. Vgl. Bössmann (1983), S. 109.

115 Vgl. zum Konzept transaktionsspezifischer Investitionen und der Expropriation von Quasirenten: Williamson (1979); Löffler (1991), S. 2 und 44.

Systemwechsels erheblich erschwert wird.[116] Dies bedeutet, daß die Transaktionskosten der marktlichen Beziehung und Koordination bei der Existenz von transaktionsspezifischen Investitionen noch um die Gefahr der Expropriation der Quasirente erweitert werden müssen.[117] Berücksichtigt man nun, daß die Eigenerstellung einer vergleichbaren Leistung Kosten für die Administration erfordert, so wird deutlich, daß allein die Betrachtung der Größen- und Verbundvorteile der Eigenerstellung nicht ausreicht, um über die Alternativen Fremdbezug oder Eigenerstellung entscheiden zu können. Vielmehr muß in die Entscheidung folgende Überlegung mit einbezogen werden: Wie verhalten sich die - um die Gefahr der Expropriation der Quasirente erweiterten - Transaktionskosten zu den Administrationskosten der Eigenerstellung? Erst wenn die erweiterten Transaktionskosten der Marktbeziehung die internen Administrationskosten übersteigen, wird die Selbsterstellung der zugrundegelegten Leistung vorteilhaft. Im Ergebnis bedeutet dies, daß die Existenz von Economies of scale und scope lediglich als notwendige Bedingung bezeichnet werden muß, während die Existenz von signifikanten Transaktionskosten der Marktbeziehung als die hinreichende Bedingung für die vertikale Integration der Erstellung von Bankleistungen gilt.[118]

---

116 Allerdings ist in diesem Fall auch zu berücksichtigen, daß die Bank bei der Entwicklung eines auf die firmenspezifischen Anforderungen entwickelten Cash-Management-Systems ebenfalls transaktionsspezifische Investitionen tätigen muß, was sie ebenfalls in ein Abhängigkeitsverhältnis zum Unternehmen bringt. Dieses könnte das Unternehmen in der Form ausnutzen, daß es die Preise für die erbrachten Dienstleistungen drückt. In diesem Fall des bilateralen Monopols kommt es also auf einen Vergleich der jeweils getätigten transaktionsspezifischen Investitionen an. Die Marktseite, welche die höheren Investitionen getätigt hat, wird in der Folge die schwächere Verhandlungsposition haben. Da für Banken die Entwicklung von Cash-Management Systemen eine relativ häufige Aufgabe darstellt, kann man davon ausgehen, daß auf Grund der Größenvorteile und der Erfahrungen die transaktionsspezifischen Investitionen hier im Vergleich zu denen der Unternehmung relativ gering sind. Vgl. hierzu auch Löffler (1991), S. 45.

117 Vgl. Williamson (1990), Kapitel 2. Neben diesen Kosten, die aus der Gefahr des opportunistischen Verhaltens einer Marktseite entstehen, können noch andere Ursachen für eine Steigerung der Kosten der Inanspruchnahme des Marktsystems entstehen. Zu nennen sind hier z.B. Kosten der Lagerhaltung oder einzuhaltender Produktspezifikationen. Letztlich entstehen diese Kosten durch die vertraglichen Bestimmungen, die eine bestehende Markt- oder Technologieunsicherheit beseitigen sollen. Vgl. Bössmann (1983), S. 108.

118 Vgl. Löffler (1991), S. 44.

b) Zur Bedeutung der veränderten Informationsverteilung

Eine weitere wesentliche Determinante für die Entscheidung, ob eine Leistungserstellung unternehmensintern vorgenommen oder von Dritten bezogen wird, sind die den Marktteilnehmern zur Verfügung stehenden transaktionsrelevanten Informationen und ihre Verteilung. Zu den Informationen gehören im wesentlichen Daten über die qualitativen, quantitativen, terminlichen und/oder technischen Rahmenbedingungen, unter denen die Transaktionen getätigt werden.[119] Entsprechend den Überlegungen in Kapitel II.B.2 können zwei Unsicherheitssituationen unterschieden werden: Eine, in der die Informationen für die Marktteilnehmer objektiv unvollständig bleiben müssen, da gemäß dem Informationsparadoxon das Erreichen einer vollständigen Information nicht möglich und ökonomisch auch nicht sinnvoll ist, und eine zweite Situation, in der es zwar eine objektiv richtige Information gibt, zu der die Marktparteien aber einen unterschiedlichen, d.h. asymmetrischen Zugang haben.

Im Zustand der unvollständigen Information gehen die Marktteilnehmer bei einem Vertrag über eine marktliche Koordination ein Risiko ein, da alle Beteiligten keine vollständigen Voraussagen über die Entwicklung der Rahmenbedingungen und damit über die Handlungsfolgen der eingegangenen Transaktionen machen können.[120] Im Bereich der Finanzwirtschaft werden aufgrund dieser Unsicherheit viele Transaktionswünsche und damit auch Intermediationswünsche an Dritte, d.h. an Finanzintermediäre übertragen, da diese bedingt durch ihre Geschäftstätigkeit, ihre entsprechende Ausstattung und ihre Marktstellung über einen Informationsvorsprung verfügen.[121] In den Verträgen über die zu erbringende Dienstleistung zwischen dem Finanzintermediär und dem Unternehmen können, um die noch verbleibende Unsicherheit weiter zu reduzieren, auch Vereinbarungen über bestimmte Absicherungen gegen Folgen aus möglichen Veränderungen der Rahmenbedingungen erfolgen. Wird der Umweltunsicherheit allerdings antizipativ in Form von Bürgschaften, Garantieerklärungen oder allgemeinen Vorkehrungen im Vertrag Rechnung getragen, so verkompliziert sich der Einigungsprozeß, und die Kosten der Kontrolle und eventuellen Anpassung

---

119 Vgl. Diemer (1994), S. 672.

120 Hier sei nochmals erwähnt, daß diese Situation der Unsicherheit für die Finanzmärkte von besonderer Bedeutung ist, da bei der Mehrzahl von Finanzgeschäften der Vertragsabschluß und die Erfüllung zeitlich auseinanderfallen.

121 Dazu zählen z.B. auch Banken.

steigen unter Umständen drastisch an.[122] Damit wird die Informationsversorgung über die Rahmenbedingungen zu einem wesentlichen Kriterium für die Frage, ob die Leistungserstellungen im Bereich der Finanzwirtschaft von Dritten, selber oder durch den Markt koordiniert werden.[123]

Es wurde bereits hergeleitet, daß durch Technik- und Finanzinnovationen zum einen die Informationsverteilung unter den Marktteilnehmern erheblich nivelliert wurde und zum anderen eine qualitativ und quantitativ veränderte Informationsversorgung notwendig ist, um an den Finanzmärkten agieren zu können. Die Nivellierung der Informationsverteilung hat dazu geführt, daß für die Unternehmen eine Marktzugangsschranke aufgrund unvollständiger Informationen nicht mehr besteht. Vielmehr verfügen die Unternehmen über die gleichen Informationsquellen wie die etablierten Finanzmarktteilnehmer, wodurch unter zeitlichen, quantitativen und qualitativen Aspekten eine gleiche Informationsversorgung ermöglicht wird.[124] Der Engpaß, der noch vergleichsweise zu den professionellen Finanzmarktakteuren besteht, liegt nun nur noch in der entsprechenden Auswertung, Interpretation und Verwertung der Informationen. Jedoch haben die Unternehmen auch diese Lücke durch die Einstellung entsprechend qualifizierten Personals schließen können. Dennoch muß die Informationsversorgung der Marktteilnehmer unvollständig bleiben. Dieses Defizit liegt jedoch nicht mehr an organisatorischen oder technischen Mängeln, sondern vielmehr an den Gesetzmäßigkeiten und permanenten Veränderungen der Märkte, die keinem Marktteilnehmer eine rechtzeitige und vollständige Information ermöglichen.

Neben der Vervollständigung der transaktionsrelevanten Informationen werden durch die Veränderungen an den Finanzmärkten aber auch bisher asymmetrische Informationsverteilungen aufgelöst. Da die Existenz von Finanzintermediären auch auf das Bestehen von Informationsasymmetrien zwischen Kapitalnehmern und -gebern zurückgeführt werden kann, ist die intermediäre Funktion in dem Maße substituierbar, in dem sich die Informationsasymmetrien zwischen den entsprechenden Marktparteien abbauen lassen.[125] Dies wird im wesentlichen durch

122 Vgl. Picot (1982), S. 272.

123 Vgl. zum Zusammenhang von Unsicherheit über die Zukunft und Transaktionskosten: Knight (1921) und Williamson (1975), S. 21f.

124 Vgl. Zimmermann (1994b), S. B22.

125 Vgl. Löffler (1991), S. 72.

die Einführungen von allgemeinverbindlichen Standards, etwa bezüglich der Ausgabe- und Handelsmodalitäten oder Haftungsregeln im Rahmen von Wertpapiergeschäften, sowie durch die Bereitstellung objektiver Informationen, etwa durch das Rating von Emittenten oder Emissionen, erreicht.[126]

Zu der verbesserten Informationslage kommt hinzu, daß sich die Informationsqualität und -quantität, die für die Durchführung von Finanztransaktionen notwendig ist, erheblich verändert hat. Die zunehmende Standardisierung der einzelnen Kontrakte sowie der Abrechnungsmodalitäten führt dazu, daß sich der Bedarf an transaktionsrelevanten Informationen erheblich reduziert. So erfordern Transaktionen an gut organisierten Kapitalmärkten nicht mehr die Suche nach einem geeigneten Transaktionspartner oder eine Verhandlung über die entsprechenden Abrechnungsverfahren. Dadurch können die notwendigen Transaktionskosten bereits erheblich reduziert werden. Außerdem erspart die Aufstellung bestimmter Mindestanforderungen an die Akteure am Finanzmarkt bisher notwendige Informationen über die Qualität von Emittenten, Vertragspartnern oder deren "Finanzprodukte", wodurch die Kosten einer Transaktion weiter gesenkt werden können.[127]

Im Ergebnis haben die Veränderungen in der Informationsversorgung dazu geführt, daß das Informationsgefälle zwischen den Finanzintermediären und den Unternehmen so reduziert werden konnte, daß ein mögliches Informationsdefizit kein zwingender Grund mehr ist, um entsprechende Transaktions- und Intermediationswünsche an Dritte zu delegieren.[128] Außerdem konnte das Maß der bisher vorhandenen Unsicherheit bei Finanztransaktionen erheblich reduziert werden. Diese geschilderten Entwicklungen erleichtern den Unternehmen den Marktzutritt und damit die Inanspruchnahme des zu den Banken alternativen Koordinationsmechanismus Finanzmarkt.

Darüber hinaus haben die Veränderungen der Informationsversorgungsmöglichkeiten auch einen positiven Einfluß auf die unternehmensinterne Erstellung und Koordination des verbleibenden, also noch nicht vom Finanzmarkt erbrachten Intermediationsbedarfs. Die interne Erbringung dieser Intermediationsleistung erfordert eine vollständige Information über den gesamten Intermediationsbedarf

---

126 Vgl. Löffler (1989), S. 73.

127 Vgl. Krahnen (1993), S. 797f.

128 Vgl. Hagemann (1991), S. 166.

innerhalb des Unternehmens. Die Einführung moderner Informations- und Kommunikationssysteme ermöglicht den Unternehmen, die aktuellen Informationen zentral zu bündeln, um daraus die entsprechenden Transaktionserfordernisse abzuleiten. Diese Zentralisierung erleichtert es den verantwortlichen Stellen, die intermediäre Leistungserstellung durch Anweisung so zu koordinieren, daß der verbleibende Intermediationsbedarf unter Berücksichtigung firmenspezifischer Begebenheiten und Erfordernisse befriedigt werden kann. Die entsprechenden Anweisungen können sowohl direkte Transaktionen am Finanzmarkt als auch unternehmensinterne Verrechnungen oder Umschichtungen bewirken, die gegebenenfalls wieder mit Hilfe des hauseigenen Informations- und Kommunikationssystems durchgeführt werden können.

Die bisherigen Ausführungen haben gezeigt, daß die Veränderungen an den Finanzmärkten es den Nichtbanken, und hier insbesondere den multinationalen Unternehmungen, ermöglichen, einen Teil des eigenen Intermediationsbedarfs selbst zu befriedigen. Im wesentlichen ist diese Entwicklung darauf zurückzuführen, daß es sich für diese Unternehmen nunmehr lohnt, die notwendigen transaktionsspezifischen Investitionen zu tätigen, da durch die Veränderungen an den Finanzmärkten eine direkte Inanspruchnahme der gesteigerten Leistungsfähigkeit des Finanzmarktes als ökonomisch sinnvoll erscheint. Außerdem wird durch die Innovationen im Informations- und Kommunikationsbereich eine interne Koordination des verbleibenden Intermediationsbedarfs erheblich erleichtert.

Bei genauerer Betrachtung der Zusammenhänge muß aber berücksichtigt werden, daß diese Entwicklungen und die damit entstehenden Vorteile der Inanspruchnahme der jeweiligen Koordinationsmechanismen auch für die Banken bzw. die bisherigen Finanzintermediäre selbst gelten. Es stellt sich somit nun die Frage, welche Gründe neben den genannten noch angeführt werden können, um eine Verlagerung der Erstellung der Intermediationsleistungen von den Banken hin zu den Unternehmen zu erklären. Um dieses Problem näher analysieren zu können, bietet sich eine Untersuchung der Bestimmungsfaktoren der Kostenstrukturen der beiden alternativen Koordinationsmechanismen Bank und Unternehmen an.

2. Die Veränderung der komparativen Kostenstrukturen von Banken und Nichtbanken als weitere Ursache für die Entstehung neuer Finanzintermediäre

Die Existenz des Finanzintermediärs Bank resultiert im wesentlichen aus ihrem komparativen Kostenvorteil gegenüber der Koordination der Transformationsleistung auf unvollkommenen Finanzmärkten. Bei einer Erweiterung dieser Betrachtung um mögliche neue, hierarchisch organisierte Finanzintermediäre muß auch der komparative Kostenvergleich auf diese neuen Finanzintermediäre ausgeweitet werden, um die Verlagerung der Erstellung von Intermediationsleistungen von den Banken zu den Unternehmen als alternativen Koordinationsmechanismus analysieren zu können. Eine Verlagerung wäre dann zu begründen, wenn der komparative Vorteil der Banken sich entweder durch Kostensteigerung bei den Banken oder durch Kostensenkungen bei den Unternehmungen verringern oder gar umkehren würde. Vergleicht man die Kostenstrukturen der Banken mit denen der Unternehmen, so können insbesondere Kostenbelastungen der Banken beobachtet werden, die den komparativen Vorteil gegenüber den Unternehmen schwinden lassen.

Zu nennen sind hier zunächst die Regulierungskosten, welche die Banken zu tragen haben. Dazu zählen die Kosten der Mindestreservehaltung, des Einlagensicherungsfonds und auch die Kosten der Eigenkapitalvorschriften.[129] Obwohl die Regulierungen im Ergebnis wohl zu einer kontrollierteren Bankintermediation führen, wirken sie im Ergebnis tatsächlich intermediationshemmend. Denn der ursprüngliche komparative Vorteil der Banken gegenüber den Unternehmen wird durch die Regulierungskosten erheblich reduziert, da die Unternehmen keine Regulierungslasten zu tragen haben.[130]

Weiter ist zu beobachten, daß sich der komparative Vorteil der Banken bei der Refinanzierung reduziert. Der Grund dafür ist, daß die relativ günstige Refinanzierung über Sicht- und Spareinlagen immer mehr durch eine Refinanzierung über den Kapitalmarkt bzw. Geldmarkt substituiert werden muß. Die Ursache hierfür liegt darin, daß die Einleger ihre Finanzmittel zunehmend in Finanztitel anlegen, die eine höhere Verzinsung bei gleichem Liquiditätsgrad garantieren. Als Beispiel seien hier die neuen Geldmarktfonds genannt, die mit ihrer geld-

129 Vgl. hierzu als Beispiel für den Einfluß der Mindestreserve auf die Marge und den Effektivzins der Bank im Passivgeschäft: Benke (1991), S. 98.

130 Vgl. dazu ausführlich: Löffler (1991), S. 67ff.

marktnahen Verzinsung die Refinanzierungskosten der Banken steigen lassen.[131] Im Extremfall müssen sich die Banken aus den gleichen Quellen refinanzieren, die auch den Unternehmen zugänglich sind. Ist dann noch zusätzlich die Bonität der Bank schlechter als die eines Unternehmens, schlägt der komparative Vorteil hinsichtlich der Refinanzierungskosten zu einem Nachteil für die Banken um.[132]

Ein nächster Kostenfaktor für die Banken liegt in dem Betreiben von unrentablen Geschäften, die zu ihrer Aufrechterhaltung mit Gewinnen aus anderen Geschäftsbereichen quersubventioniert werden müssen. Dazu zählt insbesondere der Zahlungsverkehr, der in den wenigsten Fällen gewinnbringend betrieben werden kann. Außerdem müssen die Banken erhebliche Mittel für die Unterhaltung ihrer Filialnetze aufbringen, die bei den Unternehmen ebenso wie die Verluste aus dem Zahlungsverkehr entfallen.[133]

Die aufgezeigten Kostenfaktoren für die Banken machen deutlich, daß ihr komparativer Vorteil bei der Erstellung der Transformationsleistung relativ groß sein muß, wenn er nicht durch die zusätzlichen Belastungen kompensiert werden soll. Unter Berücksichtigung der Tatsache, daß die Banken nicht bei allen Intermediationsleistungen über einen gleich großen komparativen Vorteil verfügen, ist aufgrund der Kostenbelastung eine Substitution der Intermediationsleistung zumindest im Grenzbereich durch die Unternehmen zu erwarten.[134] Der Umfang der gesamten Substitution wird bestimmt durch den Grad, in dem die höheren Kosten der Banken ihren Vorteil bei der Leistungserstellung gegenüber den Unternehmen einschränken.

---

131 Vgl. Breuer (1994), S. 448.

132 Eine bessere Bonität der Unternehmen ist nicht selten zu beobachten. Insbesondere die Schuldenkrise 1982 hat dazu geführt, daß viele Banken in ihrem Standing von den Ratingagenturen herabgestuft wurden. Vgl. z.B. Heinrich (1990), S. 44.

133 Vgl. zur Problematik der Erträge des Zahlungsverkehrs Gnoth (1992), S. 705ff und die dort angegebene Literatur.

134 Dies wird bei einer Analyse der verschiedenen Kreditarten einer Bank deutlich. Beim Kredit an ein Großunternehmen ist der komparative Vorteil der Bank aufgrund der Möglichkeiten der Unternehmen geringer als der komparative Vorteil eines Konsumenten, der einen Kleinkredit aufnimmt. Die aufgezeigten Kostenarten werden nun eher beim Industriekredit zu einer Substitution führen als beim Konsumentenkredit, da der komparative Vorteil der Bank gegenüber dem einzelnen Kleinkunden so groß ist, daß er selbst durch den zu tragenden Kostenblock nicht aufgezehrt wird. Vgl. dazu auch Hector (1988), S. 94.

E. Zusammenfassung der Ergebnisse

Die Untersuchungen in diesem Kapitel können zu den folgenden Ergebnissen zusammengefaßt werden:

1. Zunächst konnten mit Hilfe der Strukturierung der Finanzinnovationen ihre Entstehungsursachen, mögliche Innovationsarten, ihre jeweiligen Eigenschaften und ihre wesentlichsten Funktionen dargestellt werden.

2. Weiter wurde untersucht, welchen Einfluß innovative Finanzinstrumente auf die Transaktionseigenschaften und die Leistungsfähigkeit der Finanzmärkte haben. Dabei konnte zunächst festgestellt werden, daß die Innovationen die Eigenschaften der Finanztransaktionen nachhaltig verändert haben. So steigern Finanzinnovationen die Marktfähigkeit von Finanzaktiva und ermöglichen den Marktteilnehmern neuartige und spezifischere Transaktionen als bisher. Ferner bewirken Finanzinnovationen eine zunehmende Standardisierung des Finanztransaktionsprozesses sowie eine Erhöhung der Anzahl der getätigten Transaktionen. Hinsichtlich der Funktionsfähigkeit der Finanzmärkte kann festgehalten werden, daß diese durch die innovative Entwicklung eine erhebliche Steigerung in ihrer Koordinationsfähigkeit finanzieller Bedürfnisse erfahren haben. Dies hat zur Folge, daß der Bedarf nach institutionellen Transformationsleistungen durch Banken sinkt.

   Als weiteres Ergebnis hat sich gezeigt, daß die Finanzinnovationen zu einer Nivellierung hinsichtlich der quantitativen und qualitativen Informationsverteilung an den Finanzmärkten geführt haben. Schließlich konnte festgestellt werden, daß sich die Struktur der Finanzmarktteilnehmer dahingehend verändert hat, daß immer mehr Nichtbanken an den Finanzmärkten als gleichberechtigte Finanzmarktteilnehmer agieren.

3. Bei den Überlegungen, welche Auswirkungen Finanzinnovationen auf die Intermediationstätigkeiten der Banken haben, hat sich herausgestellt, daß diese zunehmend dem Prozeß der Disintermediation unterliegen. Dies hat auch einen Strukturwandel im Bankengeschäft zur Folge, der sich insbesondere in der Verlagerung vom bilanzwirksamen Kreditgeschäft hin zum bilanzunwirksamen Bankgeschäft niederschlägt.

4. Schließlich ist die Entstehung neuer Finanzintermediäre als Folge der Veränderungen an den Finanzmärkten beschrieben worden. Als wesentliche Gründe für diese Übernahme der Intermediationsfunktion durch Nichtbanken sind insbesondere die Wirtschaftlichkeit finanztransaktionsrelevanter Investitionen und die Häufigkeit der Transaktionen aus Sicht der Unternehmen anzuführen. Hinzu kommt, daß durch die Veränderung der Informationsverteilung weder unvollständige noch asymmetrisch verteilte Informationen für Großunternehmen eine ernsthafte Marktzutrittsschranke zum Finanzmarkt darstellen. Die Folge ist aber nicht nur eine deutliche Verbesserung der Rahmenbedingungen für die Unternehmen, sondern auch eine Reduzierung der traditionellen komparativen Vorteile der Banken. Diese können von den effizienzsteigernden Entwicklungen an den Finanzmärkten zwar auch profitieren, jedoch wird der Einfluß der den Banken einseitig auferlegten Regulierungskosten in der Betrachtung der komparativen Intermediationsvorteile der Banken gegenüber den Unternehmen immer deutlicher.

Im Ergebnis haben die Finanzinnovationen also dazu geführt, daß sich die Verteilung der Erstellung von Intermediationsleistungen an den Finanzmärkten verändert hat. Während der Koordinationsmechanismus Finanzmarkt eine Stärkung erfahren hat, wurden die Banken aus dem Prozeß der Intermediation im Rahmen der Disintermediation verdrängt. Der verbleibende Intermediationsbedarf kann aufgrund der Entwicklungen an den Finanzmärkten auch von Nichtbanken, den sogenannten "In-House Banken", erstellt werden. Diese neu entstandenen Finanzintermediäre stehen im Mittelpunkt des nächsten Kapitels.

Dabei werden zunächst die Voraussetzungen für das "In-House Banking" näher erläutert. Daran schließt sich eine organisatorische und finanzwirtschaftliche Betrachtung der "In-House Banken" an. In zwei weiteren Abschnitten wird die Übernahme der Intermediationsfunktionen durch "In-House Banken" exemplarisch aufgezeigt. Dabei wird in einem ersten Bereich der Schwerpunkt auf innovative Finanzierungs- und Anlageinstrumente gelegt, während in einem zweiten Bereich derivative Finanzinstrumente im Vordergrund stehen. Nach einer Darstellung der möglichen Risiken und Gefahren des "In-House Banking" wird abschließend der Frage nachgegangen, ob "In-House Banken" in der gleichen Form Geld schöpfen können wie Geschäftsbanken.

IV. DIE "IN-HOUSE BANK" ALS NEUER FINANZINTERMEDIÄR

A. Kennzeichen der neuen "In-House Bank"

1. Voraussetzungen für die Übernahme der neuen Aufgaben

a) Unternehmensgröße

Die erste Voraussetzung für die Durchführung des "In-House Banking" ist eine entsprechende Unternehmens- bzw. Konzerngröße. Dabei sind vor allen Dingen die Volumina des Außenumsatzes und des unternehmensinternen Umsatzes sowie die Anzahl und Arten der abzuschließenden Finanzgeschäfte maßgeblich. Einen allgemeinverbindlichen Maßstab für die notwendigen Transaktionsvolumina gibt es allerdings nicht. Dies liegt zum einen an den unterschiedlichen Voraussetzungen, die für die Anwendung bestimmter Finanzinnovationen notwendig sind, und zum anderen daran, daß Möglichkeit und Umfang der unternehmensinternen Intermediation sehr stark von der Organisationsform der entsprechenden Unternehmung abhängen.[1] Hinzu kommt, daß Art und Umfang der betriebenen und erforderlichen Finanztransaktionen ein wesentliches Kriterium für eine sinnvolle Anwendung der innovativen Finanzinstrumente durch Nichtbanken sind. In der Regel resultiert diese qualitative und quantitative Struktur der Finanztransaktionen aus der Geschäftstätigkeit der Unternehmen. So haben Unternehmen, die entweder auf umfangreiche Importe von Rohstoffen angewiesen sind oder deren Absatzmärkte in anderen Ländern liegen, einen wesentlich höheren Bedarf an Devisengeschäften als eher national operierende Unternehmen. Ebenfalls sind je nach Geschäftstätigkeit Unterschiede in der Fristigkeit der anzulegenden oder aufzunehmenden Mittel und deren Fluktuation zu beobachten. Während Handelsunternehmen eher in kurzen Fristen handeln und umschichten, spielt bei Unternehmen der Schwerindustrie die lange Frist eine wichtigere Rolle.

Bei einer Betrachtung der Mindestvoraussetzung für die Anwendung von bestimmten Finanzinnovationen kann allerdings der Kreis der Unternehmen, die Finanzintermediation betreiben können, eingeschränkt werden. So bedarf es z.B. für den wirtschaftlichen Einsatz eines Cash-Management-Systems eines Umsatzvolumens von mindestens DM 250-300 Mio. Dadurch reduziert sich das Benut-

1 Vgl. dazu Kapitel IV.A.2.

zerpotential in der Bundesrepublik bereits auf 350-400 Unternehmen.[2] Ähnliche Mindestanforderungen gibt es auch für die Anwendung von Finanzproduktinnovationen an den Geld- und Kapitalmärkten. Für die Begebung von Euro-Medium-Term Notes gilt z.B. ein Mindestvolumen von DM 200 Mio., während Commercial-Papers als Geldmarktpapiere eine Mindeststückelung von 100 TDM haben.[3]

Die Möglichkeit, intermediäre Leistungen unternehmensintern zu koordinieren, wird aber nicht nur durch die Unternehmensgröße und die Anzahl und Art der Finanztransaktionen bestimmt, sondern auch durch die technische und personelle Ausstattung der jeweiligen Unternehmungen bzw. Konzerne.

b) Technische und personelle Ausstattung

Als technische Voraussetzung für das Betreiben von "In-House Banking" sind insbesondere Informationsbeschaffungs-, Informationsverarbeitungs-, Kommunikations- und Datenübertragungssysteme von Bedeutung.[4] Die Informationssysteme dienen der möglichst vollständigen Information der Entscheidungsträger im Finanzmanagement. Diese brauchen, um schnell und fundiert über vorzunehmende Finanztransaktionen entscheiden zu können, ständig verfügbare Informationen über die Situation an den Finanzmärkten und die finanzielle Lage des eigenen Unternehmens. Außerdem bestimmt der jeweilige Informationsstand bzw. -vorsprung die Wettbewerbsposition an den Finanzmärkten.[5] Als Informationsdienste für Finanzmarktdaten dienen z.B. Reuters, Telekurs oder VWD. Sie ermöglichen den Benutzern eine On-line-Verbindung zu den wichtigsten Geld-, Kapital- und Devisenmärkten der Welt.[6] Für den unternehmensinternen Informationsaustausch sind insbesondere Cash-Management-Systeme geeignet, die einen

---

2 Vgl. Steiner (1989), S. 223.

3 Vgl. Schulz (1991), S. 24. Weitere Mindeststückelungen: Floating Rate Notes: 50.000 US$ oder 100 TDM, Euro-Note Fazilitäten: 50.000 US$. Vgl. zu weiteren Instrumenten und Konditionen: Demuth (1988).

4 Vgl. Junker (1988), S. 368.

5 Vgl. Eilenberger (1991), S. 811.

6 Vgl. Junker (1988), S. 366. Vergleichbare Systeme werden mittlerweile auch von den Banken angeboten. So bietet die Deutsche Bank mit ihrem "db-data-System" eine Datenbank an, die ebenfalls eine umfangreiche Information ermöglicht. Vgl. Junker (1988), S. 367.

ständigen Überblick über die Liquiditätslage, offene und geschlossene Währungspositionen, eingegangene Terminkontrakte und andere Finanzkennzahlen liefern.[7]

Die meisten der zur Verfügung stehenden Informationen und Daten haben allerdings häufig noch den Charakter eines "Rohstoffs", d.h. sie müssen noch unter besonderer Berücksichtigung der unternehmensspezifischen Bedürfnisse analysiert und interpretiert werden. Dazu werden intelligente Informationsverarbeitungssysteme verwendet,[8] die es ermöglichen, aus der Vielzahl der Informationen die relevanten zu verarbeiten und mit dem gewonnenen Ergebnis eine Entscheidungsgrundlage für das Finanzmanagement zu liefern.[9] Schließlich bedarf es noch der Etablierung moderner Kommunikations- und Datenübertragungssysteme, die eine unternehmensinterne und -externe interaktive Kommunikation der finanzwirtschaftlich relevanten Informationen ermöglichen.[10]

Neben der modernen technischen Infrastruktur der Finanzabteilung bedarf es weiter eines qualifizierten Fachpersonals. Seine Aufgaben liegen nicht mehr lediglich im Bereich des Rechnungswesens oder der Verwaltung, sondern zunehmend in den anspruchsvolleren Tätigkeiten des Treasurers und des strategischen Controllers.[11] Die Ausübung dieser Funktionen verlangt nicht nur den professionellen Umgang mit komplexen Computerprogrammen, sondern auch umfangreiche Kenntnisse über die Verwendungsmöglichkeiten innovativer Finanz-

---

7 In diesem Zusammenhang kommt die Informationsfunktion von Cash-Management-Systemen zum Ausdruck. Vgl. Lingenfelder (1986), S. 460. Auf Cash-Management-Systeme als Transaktionssysteme wird weiter unten eingegangen.

8 Als neuester Trend im Bereich der intelligenten Informationsverarbeitungssysteme gilt die Entwicklung von sogenannten "neuronalen Netzen". Die Struktur und Arbeitsweise dieser Netze soll dem menschlichen Handeln und Denken möglichst nah angeglichen werden. Durch die Verarbeitung der relevanten Informationen in diesen Netzen erhofft man sich, noch genauere Voraussagen über die zukünftige Entwicklung von Märkten und Kursen machen zu können. Die Hauptanwendungsgebiete dieser sogenannten "Künstlichen Neuronalen Netzwerke" liegen im Bankwesen in der Kursprognose (Aktien, Zins- und Währungsprognosen) sowie in der Kreditwürdigkeitsprüfung. Vgl. hierzu ausführlich: Rehkugler (1992), S. 413-419 und die dort angegebene Literatur. Vgl. zum aktuellen Stand der Forschung: Refenes (1995).

9 Vgl. Süchting (1989), S. 338 und Cleff (1994), S. 149.

10 Reuters bietet z.B. ein System an, durch das eine direkte Teilnahme am Geld- und Kapitalmarkt ermöglicht wird (Reuters Dealing). Für die unternehmensinterne Kommunikation sind wiederum Cash-Management-Systeme geeignet. Vgl. Lingenfelder (1986), S. 460.

11 Vgl. Ribbentrop (1988), S. 660 und Büschgen (1995), S. 740.

instrumente, die Struktur der Finanzmärkte und die Finanzwirtschaft innerhalb der Unternehmung. Um entsprechend qualifiziertes Personal für diese Aufgaben zu finden, werben große Unternehmen nicht selten Mitarbeiter von Banken ab.[12]

Die bisher angesprochenen Aspekte der Unternehmensgröße und der technischen bzw. personellen Ausstattung sind im wesentlichen die Voraussetzungen für die unternehmensinterne Organisation der intermediären Leistungserstellung. Bei genauerer Betrachtung unterscheiden sich die multinationalen Unternehmen hier - wenn überhaupt - nur noch graduell von der Ausstattung und Organisation der Banken. Über die interne Leistungserstellung hinaus ist es aber für die Unternehmung von zentraler Bedeutung, einen direkten Zutritt zu den Finanzmärkten zu haben, um deren gesteigerte Leistungsfähigkeit nutzen zu können. Dazu sind neben den bisher eher intern ausgerichteten Bedingungen noch weitere Voraussetzungen zu erfüllen, die für das externe Agieren an den Finanzmärkten maßgeblich sind. Dazu zählen insbesondere ein entsprechendes Standing und die Pflege der Investor relations.

c) Standing

Aufgrund der stark gestiegenen Anzahl der Finanzmarktteilnehmer, der kaum noch zu überblickenden Vielfalt der Finanzinstrumente und der gegenseitigen Durchdringung der Märkte verlieren die Finanzmärkte immer mehr an Transparenz.[13] Neben den üblichen - meist subjektiven - Informationen wie Bilanzen, Geschäftsberichten und Presseinformationen, die von den Finanzmarktteilnehmern erstellt werden, bedarf es weiterer, möglichst objektiver Informationen und Kriterien, die die Transparenz der Finanzmärkte verbessern.

Dieses "objektive" Kriterium ist in den angelsächsischen Ländern schon früh durch das sogenannte Rating entwickelt worden. Unter Rating versteht man die Analyse und anschließende Bewertung eines Schuldnerunternehmens durch eine unabhängige Ratingagentur.[14] Dabei wird in erster Linie nicht die Bonität des Schuldners, sondern eher der Grad der Wahrscheinlichkeit der Rückzahlung seiner Emission beurteilt. Ausgedrückt wird diese Wahrscheinlichkeit mit Hilfe

---

12 Vgl. Ulrich (1991), S. 157.

13 Allein auf dem Euromarkt werden ungefähr 15.000 Emissionen gehandelt. Vgl. o.V., Rangliste der Wertpapiernoten, in: F. A. Z. vom 18.11.1991, S. 26.

14 Vgl. Mattern (1984), S. 374. Die beiden führenden Ratingagenturen sind Standard & Poor`s und Moody`s.

verschiedener Rating-Symbole. So definiert Standard & Poor's die Ratings von "AAA" als äußerst starke Fähigkeit zur Zahlung von Zinsen und Tilgung bis hin zum "D" als Ausdruck für bestehenden Zahlungsverzug.[15] Erteilt werden diese Rating-Symbole auf der Grundlage umfangreicher Markt- und Unternehmensanalysen.[16]

Da an den internationalen Finanzmärkten nur Adressen mit erstklassiger Bonität akzeptiert werden, ist das Erreichen eines guten Ratings eine zwingende Voraussetzung für die Unternehmen, die direkten Zutritt zu den primären- und sekundären Finanzmärkten haben wollen. Neben dem direkten Marktzutritt ermöglicht das Rating von Unternehmen und ihrer Emissionen den Anlegern eine differenzierte Auswahl ihrer Anlagestrategien. Einen weiteren Einfluß hat das Rating auf die Konditionen an den Finanzmärkten. Nicht selten verfügen multinationale Unternehmungen über ein besseres Rating als etwa Banken, und sind damit in der Lage, bessere Konditionen als ihre bisherigen Kreditgeber zu erreichen.[17]

Obwohl auf den deutschen und europäischen Finanzmärkten bisher nur der Name eines Finanzmarktteilnehmers für dessen Bonität stand,[18] setzt sich das Rating immer mehr durch. Zwar ist das Rating von Emissionen oder Unternehmen noch keine Pflicht, jedoch wird es aufgrund der gewünschten Markttransparenz immer häufiger durchgeführt.[19] Damit wird das Rating ein entscheidender Faktor für die

---

15 Vgl. zu den Rating-Symbolen: Paul (1993), S. 137.

16 Als Beispiel für die Vorgehensweise sei hier die "Pyramide der Rating-Analyse" von Moody's erwähnt. Sie umfasst der Reihe nach die folgenden Ebenen: Analyse des Länderrisikos, Branchenanalyse, rechtliche Rahmenbedingungen, Wettbewerbtrends, Marktposition, quantitative Analyse der Geschäftsberichte und der Finanzplanung, qualitative Analyse des Managements, der Strategie und der finanziellen Flexibilität. Vgl. dazu Paul (1993), S. 138.

17 Die BP-Finance International verfügt z.B. über ein "AAA-Rating" und hat durch ein Eigenarrangement ein EC-Programm über eine Milliarde US$ etwa 10 Basispunkte billiger plazieren können, als wenn sie sich über Banken finanziert hätte. Vgl. Heinrich (1990), S. 44. Vgl. dazu auch Hagemann (1994), S. 160.

18 Vgl. Löffler (1991), S. 73.

19 1989 wurden 50% aller neu aufgelegten Emissionen mit einem Rating versehen, 1990 waren es bereits 90% und 1993 nahezu 100%. Vgl. BIZ (1991), S. 153.

Finanzmarktteilnehmer beim Wettbewerb um Geld und Kapital an den Finanzmärkten. Ein weiterer Faktor, der für die Wettbewerbssituation der Finanzmarktakteure immer mehr an Bedeutung gewinnt, ist die Pflege dauerhafter Kontakte zu den Anlegern.

d) Investor relations

Die traditionellen finanziellen Beziehungen einer Unternehmung bestanden bisher zum größten Teil direkt zu den Banken. Diese haben in ihrer Funktion als Finanzintermediäre für die Unternehmen stellvertretend an den Finanzmärkten agiert. Durch die Entwicklung zur Disintermediation der Banken treten immer mehr Unternehmen über die Finanzmärkte direkt miteinander in Kontakt. Mit dieser unmittelbaren Verbindung geht einher, daß die jeweiligen Unternehmen über ihre Vertragspartner genauere Informationen benötigen. Da die Banken als Selektionsmechanismus ausgeschaltet sind, muß die Informationsleistung von den Unternehmen nun selbst erbracht werden.[20] Hinzu kommt, daß der Informationsbedarf der Finanzmarktteilnehmer durch den zunehmenden nationalen und internationalen Wettbewerb um die Anleger an den Finanzmärkten weiter ansteigt.[21] Somit wird es insbesondere für die Schuldner immer wichtiger, ihre Beziehungen zu den potentiellen Anlegern,[22] die sogenannten Investor relations, zu pflegen, um am Finanzmarkt weiter als gute Schuldneradresse und zuverlässiger Vertragspartner akzeptiert zu werden.[23] Neben diesem Bestreben, durch Investor relations ein Mindestmaß an Anleger- und Gläubigerschutz zu erreichen, wird mit der Pflege der Beziehungen zu den Anlegern aber auch das finanzwirtschaftliche Ziel verfolgt, die Kapitalkosten zu minimieren und die Kapitalstruktur zu optimieren.[24]

Um das dauerhafte Vertrauen der Anleger zu erlangen, müssen den entsprechenden Marktteilnehmern richtige, vollständige, regelmäßige und zukunftsorientierte Informationen zugängig gemacht werden. Diese umfassende Information muß

---

20 Vgl. Kapitel III.C.1.

21 Krystek/Müller (1993), S. 1785.

22 Zu den Zielgruppen gehören insbesondere: Aktionäre, private und institutionelle Anleger als Entscheidungsträger bzw. Käufer, sowie Finanzanalysten in ihrer Funktion als Meinungsbildner und Multiplikatoren. Vgl. dazu auch: Paul (1993), S. 142.

23 Vgl. Wimpfen (1989), S. 106.

24 Vgl. Paul (1993), S. 133 und Mindermann (1992), S. 224.

darauf ausgerichtet sein, Marktwiderstände, die auf Grund unvollkommener Information über den Schuldner entstehen können, zu beseitigen.[25] Als Instrumente für die Erhaltung und Pflege der Investor relations dienen im wesentlichen Unternehmenspräsentationen, Gespräche mit führenden Investorengruppen und umfangreiche Pressemitteilungen. Zur Durchführung dieser Aufgaben haben bereits einige börsennotierte Unternehmen und Konzerne auch in Deutschland eigene Investor-Relations-Abteilungen aufgebaut.[26]

Neben der Erfüllung der genannten Voraussetzungen bedarf es auch organisatorischer Veränderungen innerhalb der Unternehmungen, um sowohl die unternehmensinterne Koordination der intermediären Leistungserstellung als auch die Inanspruchnahme der Vorteile des direkten Marktzutritts wahrnehmen zu können. Die folgenden Ausführungen zu den beobachtbaren Veränderungen der organisatorischen Aufbaustrukturen der Finanzaktivitäten werden vor dem Hintergrund der möglichen verschiedenen Koordinationsformen vorgenommen. Zuvor soll allerdings kurz auf den veränderten Stellenwert der Finanzwirtschaft im strategischen Gesamtkonzept der Unternehmung eingegangen werden, da dieser eine wesentliche Voraussetzung für die zu beobachtenden organisatorischen Veränderungen innerhalb des Finanzwesens darstellt. Eine umfangreiche betriebswirtschaftliche Analyse erscheint hier allerdings nicht sinnvoll, da dies für die Bearbeitung der vorliegenden Fragestellung nicht zielführend ist.[27]

2. Organisationsentwicklungen bei den Finanzaktivitäten: Von der Finanzabteilung zur "In-House Bank"

a) Vom Service- zum Profitcenter

Die Finanzabteilung großer Konzerne wurde in ihrer ursprünglichen Form als Cost-Center angesehen. Ihre Aufgabe war die Sicherung der jederzeitigen Liquidität und die Beschaffung von zusätzlichem bzw. die Anlage von ungebun-

---

25 Zu diesen Marktwiderständen zählen z.B. unvollständige, nicht der Aktualität entsprechende und nicht auf die Zielgruppe zugeschnittene Informationen. Schließlich müssen auch Mißverständnisse und Gerüchte berücksichtigt werden.

26 Während im Jahre 1989 lediglich zehn Investor-Relations-Abteilungen in Deutschland gezählt werden konnten, gab es 1992 bereits 34. Vgl. dazu Geipel/Müller (1993), S. 114.

27 Eine betriebswirtschaftliche Betrachtung dieser Problemkreise unter besonderer Berücksichtigung des "In-House Banking" bietet Richtsfeld (1992). Die Untersuchung wird mit Beispielen aus internationalen Unternehmungen im deutschsprachigen Raum unterlegt.

denem Kapital. Finanztransaktionen wurden in der Regel nur durch güterwirtschaftliche Vorgänge im Unternehmen ausgelöst. Die Finanzabteilung hat somit primär zur Unterstützung der Erfüllung der originären Aufgaben der Unternehmung beigetragen.[28] In der weiteren Entwicklung der Unternehmungen wurden dem Finanzmanagement neben den genannten Tätigkeiten weitere Aufgaben übertragen, die als Serviceleistungen für andere Abteilungen eingestuft werden konnten. Zu nennen sind hier z.B. unternehmensinterne Informations- und Beratungstätigkeiten - etwa für Tochtergesellschaften - bezüglich finanzwirtschaftlicher Fragen. Die Finanzabteilung erhielt dadurch den Charakter eines Service-Centers.[29]

In den letzten Jahren gingen die Unternehmen mit steigender Tendenz dazu über, neben den originären Geschäftsbereichen auch dem Finanzbereich durch die Organisationsform des Profit-Centers eine eigene Ergebnisverantwortung zu übertragen. Durch diese Einbeziehung in den Wertschöpfungsbereich der Unternehmung erlangte die Finanzwirtschaft eine neue, den anderen Produktionsbereichen gleichgewichtige Stellung innerhalb des strategischen Gesamtkonzeptes der Unternehmung.[30] Zur Übertragung des Profit-Center-Konzeptes auf die Finanzabteilung müssen allerdings zwei Voraussetzungen geschaffen werden, die für die organisatorische Einbindung von besonderer Bedeutung sind. Zum einen muß dem Profit-Center ein direkter und ungehinderter Zugang zu den Märkten gewährt werden, um ihm die entsprechenden Erfolgsgrößen auch zurechnen zu können. Dabei kann der relevante Markt sowohl unternehmensextern als auch -intern sein. Zum anderen müssen die Entscheidungsgrößen für den Erfolg der Abteilung, sowohl kosten- als auch ertragsseitig, von den Entscheidungsträgern dieses Bereiches selbst beeinflußbar sein, was ein Mindestmaß an Entscheidungsautonomie voraussetzt.[31]

Sind diese Voraussetzungen erfüllt, können die Vorteile des Profit-Center-Konzeptes zum tragen kommen. Diese sind zunächst in der Entlastung der Unternehmensleitung durch die Delegation von Entscheidungsbefugnissen und Verantwortungsbereichen an die Finanzabteilung zu sehen. Außerdem wird durch

---

28 Vgl. Reimpell (1990), S. 95.

29 Vgl. Hagemann (1991), S. 174.

30 Vgl. ausführlich Nolte (1994), S. 58f. Vgl. außerdem: Hagemann (1994), S. 157; Zimmermann (1992), S. 701 und Büschgen (1995), S. 740f.

31 Vgl. dazu Lachmann (1989), S. 275.

das Profit-Center-Konzept die Motivation der Mitarbeiter gesteigert, und schließlich können durch diese Form der Organisation die Vorteile von kleinen Organisationseinheiten ausgenutzt werden.[32]

Die Möglichkeit, der Finanzabteilung innerhalb eines Unternehmens bzw. eines Konzerns eine Ergebnisverantwortung zu übertragen, entstand aus zwei sich gegenseitig bedingenden Entwicklungen. Zunächst haben auf der einen Seite die Veränderungen an den Finanzmärkten die Unternehmen in die Lage versetzt, Bankdienstleistungen unternehmensintern zu erstellen und am Finanzmarkt direkt zu agieren. Dies ist aber auf der anderen Seite nur möglich, wenn auch entsprechende Veränderungen in der Organisation der Finanzwirtschaft innerhalb der Unternehmung vorgenommen werden. Hier bedingen sich also die Markt- und Organisationsentwicklungen gegenseitig. Auf die Marktveränderungen wurde bereits eingegangen,[33] ebenso auf deren Auswirkungen auf die Möglichkeit der unternehmensinternen Leistungserstellung.[34] Daher sollen im folgenden die konkreten Auswirkungen auf die Organisationsform der Finanzwirtschaft innerhalb der Unternehmungen analysiert werden. Dabei steht insbesondere eine Betrachtung der Zentralisierungs- und Dezentralisierungstendenzen im Vordergrund.

b) Zentralisierung und Dezentralisierung der Finanzaktivitäten

Unter Zentralisierung versteht man eine Zusammenlegung der Teilaufgaben, die hinsichtlich eines Merkmals gleichartig sind.[35] Hingegen wird von Dezentralisierung gesprochen, wenn Teilaufgaben - trotz eines gemeinsamen Merkmals - an verschiedenen Stellen ausgeführt werden.[36] Zur Festlegung des Zentralisierungs bzw. Dezentralisierungsgrades können verschiedene Ansatzpunkte gewählt werden. Denkbar ist z.B., die Festlegung des Zentralisierungsgrades auf der Grundlage der von Williamson entwickelten Transaktionseigenschaften vor-

---

32 Vgl. zur praktischen Anwendung des Profit-Center-Konzeptes auf die Finanzabteilung einer Unternehmung bzw. eines Konzerns: Richtsfeld (1992), S. 120ff.

33 Vgl. Kapitel III.A.

34 Vgl. Kapitel III.D.

35 Ergebnis dieser Zusammenlegung der Teilaufgaben hinsichtlich eines Kriteriums ist die funktionale Organisationstruktur, die bis in die siebziger Jahren dominierend war. Vgl. Gomez (1992), S. 166.

36 Als Ergebnis der Dezentralisierungstendenzen wurden zunehmend die Sparten- und/ oder Matrixorganisationen eingeführt. Vgl. Gomez (1992), S. 166.

zunehmen.[37] Danach werden diejenigen Transaktionen zentral durchgeführt, deren Bündelung ein Ausnutzen hoher transaktionsspezifischer Investitionen und damit bestehender Economies of scale ermöglicht. Außerdem besteht eine Zentralisierungstendenz bei den Transaktionen, deren hoher Grad an Unsicherheit durch eine zentrale Bearbeitung reduziert werden kann. Als Beispiel für eine häufig zentralisierte Tätigkeit sei hier die Informationsbeschaffung für die Durchführung von Finanztransaktionen genannt.[38] Ein weiterer Bereich, in dem eine Zentralisierung Vorteile erbringt, ist die Phase der Aushandlung der Konditionen für eine Finanztransaktion. Hier können z.B. durch die Zusammenfassung aller überschüssigen Finanzmittel der Tochtergesellschaften Kontraktgrößen erreicht werden, die ein Durchsetzen vorteilhafterer Konditionen ermöglichen.[39] Hingegen werden Transaktionen eher dezentral organisiert, wenn sie relativ selten durchgeführt werden und ihre erfolgreiche Durchführung spezielle lokale Kenntnisse erfordert. Werden alle Schritte einer Finanztransaktion zentral koordiniert und durchgeführt, entspricht dies der Organisationform des "In-House Banking".

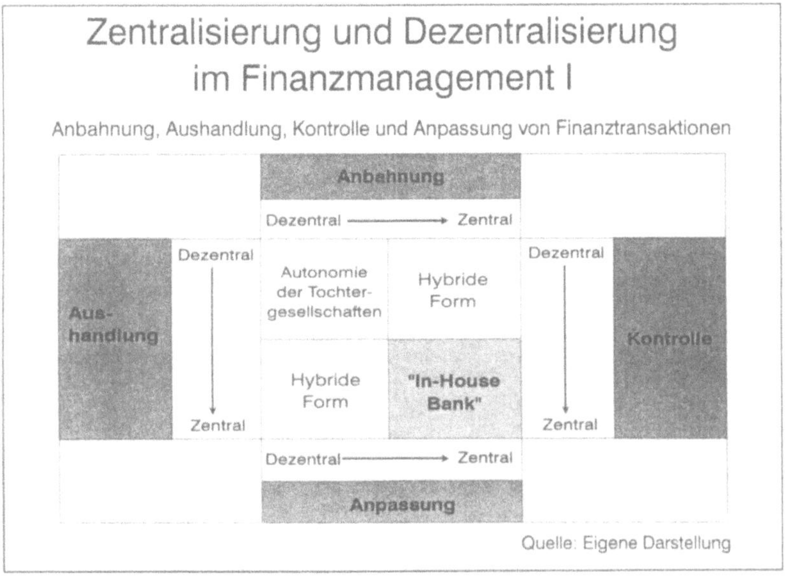

Abbildung 10: Zentralisierung und Dezentralisierung im Finanzmanagement I

37 Vgl. Williamson (1981), S. 676; ders. (1990), S. 59.

38 Vgl. Richtsfeld (1992), S. 79.

39 Vgl. ebd., S. 80.

Eine weitere Einteilungsmöglichkeit der Zentralisierungs- bzw. Dezentralisierungskriterien besteht in der Unterscheidung zwischen der Entscheidungs-, Ausführungs- und Kontrollverantwortung, die mit einer Transaktion verbunden sind.[40] Bei dieser Systematisierung stehen nicht die Kosteneinsparungsmöglichkeiten einer Zentralisierung im Vordergrund, sondern die Verteilung der Verantwortung und damit der Zurechnung des Ergebnisses für das entsprechende Handeln. Um Aussagen über die Zentralisierungstendenz bei den entsprechenden Verantwortungsgruppen treffen zu können, erscheint eine Differenzierung zwischen den genannten Kategorien sinnvoll.

Am Anfang steht die Verantwortung für die getroffene Entscheidung über die gewählte Finanztransaktion. Bei der Frage, in welchem Maße diese Entscheidungskompetenz zusammen mit der entsprechenden Verantwortung zentralisiert werden kann, müssen die entscheidungsrelevanten Faktoren analysiert werden. Unter diesen Faktoren können Informationen in Form von allgemeinen Marktdaten bis hin zu situationsspezifischen Kenntnissen subsumiert werden. Je allgemeiner diese entscheidungsrelevanten Informationen sind, desto eher wird sich die entsprechende Entscheidungstätigkeit zentralisieren lassen. Hingegen wird die Entscheidungskompetenz eher dezentralisiert verteilt sein, wenn die relevanten Faktoren über die Entscheidung einer durchzuführenden Finanztransaktion einen mehr spezifischen und situationsbezogenen Charakter haben.

Nach der Verteilung der Entscheidungskompetenz stellt sich weiter die Frage nach der Verteilung der Ausführungs- und Kontrollverantwortung. Hier ist davon auszugehen, daß eine Zentralisierung bei der Ausführung von den Transaktionen durchgeführt wird, die einen hohen Grad an Standardisierung aufweisen und relativ häufig anfallen. Diese Aspekte gelten ebenso für die Verteilung der Kontrollverantwortung, da auch hier eine zentralisierte Tätigkeit durch Standardisierung und die entsprechende Häufigkeit von Vorteil sein kann.[41]

Betrachtet man die Organisationsform des "In-House Banking", so ist festzustellen, daß hier alle genannten Verantwortungsbereiche zentral beim Finanzmanagement gebündelt werden.

---

40 Vgl. ebd., S. 99.

41 Vgl. ebda. und die dort angegebene Literatur.

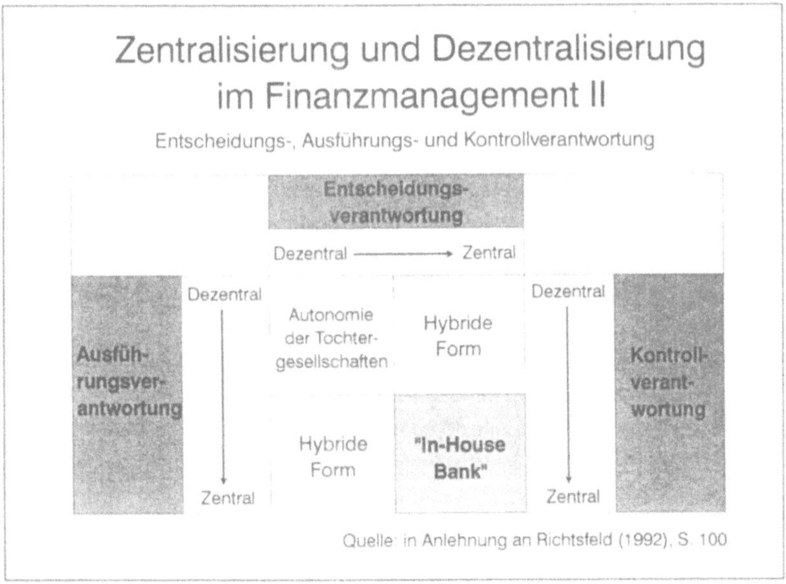

Abbildung 11: Zentralisierung und Dezentralisierung im Finanzmanagement II

Durch eine Übertragung der unterschiedlichen Grade der Zentralisierung und Dezentralisierung auf die Organisation der Unternehmungen[42] ergeben sich verschiedene Ausprägungen der finanzwirtschaftlichen Aufbauorganisation. Im folgenden sollen die Organisationsformen herausgestellt werden, die ein "In-House Banking" ermöglichen.

42 In diesem Zusammenhang ist darauf hinzuweisen, daß es einen optimalen Grad der Zentralisierung bzw. Dezentralisierung nicht gibt. Vielmehr ist bereits bei einem Blick in die Vergangenheit festzustellen, daß sich die Trends hin zur Zentralisierung bzw. Dezentralisierung immer wieder gegenseitig ablösten. So herrschte zunächst in den fünfziger und sechziger Jahren eher die stark zentral orientierte funktionale Organisation vor, während in den siebziger Jahren die Spartenorganisation dominierte. Dieser Trend zur Dezentralisierung wurde wiederum durch die Einführung der Matrixorganisation, die eher einen zentralen Charakter hat, abgelöst. Die jüngste Entwicklung ist nun wieder die Einführung der Dezentralisierung durch die Etablierung von Holdinggesellschaften. Allerdings wird die Effizienz dieser Organisationsform bereits wieder in Frage gestellt, und in einigen Fällen der Organisation nach Kernkompetenzen und damit hin zur Zentralisierung wieder der Vorzug gegeben. Vgl. zur Entwicklung der Organisationsstrukturen in den Konzernen: Gomez (1992), S. 166-172.

c) Mögliche Organisationsformen des "In-House Banking"

Die Organisationsformen der großen Unternehmungen in Deutschland weisen einen eindeutigen Trend zur divisionalen Organisation der Unternehmensaktivitäten auf. Dies bedeutet, daß alle Kompetenzen, die für die Realisierung eines Produktes oder eines Projektes erforderlich sind, in einer Division oder Sparte zusammengefaßt werden. Die Spitze der Unternehmensführung bilden in diesem Fall die Verantwortlichen für die jeweiligen Unternehmensbereiche. Ergänzt wird diese Form der Organisation in jüngerer Vergangenheit durch die Etablierung einer Holding.[43] Kennzeichen der Holding ist, daß sie als eine Beteiligungsgesellschaft fungiert, die maßgebliche Anteile an den jeweiligen Tochtergesellschaften hält. Die rechtliche Selbständigkeit der Tochterunternehmen bleibt nach außen gewahrt, jedoch wird die wirtschaftliche Selbständigkeit auf die Holding übertragen.[44] Aus Gründen der Vereinfachung soll diese Holdingorganisationsform als Grundlage für die folgende Erläuterung dreier idealtypischer Organisationsformen des "In-House Banking" dienen.

In der ersten Organisationsform verfügt jede Tochtergesellschaft über eine Finanzabteilung, die die klassischen Aufgaben der Finanzwirtschaft erfüllt. Darüber hinaus gibt es eine zentrale Finanzabteilung in der Konzernholding,[45] die folgende Aufgaben übernimmt: Zum einen überwacht sie die Aktivitäten der untergeordneten Finanzabteilungen mit dem Ziel, daß die gesetzten Anforderungen und Vorgaben der Unternehmensleitung eingehalten werden. Zu diesem Zweck läßt sie sich von den Tochtergesellschaften regelmäßig Berichte über ihre jeweiligen Finanzaktivitäten vorlegen. Außerdem übt die Holdingfinanzabteilung

---

43 Vgl. ebd., S. 167.

44 Vgl. dazu Hagemann (1991) und Ulrich (1991).

45 Einige Konzerne sind dazu übergegangen, ihre Finanzwirtschaft in einer gesonderten Finanzierungsgesellschaft auszugliedern. Zu nennen sind hier z.B. die Gründungen der "Financial Services" bei ABB und der "Daimler Benz Interservices". Vgl. Büschgen (1995), S. 741. Unter der hier vorliegenden Fragestellung bewirkt eine gesonderte, differenzierte Betrachtung einer Holdingfinanzabteilung und einer Finanzierungsgesellschaft keinen zusätzlichen Erkenntnisgewinn, da sich unter dem Aspekt der Übernahme von Finanzintermediationsfunktion durch Nichtbanken im Ergebnis keine Änderung ergibt. Insofern wird im folgenden keine besondere Differenzierung zwischen der Finanzabteilung und einer Finanzierungsgesellschaft vorgenommen. Dies wäre erforderlich, wenn man die Rolle der internationalen Finanzierungegsellschaften der Konzerne besonders berücksichtigen wollte. Dies ist allerdings nicht Gegenstand der vorliegenden Arbeit. Vgl. zur Bedeutung von internationalen Finanzierungsgesellschaften bei Großunternehmen die empirischen Untersuchungen von Rehkugler (1994), S. 177-190 und McKinsey/Hagemann (1994). Vgl. außerdem Richtsfeld (1992), S. 139-153.

die Berater- und Informationsfunktion in finanzwirtschaftlichen Fragen für die Tochtergesellschaften aus. Dabei kann es sich sowohl um die reine Bereitstellung von Informationen als auch um die Beratung bei der Durchführung von komplexen Finanztransaktionen handeln. Unter dem Aspekt des Zentralisierungsgrades der Aktivitäten lassen sich hier folgende Aussagen treffen:[46]

Die Informationsbeschaffung und die anschließende Informationsversorgung werden hier zentral durch die Finanzabteilung der Holding vorgenommen. Hingegen bleiben die Aufgaben der Anbahnung, Aushandlung und Kontrolle - und damit auch die Entscheidungs-, Ausführungs- und Kontrollverantwortung - bei den jeweiligen Finanztransaktionen dezentral bei den entsprechenden Tochtergesellschaften. Im Ergebnis übt damit die zentrale Finanzabteilung im Rahmen der vorgenommenen funktionalen Einteilung der Finanzintermediäre die Beraterfunktion aus.[47] Sie greift weder in den realen Finanztauschprozeß ein, noch agiert sie direkt am Finanzmarkt für ihre Tochtergesellschaften. Somit bleiben die Tochtergesellschaften in den unternehmensexternen Finanzmärkten integriert.

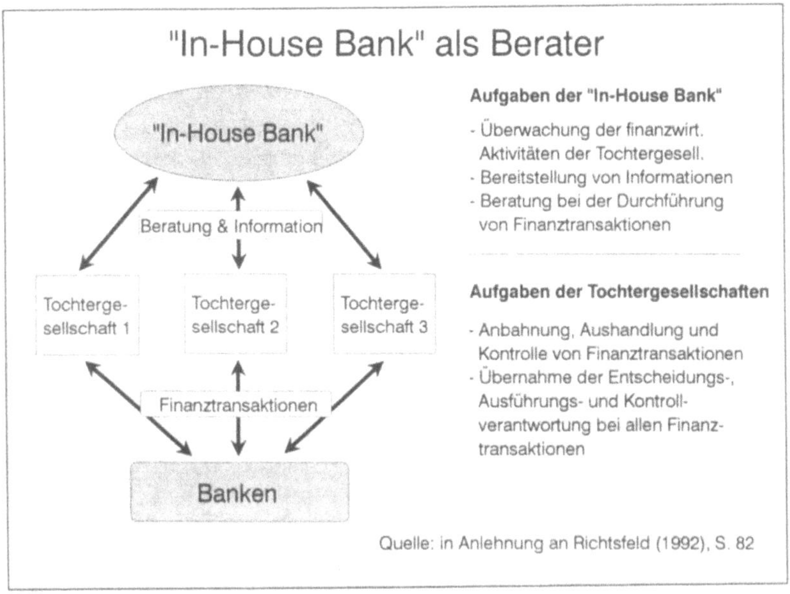

Abbildung 12: "In-House Bank" als Berater

46 Vgl. dazu Richtsfeld (1992), S. 79ff.

47 Vgl. dazu auch Kapitel II.A.4.

In der zweiten Organisationsform verändern sich die Beziehungen zwischen den Finanzabteilungen in der Form, daß die Finanzabteilung der Holding neben der Erfüllung der oben genannten Aufgaben für ihre Tochtergesellschaften zentral am Finanzmarkt agiert. In diesem Fall stehen die Finanzabteilungen der Tochtergesellschaften in direkter finanzieller Verbindung mit der Holding. Alle Finanztransaktionen, die in der ersten Organisationsform von den Tochtergesellschaften autonom an den Finanzmärkten durchgeführt wurden, werden nun zentral von der Finanzabteilung der Holding arrangiert. Unter dem Kriterium des Zentralisationsgrades kann bei diesem Organisationsmodell zunächst festgehalten werden, daß neben der Informationsfunktion auch die Aufgaben der Anbahnung, Aushandlung und Kontrolle von Finanzkontrakten zentral auf die Finanzabteilung der Holding übergehen. Damit wird auch die Verantwortung für die Entscheidung, die Ausübung und die Kontrolle der entsprechenden Kontrakte auf die zentrale Ebene übertragen. Was den Tochtergesellschaften an Autonomie bleibt, ist lediglich der Teil der Entscheidungskompetenz, der die Auswahl des geeigneten Finanzinstrumentes betrifft.[48]

Übt die zentrale Finanzabteilung diese genannten Aufgaben aus, so übernimmt sie im wesentlichen die Händlerfunktion eines Finanzintermediärs.[49] Die Tochtergesellschaften können nun nicht mehr selbst an den Finanzmärkten agieren, sondern lassen sich durch die Holding vertreten. Der Vorteil der Bündelung der Transaktionen liegt darin, daß die Muttergesellschaft z.B. bessere Konditionen erreichen kann. Außerdem kann durch die zentrale Bearbeitung und Kontrolle das vorhandene Fachwissen in der Holding effizienter genutzt werden.[50] Bei genauerer Betrachtung kommt diese Organisationsart der Finanzwirtschaft innerhalb der Unternehmung der zentralen Koordination durch Anweisung sehr nahe. Die marktliche Koordination der Finanztransaktionen nutzt die zentrale Finanzabteilung lediglich durch das direkte Agieren am Finanzmarkt.

---

48 Vgl. dazu Richtsfeld (1992), S. 81ff.

49 Vgl. dazu auch Kapitel II.A.4.

50 Vgl. Büschgen (1995), S. 740f.

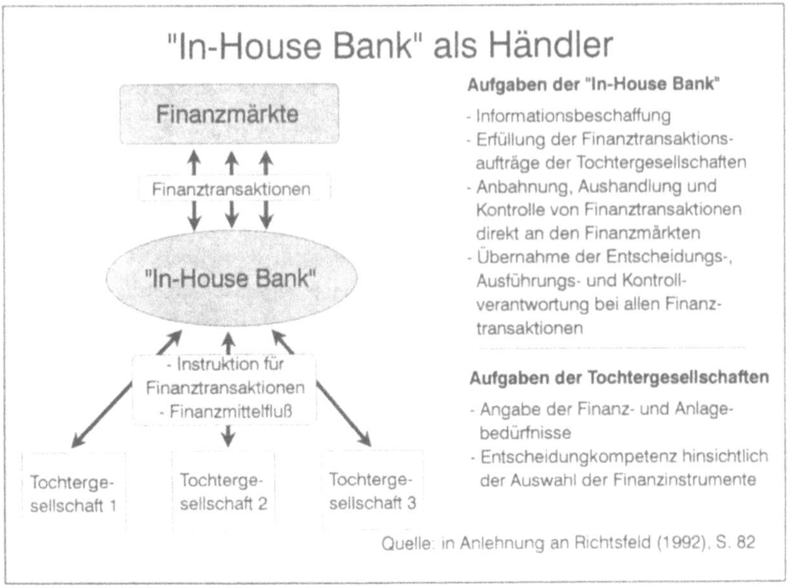

Abbildung 13: "In-House Bank" als Händler

Das dritte idealtypische Modell unterscheidet sich vom zweiten dadurch, daß die Finanzabteilung der Holding die Finanztransaktionswünsche der Tochtergesellschaften nicht direkt an den Finanzmärkten ausübt, sondern nur noch die notwendigen Nettotransaktionen am Markt arrangiert.[51] Hiermit übernimmt die Finanzabteilung die intermediäre Transformations- oder auch Produktionsfunktion, da sie zwischen den Transaktionswünschen der einzelnen Tochtergesellschaften und dem Agieren an den Finanzmärkten eine Transformation der Finanzpositionen hinsichtlich der Losgröße, der Fristigkeit und der Risikostruktur vornimmt.[52] Über diese Transformation zwischen dem Markt und den Tochtergesellschaften hinaus arrangiert die Finanzabteilung der Muttergesellschaft als Clearingstelle auch die Finanztransaktionen zwischen den einzelnen Tochtergesellschaften. Je nach Unternehmensstruktur und -strategie sind bezüglich der Beziehungen zwischen den einzelnen Finanzabteilungen innerhalb der Unternehmung zwei Varianten denkbar.[53]

---

51 Vgl. Hagemann (1991), S. 170.

52 Vgl. dazu auch Kapitel II.A.4.

53 Vgl. Richtsfeld (1992), S. 822ff.

Bei der ersten Variante sind die Tochtergesellschaften verpflichtet, die von der Muttergesellschaft angebotenen Konditionen für die Durchführung der gewünschten Finanztransaktionen zu akzeptieren. In diesem Fall sind alle Aufgaben und die damit verbundenen Verantwortungsbereiche in der Zentrale vereint. Die Koordination der Finanztransaktionen erfolgt hier ebenfalls nur durch Anweisung. In der zweiten Variante besteht zwischen den einzelnen Finanzabteilungen und der Konzernholding ein unter finanzwirtschaftlichen Aspekten unabhängiges Verhältnis. Die Muttergesellschaft bietet zwar die intermediären Dienstleistungen an, jedoch können die Tochtergesellschaften selbst entscheiden, ob sie die gewünschte Leistungserstellung unternehmensintern durch die Holding durchführen lassen wollen, sie externe Finanzintermediäre in Anspruch nehmen wollen oder ob sie schließlich autonom direkt am Finanzmarkt agieren. Die letzte Variation kann als Beispiel für eine hybride Organisationsform des Finanzwesens zwischen Markt und Hierarchie angesehen werden.[54]

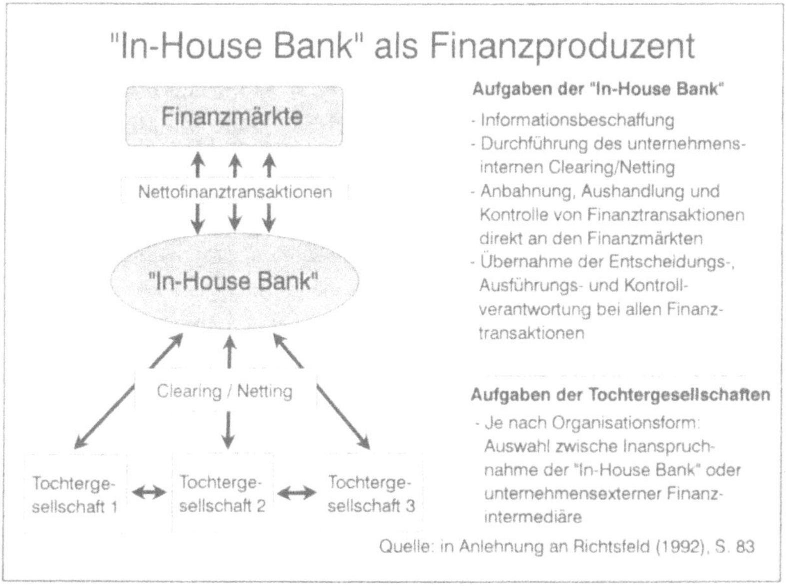

Abbildung 14: "In-House Bank" als Finanzproduzent

54 Vgl. dazu auch Büschgen (1995), S. 740f.

Im Rahmen der aufgezeigten Organisationsformen verfolgt die "In-House Bank" zunächst die zwei klassischen finanzwirtschaftlichen Ziele: Die Erhaltung der Liquidität bei gleichzeitiger Gewährleistung einer höchstmöglichen Rentabilität. Durch die Umorganisation und die neu hinzugekommenen Aufgaben der Finanzabteilung erweitert sich aber der Zielkatalog zusätzlich um Aspekte der Erreichung einer bestimmten finanzwirtschaftlichen Sicherheit und Flexibilität bzw. Unabhängigkeit.[55] Im Sinne dieser Einteilung werden im folgenden zunächst die finanzwirtschaftlichen Ziele der "In-House Bank" näher erläutert, bevor dann konkret auf die einzelnen Aufgaben der "In-House Bank" eingegangen wird.

3. Finanzwirtschaftliche Ziele der "In-House Bank"

a) Liquidität, Rentabilität und Sicherheit

Zur Vermeidung der Zahlungsunfähigkeit und damit des Konkurses muß jede Unternehmung über eine ausreichende Liquidität verfügen. Unter Liquidität wird dabei die Fähigkeit und Bereitschaft verstanden, Zahlungsverpflichtungen termingerecht und betragsgenau nachzukommen.[56] Dazu ist es notwendig, jederzeit über liquide oder jederzeit liquidierbare Mittel bzw. Vermögensgegenstände zu verfügen. Aus der letztgenannten Position wird bereits deutlich, daß die Liquidität nicht mit dem Bestand an Zahlungsmitteln gleichgesetzt werden kann. Vielmehr muß auch berücksichtigt werden, welche Geldnähe vorhandene Vermögensobjekte haben. Für die Feststellung dieser Geldnähe sind zwei Aspekte entscheidend: Zum einen die Frist, in der sich die in Vermögensgegenständen gebundenen Zahlungsmittel wieder durch den normalen Geschäftsverlauf liquidieren lassen, und zum anderen die Möglichkeit, vor Ablauf der Frist ein Vermögensobjekt vorzeitig zu liquidieren.[57]

Neben der jederzeitigen Liquidität ist das Erwirtschaften einer angemessenen Rentabilität das Ziel eines jeden Unternehmens. Je nachdem, welche Basis bzw. welcher Ertrag als Grundlage für die Berechnung genommen wird, gibt es verschiedene Konzepte zur Messung der Rentabilität.[58] Allen gemein war bisher, daß sie in der Regel die Rentabilität der originären Geschäftstätigkeit bestimmt

---

55 Vgl. ebd. S. 733.

56 Vgl. Perridon/Steiner (1993), S. 11.

57 Vgl. Stützel (1959), zitiert nach: Perridon/Steiner (1993), S. 12.

58 Vgl. Perridon/Steiner (1993), S. 10.

haben. Durch die Aufwertung der Finanzwirtschaft innerhalb einer Unternehmung und die Einführung des "In-House Banking" kommen aber zu den Erträgen aus der ursprünglichen Geschäftstätigkeit noch mögliche Erträge aus dem finanzwirtschaftlichen Bereich einer Unternehmung. Insofern gewinnt die Rentabilität der gesamten Finanzwirtschaft einer Unternehmung eine steigende Bedeutung.[59]

Ein weiteres klassisches Ziel der Finanzabteilung ist die Reduzierung der Risiken, die sich aus finanzwirtschaftlichen Aktivitäten ergeben. Dies gilt sowohl für die Kapitalaufnahme als auch für die -anlage. Der jeweils angestrebte Grad der Sicherheit resultiert aus dem Bereitschaftsprofil der Unternehmung, einen Rest an Unsicherheit mit allen denkbaren Folgen - die negativ als Gefahr und positiv als Chance für die Ertragsentwicklung angesehen werden können - einzugehen.[60]

Zwischen den genannten klassischen Zielen der Finanzabteilungen besteht ein interdependentes Abhängigkeitsverhältnis. So ist z.B. die Erwirtschaftung einer höchstmöglichen Rentabilität bei optimaler Liquidität und absoluter Sicherheit nicht möglich, da Anlagen mit einem hohen Liquiditätsgrad und absoluter Sicherheit kaum Rendite erwirtschaften. Genauso verhält es sich bei dem Bestreben nach einer risikoreichen Finanzpolitik bei gleichzeitiger Verfolgung einer hohen Rentabilität und Sicherstellung einer jederzeitigen Liquidität. Durch die bestehende Gefahr eines nachhaltigen Verlustes bei dieser riskanten Strategie kann eine jederzeitige Liquidität nicht mehr garantiert werden. Insofern ergibt sich bei der Verfolgung der finanzwirtschaftlichen Ziele ein Optimierungsproblem für die Finanzabteilung einer Unternehmung. Ziel der "In-House Bank" ist es, dieses Optimierungsproblem durch die differenzierte Anwendung von Finanzinnovationen effizienter zu lösen als es bisher der traditionellen Finanzabteilung möglich war.[61]

---

59 Vgl. Hagemann (1994), S.157f.

60 Vgl. Perridon/Steiner (1993), S. 95. Dort werden auch die Begriffe Sicherheit, Unsicherheit und Risiko in Relation zueinander gesetzt.

61 Vgl. grundsätzlich zu dem interdependentem Verhältnis von Liquidität und Rentabilität: Spahni-Klass (1988), S. 42ff. und die dort angegebene Literatur.

b) Flexibilität und Unabhängigkeit

Bedingt durch die neuen Möglichkeiten im Finanzwesen haben sich weitere neue Ziele für das Finanzmanagement entwickelt. Zu nennen ist insbesondere das Streben der Unternehmungen, bei der Durchführung von Finanztransaktionen einen hohen Grad an Flexibilität und Unabhängigkeit zu erreichen. Flexibilität bedeutet in diesem Zusammenhang, daß die Unternehmung durch das Offenhalten von Veränderungsmöglichkeiten oder Handlungsspielräumen bei finanziellen Aktivitäten ein Höchstmaß an Anpassungsfähigkeit an sich verändernde interne und externe Rahmenbedingungen erreichen kann.[62] Bezogen auf die internen Rahmenbedingungen bedeutet dies, daß das Unternehmen auf veränderte Finanzierungsbedürfnisse - etwa bei Veränderung der Lebensdauer langfristiger Sachinvestitionen - schnell in der Form reagieren kann, daß stets eine den gesteckten klassischen Zielen entsprechende Kapitalstruktur erreicht werden kann.[63] Das gleiche gilt bei möglichen Veränderungen der externen Rahmenbedingungen. Auch hier kann das Unternehmen bei vorhandener Flexibilität etwa auf Zins- oder Währungsänderungen entsprechend reagieren.

Eng verbunden mit dem Ziel der Flexibilität ist das Bedürfnis nach Unabhängigkeit bei der Durchführung von Finanztransaktionen. Unabhängigkeit bedeutet in diesem Zusammenhang, daß das Unternehmen im Rahmen seiner finanzwirtschaftlichen Aktivitäten auf Interessen oder Ansprüche Dritter nur bedingt oder gar keine Rücksicht nehmen muß.[64] Damit soll z.B. die Einräumung von Mitspracherechten an Kapitalgeber bei der Unternehmenspolitik verhindert werden, die sich etwa bei der Refinanzierung durch die Ausgabe von Aktien oder bei Aufnahme von Großkrediten bei Kreditinstituten ergeben können.[65] Hinsichtlich der Erreichung der Ziele Flexibilität und Unabhängigkeit eröffnet die Anwendung von Finanzinnovationen für das Finanzmanagement hier neue Dimensionen. Ziel der "In-House Bank" ist es, diese neuen Möglichkeiten zum Nutzen der Unternehmung auszuschöpfen.

---

62 Vgl. Richtsfeld (1992), S. 47. In diesem Zusammenhang spricht Meffert auch von einer bestehenden Aktionsflexibilität. Vgl. Meffert (1969), S. 789f.

63 Vgl. Rehkugler (1994), S. 154f.

64 Vgl. Perridon/Steiner (1993), S. 15 und Richtsfeld (1992), S. 48.

65 Neben eingeräumten Mitspracherechten kann der Handlungsspielraum der Unternehmung auch durch die Bereitstellung von Sicherheiten in Form von Hypotheken, Sicherungsübereignungen, Verpfändungen usw. erheblich eingeschränkt werden.

4. Aktionsfelder der "In-House Bank"

Unter Berücksichtigung der aufgezeigten möglichen Organisationsfomen des "In-House Banking" und der finanzwirtschaftlichen Ziele der "In-House Bank" lassen sich nun einige typische Aktionsfelder der "In-House Banken" aufzeigen. Diese werden im folgenden kurz zusammenfassend und systematisiert dargestellt.

- Als erstes Aktionsfeld ergibt sich für die "In-House Bank" der Bereich, in dem sie an den Finanzmärkten als eigenständiger Marktakteur agiert, um entweder zusätzliches Kapital zu beschaffen oder ungebundenes Kapital anzulegen.

- Das zweite Aktionsfeld der "In-House Bank" ist die Organisation der konzerninternen Finanztransaktionen. Dabei wird versucht, den gesamten Intermediationsbedarf der Unternehmung durch die konzerninterne Verrechnung der einzelnen Salden so gering wie möglich zu halten.

- Als dritter Tätigkeitsbereich der "In-House Bank" kann die Absicherung der Unternehmung gegen ungewollte Zins-, Wechselkurs- und Preisänderungsrisiken angesehen werden. Hierbei agiert die Finanzabteilung ebenfalls direkt an den Finanzmärkten

- Ein vierter Bereich des "In-House Banking" umfaßt die Finanztransaktionen der Unternehmung, die über den realwirtschaftlich bedingten Eigenbedarf hinausgehen. In diesem Segment versucht die "In-House Bank" im Rahmen des Profit-Center-Konzeptes einen zusätzlichen Finanzertrag für das Unternehmen zu erwirtschaften.

- In einem fünften Aktionsfeld sollen hier die Tätigkeiten zusammengefaßt werden, die zur Optimierung der Bilanz- und Vermögensstruktur der Unternehmung dienen. Zu nennen ist hier insbesondere die Anwendung von Portfoliomanagementsystemen. Da dieser Tätigkeit aber keine unmittelbaren intermediären Leistungserstellungen zugrundeliegen, wird sie in dieser Arbeit nicht weiter verfolgt.[66]

66 Vgl. zu den Tätigkeitsfeldern der "In-House Bank" auch Zimmermann (1992), S. 701.

Andere Ansätze zu Systematisierung der "In-House Banking"-Aktivitäten nehmen z.B. Schuster[67], Richtsfeld[68] und Hagemann[69] vor. Jedoch berücksichtigen sie in keiner Weise, daß es sich bei "In-House Banken" um Institutionen handelt, die nicht dem Kreditwesengesetz und damit auch keinen Regulierungen unterliegen. So beziehen sie z.B. auch eine Tochtergesellschaft, die als Bank firmiert (z.B. Metallbank), in die Gruppe der "In-House Banken" mit ein. Da aber gerade eine Trennung zwischen "In-House Banken" und Banken im Sinne des Kreditwesengesetzes für die aufsichtsrechtliche Behandlung der "In-House Banken" und somit für die Fragestellung der vorliegenden Arbeit wichtig ist, erscheinen diese Definitionen als ungeeignet und werden daher hier nicht weiter verfolgt.

Nur wenige Autoren[70] weisen explizit darauf hin, daß eine Abgrenzung der "In-House Bank" gegenüber einer konzerneigenen Bank - im Sinne des Kreditwesengesetzes - erforderlich ist. Einen Unterschied zwischen "In-House Banken" und den sog. "Corporate Banks" sieht z.B. Büschgen bei den Nachfragern der von diesen "Banken" erstellten Dienstleistungen. Während die Dienstleistungen der "In-House Bank" nur unternehmensintern nachgefragt werden, werden die Dienstleistungen der "Corporate Bank" auch von unternehmensexternen Nachfragern in Anspruch genommen.[71] Diese Unterteilung entspricht im Grundsatz der in dieser Arbeit vorgenommen Differenzierung zwischen der Fremd- und der Eigenbedarfsdeckung. Demnach werden "In-House Banken" als unternehmensinterne Finanzabteilungen oder Finanzgesellschaften angesehen, die ihre Bankdienstleistungen ausschließlich zur Eigenbedarfsdeckung des Konzerns anbieten und daher nicht dem Kreditwesengesetz unterliegen.[72]

Nach der Erläuterung der Kennzeichen und Aktionsfelder der "In-House Bank" wird im folgenden anhand ausgewählter Beispiele näher untersucht, welche Auswirkungen die Anwendung von Finanzinnovationen durch Nichtbanken unter ökonomischen und finanzwirtschaftlichen Aspekten konkret auf die Unternehmung hat.

---

67 Vgl. Schuster (1988), S. 351ff.

68 Vgl. Richtsfeld (1992), S. 58ff.

69 Vgl. Hagemann (1994), S. 155ff.

70 Vgl. Büschgen (1995), S. 733; Zimmermann (1992), S. 701; ebd. (1994), S. 24f.

71 Als Beispiel nennt Büschgen hier die Banken der Autokonzerne, die im Grunde ein Instrument der Absatzförderung darstellen. Vgl. Büschgen (1995), S. 733.

72 Vgl. Zimmermann (1992), S. 701; ebd. (1994), S. 24f.

Ziel dieser Analyse ist es insbesondere, herauszufinden, in welchem Umfang "In-House Banken" Finanzintermediationsfunktionen durch die Anwendung von Finanzinnovationen ausüben. Aus den gewonnenen Erkenntnissen soll anschließend abgeleitet werden, ob unter ökonomischen Aspekten Unterschiede hinsichtlich der Intermediationstätigkeit zwischen Banken und "In-House Banken" bestehen.

Die folgenden Untersuchungen gliedern sich dabei entsprechend den beiden großen Bereichen des Finanzmanagements: Zum einen wird das *Treasurymanagement* und zum anderen das *Riskmanagement* analysiert. Innerhalb dieser Bereiche wird wiederum getrennt zwischen der *unternehmensinternen* Organisation der Finanzwirtschaft und der *unternehmensübergreifenden* Koordination der Finanztransaktionen. Aufbauend auf den Kennzeichen der jeweiligen Bereiche werden beispielhaft einige innovative Instrumente vorgestellt, die dort ihre Anwendung finden. Daran anschließend werden - für die entsprechenden Bereiche getrennt - die Auswirkungen der Anwendung dieser Finanzinnovationen auf die Intermediationstätigkeit der "In-House Banken" näher erläutert.

B. Die Übernahme von Finanzintermediationsfunktionen durch die "In-House Bank" am Beispiel innovativer Finanzierungs- und Anlageinstrumente

1. Cash-Management zur Optimierung des unternehmensinternen Finanzmittelflusses[73]

a) Aufgabe und Begründung des Cash-Managements

Kennzeichen eines Konzerns ist es, daß von den einzelnen Gesellschaften täglich eine große Anzahl von Transaktionen liquider Mittel getätigt wird. Dabei handelt es sich sowohl um Transaktionen über die Konzerngrenzen hinaus als auch um Transfers innerhalb des Konzerns.[74] Nach Abschluß dieser Transaktionen verfügen die einzelnen Tochtergesellschaften über unterschiedliche Finanzierungsüberschüsse oder Finanzierungsdefizite, die es entweder anzulegen oder zu decken gilt. Mit der Existenz dieser Überschüsse oder Defizite entsteht zugleich ein Intermediationsbedarf für die einzelnen Gesellschaften. Eine Möglichkeit, die entstandenen Friktionen hinsichtlich des Betrages und der Frist zu überwinden, besteht in der Inanspruchnahme der Transformationsdienstleistung von Banken. Diese haben schon früh sogenannte unternehmensexterne Cash-Management Systeme als Dienstleistung angeboten, mit deren Hilfe sie die Liquiditätsdisposition der Unternehmungen erleichterten.[75]

Die Neuentstehung und Weiterentwicklung moderner, computergesteuerter Informations- und Kommunikationssysteme ermöglicht es den Konzernen seit einigen Jahren, ein eigenes, unternehmensinternes Cash-Management System[76] auf-

---

73 In der betriebswirtschaftlichen Literatur besteht keine einheitliche Definition des Begriffes "Cash-Management". Ein Überblick über die existierenden Begriffsbestimmungen und Definitionsansätze ist bei Bischoff (1989), S. 46-51 und der dort angegebenen Literatur zu finden.

74 Der Thyssen-Konzern hat beispielsweise im Geschäftsjahr 1992/93 Forderungen und Verbindlichkeiten in Höhe von DM 25 Mrd. konzernintern verrechnet. Vgl. Büschgen (1995), S. 736.

75 Vgl. zu den Grundstrukturen unternehmensexterner Cash-Management Systeme: Bischoff (1989), S. 61ff. Bischoff definiert unternehmensexterne Cash-Management Systeme als "elektronische Systeme, die als Dienstleistungen in Form von Informations-, Transaktions- sowie speziellen Zusatzleistungen vom finanziellen Sektor (speziell von Kreditinstituten) angeboten werden". Bischoff (1989), S. 62.

76 Als unternehmensinterne Cash-Management Systeme bezeichnet Bischoff die "planvolle und systematische Verknüpfung der unternehmensinternen Aufgabenbereiche Liquiditäts-

zubauen. Mit Hilfe dieser Systeme versuchen die Unternehmen, die bisher von den Banken geleistete Dienstleistung zum großen Teil selber und kostengünstiger zu erstellen, um die Transaktionskosten der Inanspruchnahme unternehmensexterner Dienstleister zu umgehen bzw. zu reduzieren.[77] Zu diesem Zweck wendet das Finanzmanagement verschiedene Instrumente der Liquiditätsplanung, -disposition und -kontrolle[78] an, um damit eine Optimierung des Finanzmittelflusses bei gleichzeitiger Reduzierung der absoluten Anzahl notwendiger Finanztransaktionen zu erreichen.[79]

Der Vorteil eines unternehmensinternen Cash-Management Systems liegt in der Nutzung von Größen- und Spezialisierungsvorteilen im Finanzmanagement. Diese resultieren im wesentlichen aus der Zentralisierung aller Aktivitäten der Liquiditätsbewirtschaftung in der Treasury-Abteilung der "In-House Bank".[80] Dadurch werden auf der einen Seite bei den Tochtergesellschaften Personalkosten eingespart und auf der anderen Seite eine effiziente Bearbeitung und Abwicklung der Geschäfte durch hochspezialisierte Mitarbeiter ermöglicht. Weiter ergeben sich auch Verbundvorteile durch die Einführung neuer Kommunikations- und Informationssysteme, da sich diese auch für andere Bereiche der Betriebswirtschaft, etwa das Controlling, nutzen lassen.[81] Aufgabe des Cash-Managements ist somit, eine kostenoptimale Finanzmittelsteuerung unter Liquiditäts-,

---

planung, Liquiditätsdisposition, Administration von Zahlungsströmen, Management der Währungsrisiken sowie Gestaltung der Beziehungen des Unternehmens zu den Kreditinstituten". Bischoff (1989), S. 63. Vgl. zu einer Umschreibung des Cash-Managements auch Spahni-Klass (1988), S. 80ff.

77 In diesem Zusammenhang sei nochmals darauf hingewiesen, daß allein eine Senkung der Transaktionskosten noch keine hinreichende Begründung für eine unternehmensinterne Leistungserstellung ist. Vielmehr muß zusätzlich berücksichtigt werden, welche Organisationskosten durch die Internalisierung der Transaktionen in das Unternehmen entstehen. Wenn diese geringer sind als die eingesparten Transaktionskosten, so ist die Internalisierung etwa des Cash-Managements mit der absoluten Einsparung von Kosten zu begründen. Vgl. dazu im einzelnen Kapitel III.D.1.

78 Vgl. zu den einzelnen Instrumenten Reintges (1988), S. 674.

79 Vgl. Büschgen (1995), S. 736.

80 Vgl. Hagemann (1994), S. 167.

81 Ein weiterer Vorteil der Zentralisierung aller Treasury-Aktivitäten liegt für das Unternehmen darin, daß es seine Finanzaktivitäten an einen Finanzplatz verlegen kann, an dem es kostenwirksame Vorteile, die sich etwa aus Steuervergünstigungen ergeben, ausnutzen kann. Vgl. Löffler (1991), S. 40 und Rehkugler (1994), S. 178f.

Rentabilitäts- und Risikogesichtspunkten[82] bei gleichzeitiger Nutzung potentieller Synergieffekte zu erreichen.[83]

Obwohl die in den Konzernen angewendeten Cash-Management Systeme in ihren jeweiligen Ausprägungen sehr unterschiedlich sind,[84] können zwei Grundtypen unternehmensinterner Systeme unterschieden werden: Pooling und Netting. Da bei beiden Verfahren Intermediationsleistungen der "In-House Bank" erforderlich sind, werden ihre Funktionsweisen im folgenden näher erläutert.[85]

b) Pooling und Netting als ausgewählte Instrumente des Cash - Managements

Im Rahmen des Poolings werden die Finanzmittel innerhalb eines Konzerns zentral von der "In-House Bank" gesteuert und verwaltet. Ausgehend von der nationalen Ebene werden alle Finanzmittel, die von den jeweiligen Konzerngesellschaften nicht benötigt werden, zu einem vorgegebenen Zeitpunkt an einen Pool der "In-House Bank" abgeführt. Aus diesem zentralen Pool werden dann zunächst - je nach Bedarf - die Gesellschaften mit Finanzmitteln versorgt, die ein Finanzmitteldefizit aufweisen.[86] Ob die Finanzmittel an den Pool oder an die Tochtergesellschaften abgeführt werden müssen, oder ob die jeweiligen Gesellschaften bzw. die "In-House Bank" auch unternehmensextern agieren können, hängt von der Organisationsform der Finanzaktivitäten des Konzerns ab.[87] Sowohl für die Überlassung der Mittel an den Pool als auch an die einzelnen Gesellschaften müssen die Empfänger einen entsprechenden Zins bzw. Verrechnungspreis bezahlen. Je nach Organisation und Strategie des Finanzmanagements kann dieser Zins entweder fest vorgegeben oder jeweils frei verhandelbar sein.[88]

Eine zusätzliche Dimension erhält das Pooling, wenn es international durchgeführt wird. Durch die Einbeziehung von mindestens zwei Währungen muß neben

---

82 Vgl. Lingenfelder (1986), S. 459.

83 Vgl. Spahni-Klass (1988), S. 104.

84 Vgl. dazu Richtsfeld (1992), S. 129-135 und S. 202.

85 Weitere Methoden bzw. Instrumente des Cash-Managements sind z.B. Matching, Reinvoicing, konzerninternes Factoring und "Leading and Lagging" Vgl. dazu ausführlicher: Bischoff (1989), S. 160-185 und die dort angegebene Literatur.

86 Vgl. Pausenberger/Völker (1985), S. 58f. und Reintges (1988), S. 674.

87 Richtsfeld (1992), S. 191ff.

88 Vgl. zu möglichen Ausgestaltungen von Verrechnungspreisen: Theißen (1991), S. 333.

der Entwicklung des Zinssatzes auch die Entwicklung der Währungskurse mit ihren jeweiligen Austauschverhältnissen untereinander berücksichtigt werden.[89] Während in Deutschland für das Pooling keine rechtlichen Beschränkungen bestehen, wird das internationale Pooling durch bestimmte länderspezifische Rahmenbedingungen - insbesondere durch bank-, devisen- oder steuerrechtliche Vorschriften - erschwert oder teilweise eingeschränkt.[90]

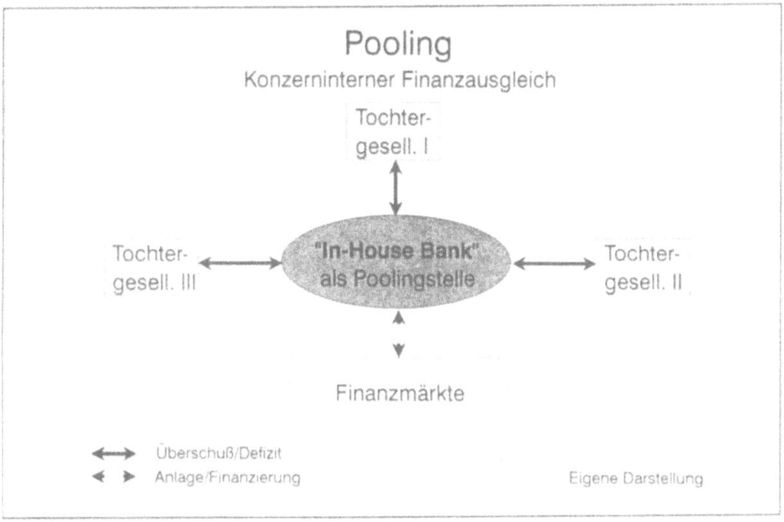

Abbildung 15: Pooling - Konzerninterner Finanzausgleich

Während beim Pooling die einzelnen Konzerngesellschaften ihre Überschüsse bzw. Defizite nur mit dem Pool der zentralen "In-House Bank" verrechnen, werden beim Netting auch die Forderungen der einzelnen Tochtergesellschaften untereinander einbezogen.[91] Nach einer gegenseitigen Aufrechnung der Forderungen und Verbindlichkeiten ist jede Konzerngesellschaft entweder Nettoschuldner oder Nettogläubiger. Nach Festlegung der noch notwendigen Transfers werden über die Clearingstelle nur noch die Zahlungsspitzen transferiert.[92]

89 Einen Überblick über die möglichen Ausgestaltungen von Internationalen Cash-Management Systemen ist bei Richtsfeld (1992), S. 184-211 zu finden. Vgl. außerdem Spahni-Klass (1988), S. 22-34 und Bischoff (1989), S. 155-185.

90 Vgl. zu möglichen Beschränkungen: Richtsfeld (1992), S. 184ff.

91 Vgl. Nolte (1981), S. 119.

92 Vgl. Spahni-Klass (1988), S. 106.

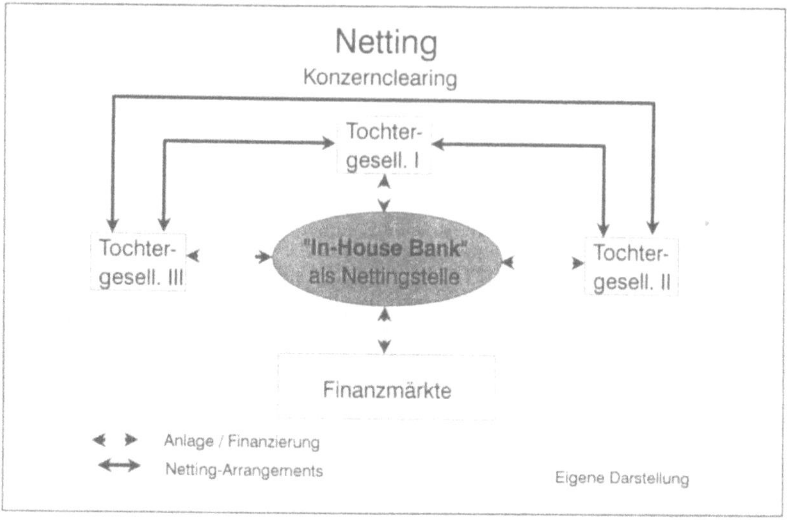

Abbildung 16: Netting - Konzernclearing

Für die Unternehmen, die entweder das Pooling oder das Netting betreiben, ergeben sich folgende finanzwirtschaftliche Vorteile:

- Erstens werden durch die Bündelung der Beträge in einem Pool größere Positionen erreicht, die das Durchsetzen von besseren Konditionen sowohl für die Aufnahme als auch für die Anlage am Geldmarkt ermöglicht, als es jeder Tochtergesellschaft allein möglich wäre.[93]

- Zweitens ermöglichen das Pooling und Netting eine indirekte Finanzierung der Tochtergesellschaften unter ganzer oder teilweiser Umgehung der Banken.[94]

- Drittens kann die "In-House Bank" durch das Cash-Management ein erhebliches Einsparungspotential an Bankgebühren und -spesen realisieren, da sich die Anzahl der unternehmensexternen Transfers und das Transfervolumen insgesamt erheblich reduzieren.[95] Außerdem können Zinszahlungen ein-

93 Vgl. Rehkugler (1994), S. 179; Hagemann (1994), S. 160.

94 Vgl. Spahni-Klass (1988), S. 106.

95 Vgl. Büschgen (1995), S. 736.

gespart werden, da die Verrechnung der Forderungen und Verbindlichkeiten der Konzerngesellschaften untereinander ohne einen Tag Valutaverlust erfolgt.[96]

- Viertens werden durch die Verrechnung der Währungsforderungen und -verbindlichkeiten der Währungsbestand und somit auch das Währungsrisiko innerhalb des Konzerns reduziert.[97] Diese direkte Verrechnung bewirkt schließlich, daß das Unternehmen den "Devisen-Spread" in dem Umfang einspart, in dem es die absolute Zahl an Währungstransaktionen verringern kann.[98]

Nach Ausnutzung der Verrechnungs-, Kompensations- und Transformationsmöglichkeiten innerhalb des Konzernfinanzierungsverbundes entsteht eine Restposition, die es entweder zu finanzieren oder anzulegen gilt.[99] Um diese Restposition über die Unternehmensgrenzen hinweg an den Finanz- und Kapitalmärkten entsprechend den oben genannten finanzpolitischen Zielen anlegen bzw. aufnehmen zu können, stehen den Unternehmen verschiedene Instrumente zur Verfügung. Für den kurz- bis mittelfristigen Bereich werden im folgenden zunächst die Geldmarktinstrumente näher analysiert, bevor anschließend auf Kapitalmarktinstrumente mit einer längeren Frist eingegangen wird.

---

96 Vgl. Spahni-Klass (1988), S. 108.

97 Vgl. Büschgen (1981), S. 1072 und Eilenberger (1986), S. 149ff.

98 Vgl. Spahni-Klass (1988), S. 108. Vgl. zu weiteren, eher betriebswirtschaftlichen Vorteilen des Poolings und Nettings: Spahni-Klass (1988), S. 108f; Richtsfeld (1992), S. 190; Löffler (1991), S. 38-43 und die jeweils dort angegebene Literatur.

99 In welcher Höhe und mit welcher Struktur diese Restposition ausfällt, hängt sehr stark von der Finanzstrategie des Konzernmanagements hinsichtlich der angestrebten Allokation der Finanzmittel innerhalb des Konzernfinanzierungsverbundes ab. Diese Allokation wird insbesondere von Investitionsvorhaben, Wachstumsstrategien und letztlich auch von steuerrechtlichen Aspekten bestimmt. Aufgrund der Vielfältigkeit dieser Determinanten kann ein allgemeingültiges Verfahren zur Festlegung des gesamten Konzernfinanzierungs- bzw. -anlagebedarfs an dieser Stelle nicht dargestellt werden. Vgl. hierzu: Obermeier (1994), S. 272-286, der den Aufbau und die Steuerung eines Holding-Konzeptes nach finanzpolitischen Kriterien am Beispiel der VIAG erläutert. Vgl. weiter: Baschera/Dietrich (1994), S. 239-256, die die Auswirkung einer bestehenden Finanzstrategie auf das Verhalten des Finanzmanagements eines multinationalen Unternehmens untersuchen.

2. Geldmarktinstrumente innerhalb des "In-House Banking"

a) Euro-Notes

Als Geldmarktinstrumente werden verbriefte, aber unbesicherte Vermögensgegenstände bezeichnet, die auf Grund ihrer kurzen Laufzeit und der jederzeitigen Möglichkeit der Liquidierung am Geldmarkt einen sehr liquiden Charakter haben. Ursprünglich agierten am Geldmarkt nur Geschäftsbanken auf beiden Marktseiten, um entweder Anlagemöglichkeiten für ihre Überschußliquidität zu finden oder Zentralbankgeld zu beschaffen. In jüngerer Zeit sind auch immer mehr Finanzabteilungen von Großunternehmen mit den gleichen Interessen am Geldmarkt engagiert.[100] Die am häufigsten verwendeten Instrumente innerhalb der Gruppe der Geldmarktpapiere sind Euronote-Fazilitäten und Commercial Papers.

Die Grundstruktur der Euronote-Fazilitäten ist dadurch gekennzeichnet, daß die Banken nicht mehr als Kreditgeber fungieren, sondern die Papiere von den Unternehmen direkt an den Geldmärkten plaziert werden können. In den dadurch entstehenden Finanzierungsbeziehungen übernehmen die Banken - je nach Ausgestaltung der Papiere - nur noch eine Bürgschafts- bzw. Garantiefunktion. So garantiert die Bank z.B. bei einem "Note Issurance Facility" für einen Zeitraum, der in der Regel zwischen drei und fünf, selten zehn Jahren liegt, bis zu einer Höchstgrenze eventuell unplazierte Papiere des Emittenten auf eigene Rechnung zu übernehmen.[101] Weitere Ausgestaltungsmöglichkeiten dieser Programme bestehen in einseitigen Kündigungsrechten des Kreditnehmers, der Inanspruchnahme unterschiedlicher Finanzierungsinstrumente oder der Ziehung von Notes auf unterschiedliche Währungen sowie der Wahl des Plazierungsverfahrens.[102]

---

100 Vgl. Baxmann/Weichsler (1991), S. 548.

101 Auf Grund der bisher genannten Ausstattungsmerkmale können Euronote-Fazilitäten als liquidity-enhancing-, price-risk- und credit-risk-transferring-Innovationen eingestuft werden. Liquidity-enhancing, da sie eine neue Form der Liquiditätsbeschaffung darstellen, Price-risk-transferring-innovation, weil sie das Preisrisiko der Finanzierung auf den Satz von LIBID plus eine fixe Marge (für den Fall der Nichtplazierung oder einer Zinsänderung) begrenzen und credit-risk-transferring-innovation, da durch die Back-up-line der Bank im Falle einer Nichtplazierung der Papiere die Bank die Finanzierung garantiert. Vgl. BIZ (1986), S. 171f.

102 Vgl. Zimmermann/Scheuenstuhl (1994), S. 651. Eine ausführliche Darstellung weiterer Ausstattungsmerkmale von Euronote-Fazilitäten ist bei Demuth (1988), S. 132-141 zu finden.

Insgesamt eröffnet die Anwendung von Euro-Notes den "In-House Banken" neue Möglichkeiten der Mittelaufnahme bzw. -anlage. Aus der Sicht des Emittenten ist für die "In-House Bank" die Flexibilität bei der Beschaffung von Liquidität, die Übertragung des Preis- und Kreditrisikos (bei Euro-Note-Fazilitäten) und die Möglichkeit der mittel- bis langfristigen Kreditaufnahme zu Geldmarktzinsen hervorzuheben. Die Flexibilität bei der Geldaufnahme bietet zwei Vorteile: Erstens kann die Laufzeit der zu emittierenden Notes an die jeweilige Zinserwartung angepaßt werden, und zweitens kann das Volumen der Emission genau an die aktuellen Finanzbedürfnisse angeglichen werden. Sowohl die Veränderung der Laufzeit als auch die Änderung des Volumens bedürfen keiner neuen Verhandlungen, was die notwendigen Transaktionskosten für die Inanspruchnahme des unternehmensexternen Finanzmarktes senkt.[103] Ein weiterer Vorteil für den Emittenten liegt in den geldmarktnahen Finanzierungskosten, die auch nach Aufrechnung der Provision für die Übernahme des Preis- und Kreditrisikos durch die Bank noch unter den Kosten eines vergleichbaren Kredites liegen.[104]

Für die "In-House Bank" als Investor bieten Euro-Notes eine Möglichkeit, außerhalb des Bankensektors kurz- bis mittelfristige Gelder anzulegen. Diese Möglichkeit wird häufig auch als Grund für das schnelle Wachstum dieses Marktsegments genannt.[105] Der aus diesem Wachstum entstandene Sekundärmarkt garantiert den Investoren - je nach Bedarf -, ihre Liquiditätsüberschüsse flexibel anlegen zu können. Außerdem liegt die Verzinsung von Euro-Notes - je nach Ausstattung - über den Zinssätzen von Geldmarktinstrumenten.

b) Euro-Commercial-Papers

Als Weiterentwicklung der Euro-Notes sind Commercial Papers anzusehen. Auf Grund vorgenommener Veränderungen der Ausstattungsmerkmale sind diese noch flexibler im kurz- bis mittelfristigen Liquiditätsmanagement einsetzbar. Von den Euro-Note-Fazilitäten unterscheiden sie sich insbesondere dadurch, daß die Banken keine Garantie- oder Bürgschaftsfunktion übernehmen[106] und die Lauf-

103 Vgl. Demuth (1988), S. 142.

104 Vgl. BIZ (1986), S. 33/34.

105 Vgl. Demuth (1988), S. 158.

106 Deshalb können Commercial-Papers auch nicht als credit-risk-transferring-innovations eingestuft werden.

zeit mit 1-270 Tagen wesentlich kürzer ist.[107] Die Vorteile der Anwendung von Commercial-Papers entsprechen im wesentlichen denen der Euro-Note-Fazilitäten. Der einzige Unterschied ist lediglich, daß sich durch das Wegfallen der "Back-up-line" die Finanzierungskosten um die entsprechende Bankenmarge für die Absicherung verbilligen.[108]

Die Anwendung dieser innovativen Geldmarktinstrumente bietet neben den genannten aber für die "In-House Bank" noch weitere Vorteile. Entsteht beispielsweise ein kurzfristiger Finanzierungsbedarf innerhalb des Konzerns, so können die günstigen Konditionen, die auf Grund der zentralen und direkten Aufnahme der Finanzmittel durch die Konzernholding an den unternehmensexternen Finanzmärkten erreicht werden, an die Konzerntochtergesellschaften weitergegeben werden. Selbst wenn die "In-House Bank" noch eine kleine Marge aufschlägt, werden diese Konditionen immer noch günstiger sein als die, die von den Tochtergesellschaften selber hätten erzielt werden können.[109] Die Synergieeffekte, die hier beispielsweise aus der Bündelung der einzelnen Finanzierungsbedürfnisse entstehen, kommen somit allen Tochtergesellschaften zugute.

Neben der Deckung des Eigenbedarfs an Finanzierungs- bzw. Anlagemöglichkeiten bietet der Handel mit Geldmarktpapieren für die "In-House Bank" außerdem noch die Möglichkeit, durch Arbitragegeschäfte zusätzliches Geld zu verdienen. So ist es zum Beispiel denkbar, daß das Unternehmen auf Grund seines guten Standings Gelder zu einem Satz unter LIBOR aufnimmt und diese in eine Anlageform, die über LIBOR verzinst wird, investiert. Der dadurch erzielte Gewinn liefert einen weiteren Ergebnisbeitrag für das eigenständige und ergebnisverantwortliche Profit-Center "In-House Bank".

Die Darstellung der Geldmarktinstrumente hat gezeigt, daß "In-House Banken" zur Finanzierung von kurzfristigen Defiziten oder zur Anlage von kurzfristigen Überschüssen direkt am Geldmarkt agieren können, ohne dabei - im Idealfall - eine Geschäftsbank einschalten zu müssen. Nun gibt es aber auch Finanzierungs- oder Anlagebedürfnisse der Unternehmen, die einen längerfristigen Charakter

107 Werden die Commercial-Papers aber auf Roll-Over-Basis begeben, können sie auch die relativ langen Laufzeiten von Euro-Notes erreichen.

108 Vgl. dazu auch Koch (1994), S. 116.

109 Der Grund hierfür kann entweder in einem zu geringen Standing oder zu geringen Volumen für die Anwendung der Finanzinnovationen liegen.

haben, wie z. B. zur Finanzierung von langfristigen Investitionsgütern. Auch hier stehen der "In-House Bank" verschiedene Instrumente zur Verfügung, mit denen sie direkt am Kapitalmarkt agieren kann.

3. Kapitalmarktinstrumente innerhalb des "In-House Banking"

a) Doppelwährungsanleihe

Doppelwährungsanleihen sind festverzinsliche Wertpapiere, bei denen Einzahlung sowie laufende Zinszahlungen in einer anderen Währung als die Rückzahlung erfolgen. Der Zinssatz liegt in der Regel zwischen den für die jeweils reinen Währungsanleihen üblichen Zinssätzen.[110] Der Kurs der Anleihe hängt von der marktmäßigen Zins- und Wechselkursentwicklung beider Währungen ab.[111] Doppelwährungsanleihen bieten der "In-House Bank" als Emittent oder als Investor neue Möglichkeiten der Kapitalaufnahme bzw. -anlage.

So kann die "In-House Bank" als Emittent einer Doppelwährungsanleihe Kapitalkosten einsparen, wenn es ihr gelingt, die Mittel in einer Währung aufzunehmen, in der die Zinskosten niedriger sind als in der eigenen Währung. Zwar übernimmt sie damit gleichzeitig auch ein Währungsrisiko hinsichtlich der Zinszahlungen, jedoch kann sie dieses auf zwei Wegen ausschalten: Entweder verfügt sie über einen Cash-flow in der fremden Währung, mit dem sie die Zinszahlungen bedienen kann, oder sie sichert sich gegen das Wechselkursrisiko durch den Abschluß eines Kurssicherungsgeschäftes ab.[112] Das Wechselkursrisiko für den Kapitalbetrag der Anleihe wird - im Gegensatz zu einer reinen Fremdwährungsanleihe - ganz auf den Investor übertragen, der dafür einen vergleichsweisen höheren Zinssatz erhält.[113] Aus der Konstruktion der Doppelwährungsanleihe ergibt sich, daß sie aus der Sicht der "In-House Bank" als Credit-generating-innovation und auf grund der Überwälzung des Wechselkursrisikos als Risk-transferring-innovation einzustufen sind.[114]

---

110 Vgl. Reither/Denning (1986), S. 46.

111 Vgl. ausführlich zu den Determinanten der Kursentwicklung: Demuth (1988), S. 51.

112 Vgl. Demuth (1988), S. 49. Vgl. zu den möglichen Absicherungsgeschäften und Strategien: Kapitel IV.D.

113 Vgl. Büschgen (1988b), S. 26.

114 Vgl. BIZ (1986), S. 171.

Für "In-House Banken" als Anleger ist die Investition in Doppelwährungsanleihen interessant, weil sie eine regelmäßige und hohe Verzinsung in der eigenen Währung ermöglicht, wobei nur der Kapitalbetrag, nicht aber der Zinsertrag, einem Wechselkursrisiko ausgesetzt ist. Zudem bieten Doppelwährungsanleihen eine Möglichkeit zur Währungsspekulation.[115]

b) Floating-Rate-Notes

Bei Floating-Rate-Notes (FRN) handelt es sich um mittel- bis langfristige Inhaberschuldverschreibungen mit einem variablen Zinssatz. Dieser wird alle drei oder sechs Monate an einen Referenzzinssatz (LIBOR[116] oder FIBOR[117]) angepaßt. Die Höhe des Zinssatzes ergibt sich somit aus dem Referenzzinssatz, der mit einem den Anleihebedingungen und der Bonität des Schuldners entsprechenden Zinsauf- bzw. -abschlag (spread) verrechnet wird.[118] Der Kurs der Anleihe paßt sich zu den Terminen, an denen die Nominalverzinsung festgelegt wird, immer wieder der Pari-Marke an.[119]

Floating-Rate-Notes werden insbesondere von Banken ausgegeben, da mit ihnen eine zinskongruente Refinanzierung der Aktivseite erreicht werden kann, was gleichzeitig auch zur Stärkung der Bilanzstruktur beiträgt. Jedoch nutzen auch immer mehr Großunternehmen die Vorzüge dieses Kapitalmarktinstrumentes. So eröffnet die Begebung von FRN die Möglichkeit, langfristige Mittel fast zu Geldmarktkonditionen aufzunehmen. Für diese Ersparnis müssen die Unternehmen jedoch das Zinsänderungsrisiko hinnehmen, was bei einer inversen Zinsstruktur allerdings auch zur Zinsänderungschance werden kann.[120]

Tritt die "In-House Bank" als Anleger auf dem Kapitalmarkt auf, so bieten FRN folgende Vorteile: Erstens ist das Verlustrisiko begrenzt, da FRN aufgrund der

---

115 Vgl. dazu Demuth (1988), S. 50f. und Kapitel IV.C.3.

116 "London Interbank Offered Rate". Das ist der Zinssatz, zu dem international tätige Großbanken Geldmarktgeschäfte in London abschließen.

117 "Frankfurt Interbank Offered Rate".

118 Vgl. zur Festlegung des Zinssatzes ausführlich Demuth (1988), S. 117f.

119 Vgl. Glokowski/Münch (1990), S. 368. Neben diesen Grundformen haben sich noch zahlreiche Sonderformen durchgesetzt. Vgl. dazu ausführlich Demuth (1988), S. 1991ff.

120 Will das Unternehmen die entsprechenden Risiken nicht eingehen, kann es sich mit Hilfe von Termingeschäften oder SWAPs gegen das Zinsänderungsrisiko absichern. Vgl. Kapitel IV.C.3.

regelmäßigen Zinsanpassung nur geringen Kursschwankungen unterliegen. Zweitens eröffnet die Investition in FRN ein hohes Maß an Flexibilität in der finanzwirtschaftlichen Disposition, da für FRN breite und tiefe Sekundärmärkte bestehen. Und drittens liegt die Verzinsung von FRN in der Regel über den Geldmarktsätzen für entsprechende Laufzeiten.[121] Somit bieten FRN unter Rendite-, Risiko- und Liquiditätsaspekten eine Alternative zu reinen Geldmarktanlagen.[122]

Insgesamt bietet die Anwendung der genannten Geld- und Kapitalmarktinstrumente der "In-House Bank" als Emittent oder Investor neue Formen, sich ohne die Einschaltung einer Bank zu refinanzieren bzw. zu investieren. Dies bewirkt, daß die Banken damit aus dem direkten Intermediationsprozeß ausgeschaltet sind.

4. Intermediationsleistungen der "In-House Bank" im Treasury-Bereich

a) Intermediationsleistungen der "In-House Bank" im Rahmen des Cash-Managements

Bei einem Vergleich der Leistungserstellung der Finanzabteilung vor und nach der Einführung eines Cash-Management Systems ist zunächst eine Veränderung der Stellung der Finanzabteilung innerhalb des finanzwirtschaftlichen Gefüges des Konzerns festzustellen. Durch die Bündelung der Finanzmittel in einem Pool erhält die Finanzabteilung auf zweifache Weise eine intermediäre Mittlerstelle. Auf der einen Seite ist sie die Clearingstelle zwischen den einzelnen Tochtergesellschaften, und auf der anderen Seite ist sie die Schnittstelle zwischen den Tochtergesellschaften und den unternehmensexternen Finanzmärkten. Um den Aufgaben, die sich aus dieser Stellung ergeben, nachkommen zu können, muß die Finanzabteilung eigenständige Intermediationsleistungen erbringen. Im Vordergrund der Überlegungen sollen hier zunächst die Leistungen stehen, die dabei den unternehmensinternen Finanzmittelfluß betreffen.

Vor dem Hintergrund der funktionalen Einteilung der Finanzintermediation aus Kapitel II.A.4 übernimmt die "In-House Bank" im Rahmen des Cash-Managements die folgenden Funktionen: Erstens agiert die "In-House Bank" als Finanz-

---

121 Füllenkemper/Rehm (1985), S. 513.

122 Vgl. Glogowski/Münch (1990), S. 369.

auktionator, wenn sie im Rahmen des Nettings den Austausch von finanziellen Mitteln zwischen den Tochtergesellschaften herbeiführt, ohne dabei selbst in den Tauschprozeß eingeschaltet zu sein. Zweitens übernimmt sie die Funktion des Händlers, wenn sie im Rahmen des Poolings etwa den Finanzmittelüberschuß der einen Tochtergesellschaft einer anderen als Kredit zur Verfügung stellt, ohne dabei die Finanzmittelposition in ihrer Struktur zu verändern. Schließlich übt sie die Transformationsfunktion hinsichtlich der Losgröße, der Frist und des Risikos aus, wenn sie die Finanzmittel, die ihr über das Pooling oder Netting zufließen, in veränderter Struktur für eine Tochtergesellschaft anlegt.[123]

Mit der Übernahme der Intermediationsfunktionen geht einher, daß die "In-House Bank" auch die entsprechenden Risiken eingeht, die sich aus dieser Tätigkeit ergeben. Zu nennen sind hier das Liquiditätsrisiko, das Ausfallrisiko sowie das Wertänderungsrisiko. Jedoch muß hierbei berücksichtigt werden, daß - im Vergleich zur Situation ohne Cash-Management - innerhalb des Konzerns keine neuen Risikopositionen entstehen. Vielmehr werden die konzernweiten Risiken durch die Übernahme der Transformationsfunktion durch die "In-House Bank" zentral bei ihr gebündelt, da darin ja gerade der Vorteil des "In-House Banking" liegt.

Berücksichtigt man zusätzlich, daß der Austausch der Finanzmittel unternehmensintern entweder durch zentrale Anweisung oder durch freie Vereinbarung bei entsprechenden Verrechnungspreisen organisiert werden kann, so können drei Aussagen hinsichtlich der Auswirkung des Cash-Managements auf die Verteilung der Intermediationstätigkeit zwischen der Bank, dem Kapitalmarkt und der "In-House Bank" getroffen werden:

- Erstens übernimmt die "In-House Bank" durch das Betreiben von Cash-Management Systemen Intermediationsfunktionen im finanzwirtschaftlichen Bereich innerhalb des Konzerns, indem sie den konzerninternen Finanzmittelfluß hinsichtlich der Losröße, Fristen und Risiken unter Berücksichtigung der Finanzinteressen der Tochtergesellschaften transformiert.

123 Vgl. zu den einzelnen Intermediationsfunktionen die Kapitel II.A.2 und 3.

- Zweitens werden durch die Anwendung des Poolings und Nettings bisherige Marktbeziehungen in das Unternehmen internalisiert, was je nach Ausgestaltung der Verfahren zu einer hybriden Organisationsform der Intermediationstätigkeit zwischen Markt und Hierarchie führt.

- Schließlich vermeidet die Anwendung von Cash-Management Systemen die Inanspruchnahme des unvollkommenen Finanzmarktes, was eine Einsparung von Transaktions- und Informationskosten bzw. Bankmargen für bisher unternehmensextern in Anspruch genommene Transformationsleistungen bewirkt.

Trotz immer weiter verbesserter Cash-Management Systeme kann es den "In-House Banken" nicht gelingen, eine vollkommene konzerninterne Transformation aller entstehenden Finanzpositionen zu erreichen, da sich nur in den seltensten Fällen die unterschiedlichen Bedürfnisse innerhalb des Konzern durch Transformation zu jeder Zeit ausgleichen lassen. Aus diesem Grunde muß die "In-House Bank" auch über die Unternehmensgrenzen hinweg agieren, um die Einhaltung der existenznotwendigen finanzwirtschaftlichen Zielkombination der jederzeitigen Liquidität bei gleichzeitiger Rentabilität gewährleisten zu können. Welche Intermediationstätigkeiten die "In-House Bank" hierbei übernimmt, wird im folgenden näher untersucht.

b) Intermediationsleistungen der "In-House Bank" durch die Anwendung innovativer Finanzierungs- und Anlageinstrumente

Wendet die "In-House Bank" die aufgezeigten innovativen Geld- und Kapitalmarktinstrumente an, um den Bedarf an Finanzmittelaufnahme bzw. - anlage über die Konzerngrenze hinweg zu befriedigen, wird ihre intermediäre Position zwischen den Tochtergesellschaften und den unternehmensexternen Finanzmarktakteuren deutlich. Auch bei der Erfüllung der Aufgaben, die die "In-House Bank" im Rahmen dieser Stellung zu bewältigen hat, übt sie Intermediationsfunktionen aus.

Ausgangspunkt der Betrachtung sind die aggregierten Nettofinanzpositionen, die sich nach der Durchführung des Cash-Managements ergeben. Diese spiegeln in ihrer Struktur den gesamten externen finanziellen Transformationsbedarf des Konzerns wider. Die "In-House Bank" übernimmt nun die Aufgabe, diese Nettopositionen so zu transformieren, daß sie den Bedürfnissen der Tochtergesellschaften und denen der Finanzmarktteilnehmer entsprechen.

Als Beispiel sei hier ein möglicher konzernweiter Überschuß finanzieller Mittel betrachtet. Aufgrund der verschiedenen Quellen diese Überschusses wird er in seiner Struktur hinsichtlich der unterschiedlichen Losgrößen-, Fristen- und Risikostrukturen so heterogen sein, daß er nicht direkt am Finanzmarkt angelegt werden kann. Vielmehr muß die "In-House Bank" ihn zunächst so transformieren, daß sie eines der genannten Geld- oder Kapitalmarktinstrumente zur Anlage verwenden kann. Werden die Überschüsse etwa in Commercial-Papers angelegt, ist die Transformationsleistung der "In-House Bank" relativ gering, da diese Papiere im Falle eines Liquiditätsbedarfs in der Regel an den Sekundärmärkten sofort wieder liquidiert werden können. Werden die Mittel hingegen längerfristig festgelegt, muß die "In-House Bank" hinsichtlich der Transformation des Überschusses in Bezug auf Frist und Losgröße umfangreichere Transformationsleistungen erbringen. Der gleiche Zusammenhang ergibt sich, wenn die "In-House Bank" Finanzmittel durch ein FRN-Programm am Finanzmarkt aufnimmt. Auch hier muß sie die aufgenommenen Mittel so transformieren, daß sie in ihrer Struktur den Bedürfnissen der defizitären Konzerngesellschaften entsprechen.

Durch die Übernahme dieser Intermediationsleistungen zwischen den Tochtergesellschaften und dem Finanzmarkt übernimmt die "In-House Bank" auch die entsprechenden Risiken. Zu nennen sind hier wiederum das Liquiditäts-, Ausfall- und Wertänderungsrisiko. Im Gegensatz zum Cash-Management, bei dem lediglich die konzernweiten Risiken bei der "In-House Bank" gebündelt werden, übernimmt die "In-House Bank" beim unternehmensexternen Agieren an den Finanzmärkten auch Risiken, die sich aus dem Verhalten der anderen Finanzmarktteilnehmer ergeben. Dadurch erhalten die genannten Risikopositionen hinsichtlich ihrer Schadenswahrscheinlichkeit und der möglichen Folgen für die Unternehmung ein bedeutenderes Gewicht. Dies gilt insbesondere für das Ausfallrisiko. Aufgrund der Verknüpfung des Konzerns mit dem Finanzmarkt entsteht für die "In-House Bank" schließlich zusätzlich das Marktliquiditätsrisiko.

Betrachtet man die Intermediationsleistungen auch hier wieder vor dem Hintergrund der vorgenommenen funktionalen Einteilung, so übernimmt die "In-House Bank" durch die Anwendung innovativer Finanzierungs- und Anlageinstrumente folgende Intermediationsfunktionen: Sie fungiert als Händler von Finanztiteln, wenn sie an den Geld- oder Kapitalmärkten Finanzmittel aufnimmt und diese an die Tochtergesellschaften unverändert weiterleitet bzw. überschüssige Mittel der Konzernunternehmen am Finanzmarkt anlegt. Der Umfang dieser Händlertätigkeit dürfte im gesamten Leistungsgefüge der "In-House Bank" relativ gering sein, da in den wenigsten Fällen der Handel mit unveränderten Finanzpositionen möglich ist. Weiter übernimmt sie mit der Ausübung der Losgrößen-, Fristen- und Risikotransformation die Finanzproduzentenfunktion, da sie in der Regel die Finanzströme zwischen dem Unternehmen und dem Finanzmarkt entsprechend der jeweiligen Bedürfnisse transformieren muß.

Auf die Neuverteilung der Intermediationsleistungen zwischen Banken, "In-House Banken" und dem Kapitalmarkt ergeben sich aus der Anwendung von Geld- und Kapitalmarktinstrumenten durch "In-House Banken" die folgenden Auswirkungen:

- Erstens erstellt die "In-House Bank" einen Teil der Intermediationsleistungen, indem sie die Finanzierungsströme zwischen den Finanzmarktteilnehmern und dem Unternehmen entsprechend der jeweiligen Bedürfnisse transformiert. Dies umfaßt auch den Teil der Intermediationsleistungen, den der Markt aufgrund partieller Unvollkommenheiten nicht koordinieren kann.

- Zweitens überträgt die "In-House Bank" durch das Agieren an den Finanzmärkten diesen einen Teil der Erstellung der Intermediationsleistungen, insbesondere hinsichtlich der Transformation von Losgrößen und Fristen.

- Drittens substituiert die "In-House Bank" durch ihre Intermediationsleistung die Finanzierungsbeziehungen, die bisher zwischen den Tochtergesellschaften und anderen unternehmensexternen Finanzmarktakteuren bestanden. Banken werden im Extremfall - wenn überhaupt - nur noch zur Bereitstellung einer "Back-up-line" benötigt.[124]

In den bisherigen Überlegungen stand das Ziel des Finanzmanagements im Vordergrund, das finanzwirtschaftliche Gleichgewicht und somit die Liquidität der Unternehmung bzw. des Konzerns und seiner Tochtergesellschaften bei angemessener Rentabilität jederzeit gewährleisten zu können. Dabei wurde der Blick auf eine Auswahl innovativer Instrumente zur finanzwirtschaftlichen Disposition im Treasury-Bereich gerichtet.

---

124 Vgl. hierzu auch Löffler (1991), S. 102.

Um dem vollen Aufgabenspektrum des Finanzmanagements gerecht zu werden, muß diese Betrachtung noch um den Aspekt der bestehenden finanzwirtschaftlichen Risiken ergänzt werden, die sich zum einen aus der Geschäftstätigkeit des Konzerns und zum anderen aus den Liquiditätsbewegungen ergeben. Das Management dieser Risiken im Rahmen des "in-House Banking" ist Gegenstand des nächsten Kapitels.

C. Die Übernahme von Finanzintermediationsfunktionen durch die Anwendung derivativer Finanzinstrumente im Bereich des Risikomanagements

1. Konzepte des Risikomanagements

Im Zusammenhang mit der Begründung der Bankenaufsicht sind bereits die bestehenden Risiken im Finanzgeschäft aufgezeigt worden. Es wurde unterschieden zwischen dem Liquiditätsrisiko, dem Ausfallrisiko und dem Wertänderungsrisiko, denen die Finanzmarktakteure in verschiedener Form unterliegen können.[125] Diese Risiken bestehen grundsätzlich auch für Unternehmen, die "In-House Banking" betreiben. Sie resultieren entweder aus dem originären Grundgeschäft oder aus dem direkten Agieren an den Finanzmärkten im Treasury-Bereich.

Ziel der "In-House Banken" ist es, im Rahmen ihres Risikomanagements die genannten Risiken so zu managen, daß eine konzernweite Risikostruktur erreicht wird, die der Finanzstrategie des Gesamtkonzerns entspricht.[126] Dabei wird in der Regel so verfahren, daß zunächst durch Variationen im Grundgeschäft das Eingehen von finanzwirtschaftlichen Risiken vermieden wird. Die dennoch eingegangenen Risiken werden in einem zweiten Schritt vermindert. Das danach bestehende Risiko wird, wenn möglich, auf Dritte übertragen.[127] Insbesondere zur Verfolgung der beiden letzten Schritte stehen den Unternehmen die folgenden Konzepte zur Verfügung: Matching, Diversifikation und Hedging.[128]

Unter dem Konzept des "Matching" werden die Maßnahmen subsumiert, welche die "aktive, zeitbezogene und betragsmäßige Strukturierung von Zahlungsströmen"[129] bewirken. Ziel dieser Strukturierungsmaßnahmen ist ein konzernweiter zeit- und betragsmäßiger Ausgleich risikobedingter Veränderungen einzelner Zahlungsstromkomponenten. Dieser Ausgleich kann sowohl hinsichtlich bestehender Wechselkurs- als auch Zinsänderungsrisiken erfolgen. Im Idealfall

---

125 Da diese Risiken auch für das Risikomanagement von Unternehmen quantitativ die größte Bedeutung haben, beschränken sich die folgenden Überlegungen auf diese Risikogruppen.

126 Dabei können die Schwerpunkte der Strategien sehr verschieden sein. Je nach Geschäftsstruktur und Risikofreudigkeit oder -aversion ergeben sich unterschiedlich gewichtete Risikoportfolios. Vgl. Grebe (1993), S. 17-39.

127 Vgl. Hielscher (1985), S. 535.

128 Vgl. Grebe (1993), S. 2.

129 Vgl. ebd., S. 40.

führt das "Matching" zu einer Struktur der Zahlungsströme in bezug auf die Frist, Losgröße und ihrer Währungszusammensetzung bzw. Zinshöhe, die im Ergebnis bewirkt, daß sich die entgegengesetzten Risikopositionen zu einer Netto-Position von Null ausgleichen.[130]

Als zweites Instrument des Risikomanagements kann die "Diversifikation" angesehen werden. Unter "Diversifikation" versteht man im allgemeinen die Investition in unterschiedliche Finanzanlagen oder Projekte mit dem Ziel, ein Gesamtportfolio zu erhalten, daß mit seiner Risikostruktur den Präferenzen des Finanzmanagements entspricht. Ziel des Finanzmanagements ist es, dieses Portfolio so zu managen, daß entweder bei gegebener Rendite das Risiko minimiert oder bei gegebenen Risiko die Rendite maximiert wird. Ähnlich wie beim Matching bewirkt die Diversifikation eine Reduktion der bestehenden finanziellen Risikopositionen in einem Konzernverbund. Voraussetzung für den Erfolg dieses Konzeptes ist allerdings, daß die Entwicklungen der einzelnen Investments hinsichtlich ihrer Risikokomponenten nicht vollkommen positiv korrelieren.[131]

Als letztes Konzept sei hier das "Hedging" oder auch "Covering" genannt. Diese beiden Methoden bezeichnen den Aufbau einer neuen, zusätzlichen kompensatorischen finanziellen Risikoposition als Gegenstück zu einer "originären" Risikoposition, die aus dem operativen Grundgeschäft einer Unternehmung stammt.[132] Der Aufbau des derivativen Risikos erfolgt in der Regel durch eine entgeltliche Übernahme dieses Risikos von einem anderen Marktteilnehmer. Entsprechen sich das eingegangene abgeleitete Risiko und das originäre Risiko genau gegenläufig, so kann auch hier eine perfekte Immunisierung der Risikopositionen, die sich aus Wechselkurs- oder Zinsänderungen ergeben können, er-

---

130 Dieses Konzept ist insbesondere in der Literatur zur Finanzintermediation näher untersucht und erläutert worden. Vgl. dazu Bühler/Herzog (1989), S. 403ff und Schmidt (1981), S. 250ff. Vgl. zur Anwendung von Matching-Strategien im Bankensektor auch: Cramer (1991), S. 114ff. Entsprechen sich allerdings die Strukturmerkmale der Aktiv- und Passivseite genau gegenläufig, so kann weder ein Verlust noch ein Gewinn erreicht werden.

131 Vgl. zur Diversifikation: Grebe (1993), S. 54 und die dort angegebene Literatur. Vgl. zur Anwendung der Diversifikation: Richtsfeld (1992), S. 249-262.

132 Der Unterschied zwischen "Hedging" und "Covering" liegt darin, daß sich beim "Covering" die Zahlungsströme aus dem derivativen und dem originären Risiko exakt im Fälligkeitszeitpunkt kompensieren. Hingegen zielt das "Hedging" darauf ab, nur eine Nettorisikoposition zu kompensieren. Dabei muß kein Zusammenhang zwischen den Risiken oder den zugrundegelegten Zahlungsströmen bestehen. Vgl. zur Unterscheidung zwischen "Covering" und "Hedging": Reszat (1986), S. 35 und die dort angegebene Literatur.

reicht werden.[133] Im Rahmen des "Hedgings" werden somit abgeleitete Risiken an Dritte übertragen, die mit der Übernahme ein bestehendes originäres Risiko aus ihrer Geschäftstätigkeit kompensieren wollen.[134]

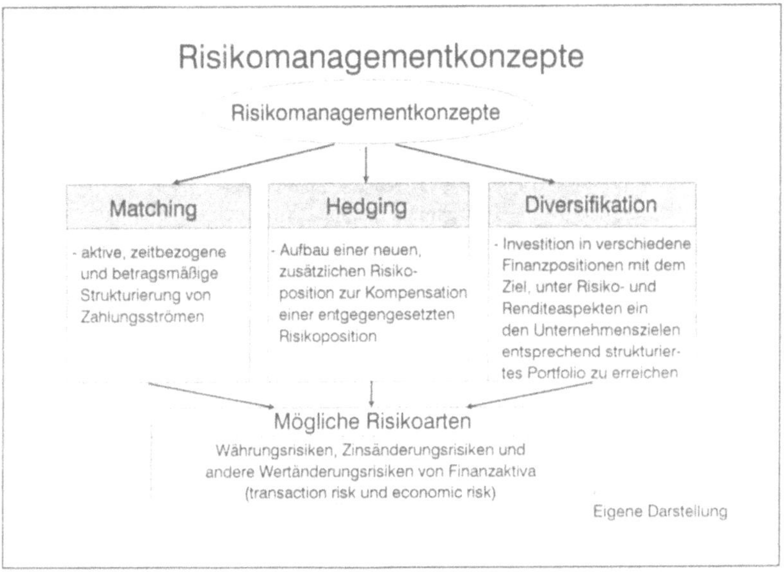

Abbildung 17: Risikomanagementkonzepte

Im Rahmen des Finanzmanagements von Unternehmungen finden diese drei Konzepte des Risikomanagements ihre Anwendung. Obwohl je nach Größe, Geschäftsausrichtung und Innovationsfreudigkeit der "In-House Banken" eine unterschiedliche Intensität der Anwendung festgestellt werden muß, ist bei nahezu allen Großkonzernen zu beobachten, daß sie die Instrumente benutzen, die bei der Umsetzung der genannten Konzepte erforderlich sind.[135] Im Sinne der zu untersuchenden Frage, welche Intermediationsfunktion von "In-House Banken" übernommen werden, soll im folgenden die Anwendung innovativer Finanzinstrumente im Bereich des Risikomanagements genauer analysiert werden. Dabei werden zunächst die Möglichkeiten des unternehmensinternen und dann die des unternehmensexternen Risikomanagements untersucht.

---

133 Vgl. Liepach (1993), S. 24.

134 Vgl. dazu ausführlich: Grebe (1993), S. 51 und die dort angegebene Literatur.

2. Unternehmensinternes Risikomanagement

Bei der Vorgehensweise im Risikomanagement können - wie bereits erläutert - drei Schritte unterschieden werden: Zunächst die Risikovermeidung, dann die Risikoverminderung und schließlich die Risikoübertragung. Dabei fallen die ersten beiden Schritte in den Bereich des unternehmensinternen Risikomanagements. Während die Risikovermeidung[136] eher beim dezentralen Abschluß von Grundgeschäften durchgeführt wird, sind die Risikoverminderung und -übertragung Aufgaben des zentralen Risikomanagements der "In-House Bank". Vor dem Hintergrund der möglichen Organisationsformen des "In-House Banking" hinsichtlich des Währungsmanagements gewinnen hierbei insbesondere die Konzepte des "Matching" und der "Diversifikation" an Bedeutung,[137] da die erfolgreiche Anwendung dieser beiden Methoden eine zentrale Koordination erfordern.[138]

Im Rahmen der aktiven Strukturierung der Zahlungsströme (Matching) wird zunächst darauf hingewirkt, durch eine absichtliche Verkürzung oder Verlängerung der Fristen von (Fremdwährungs-) Verbindlichkeiten bzw. Forderungen eine Exposurereduktion bzw. -elimination zu erreichen. Werden bei diesem Vorgehen Zahlungen vorgezogen, wird dies als "Leading" bezeichnet, werden hingegen Zahlungen hinausgezögert, handelt es sich um "Lagging". Diese Methode kann sowohl innerhalb des Konzernfinanzierungsverbunds, etwa zwischen den einzelnen Tochtergesellschaften, als auch über die Grenzen des Unternehmens hinaus angewendet werden.[139]

---

135 Vgl. dazu die empirische Studie zum Wechselkursmanagement in deutschen internationalen Unternehmungen von Glaum/Roth (1993), S. 1181-1205 und Richtsfeld (1992), S. 231f.

136 Instrumente der Risikovermeidung sind z.B.: Vereinbarungen über die Fakturierung in Inlandswährung, Vereinbarungen von Voraus- und Anzahlungen und Vereinbarungen von Währungsklauseln. Vgl. Richtsfeld (1992), S. 226.

137 Neben dem "Matching" bestehen noch weitere unternehmensinterne Instrumente des Risikomanagements, die teilweise auch dem Cash-Management zugeordnet werden können. Zu nennen ist hier z.B. das Pooling und Netting. Vgl. ebd., S. 226.

138 Die in der Literatur empfohlene Zentralisierung des Währungsmanagements hat in der Praxis ihren Niederschlag gefunden. So führt die empirische Untersuchung von Glaum/Roth zu dem Ergebnis, daß eine deutliche Mehrheit (62%) der befragten Großunternehmen ihr Währungsmanagement "stark zentralisiert" hat. Weitere 29% haben angegeben, daß sich ihr Währungsmanagement durch eine "mittlere Zentralisierung" auszeichnet. Vgl. Glaum/Roth (1993), S. 1198-1200.

139 Vgl. ausführlich: Grebe (1993), S. 63.

Gleichzeitig zur Laufzeitanpassung werden auch - soweit wie möglich - die Losgrößen der geplanten, jeweils unterschiedlichen Zahlungsströme aufeinander abgestimmt. Schließlich wird durch die Abstimmung der Risikokomponenten (Zinssatz, Wechselkurs) der jeweils geplanten Zahlungsströme versucht, das Restexposure[140] weiter zu reduzieren. Die Koordination und Ausführung dieser Angleichung wird in der Regel zentral durch die Finanzabteilung im Rahmen des Cash-Managements vorgenommen.[141]

In Ergänzung zum "Matching" versuchen die Unternehmen weiter, ihre Portfolios hinsichtlich der Rendite- und Risikostruktur entsprechend eines vorgegebenen strategischen Finanzziels durch Diversifikation zu optimieren[142]. Die Grundlage für dieses sog. Portfolio-Management liegt in der "Modern-Portfolio-Theorie", welche die Rendite-Risiko-Beziehung einzelner Investments im Zusammenhang zum Gesamtportfolio in den Vordergrund finanzwirtschaftlicher Entscheidungsprozesse stellt.[143] Diesen Überlegungen folgend werden von der zentralen Finanzabteilung die jeweils geplanten Investitionen beurteilt, und nach Abgleichung mit der aktuellen Portfoliozusammensetzung und dem strategischen Unternehmensziel genehmigt oder untersagt. Somit kann die Diversifikation sowohl als Instrument der Risikovermeidung als auch als Risikoreduzierung eingestuft werden.[144]

Sowohl dem "Matching" als auch der "Diversifikation" ist gemein, daß sie einer Optimierung der Risikostruktur unter finanzwirtschaftlichen Aspekten auf Basis

---

140 Als Restexposure wird die Restrisikoposition bezeichnet.

141 Vgl. ausführlich zu den Anwendungsmöglichkeiten des "Matching": Grebe (1993), S. 61-87.

142 Das Portfolio-Management kann sowohl im Bereich der Finanzanlagen als auch im Bereich der realen Investitionen bzw. der Beteiligungspolitik einer Unternehmung angewendet werden. Vgl. dazu Schmidt (1990), S. 732-751.

143 Vgl. zur "Modern-Portfolio-Theorie" die grundlegenden Beiträge von Tobin (1958), Modigliani/Miller (1958) und Markowitz (1959). Die Weiterentwicklung dieser Portfolio-Theorie findet ihren Niederschlag in der Entwicklung des Capital Asset Pricing Modell (CAPM). Vgl. Sharpe (1970). Die letzte Entwicklungsphase dieses Konzeptes führte zum sogenannten Shareholder-Value-Konzept. Vgl. Rappaport (1986).

144 Auf eine weitere Vertiefung des Portfolio-Managements wird an dieser Stelle bewußt verzichtet, da die Anwendung des Portfolio-Managements keine unmittelbare und zusätzliche Übernahme einer intermediären Funktion zur Folge hat. Vgl. ausführlich zum Portfolio-Management im Finanzbereich: Richtsfeld (1992), S. 249-262. Eine gute Darstellung der Anwendung des Portfolio-Managements im realen Investitionsbereich bietet: Grebe (1993), S. 254-286.

der realen Grundgeschäfte der Unternehmung dienen. Diese stellen somit eine Restriktion für die Möglichkeiten und den Erfolg des Einsatzes beider Instrumente bzw. Verfahren dar. Da es in den seltensten Fällen gelingen wird, die gegebenen Zahlungsströme so anzugleichen und zu optimieren, daß kein Rest-Risiko für das Unternehmen bestehen bleibt, ist das Finanzmanagement im Rahmen des Risikomanagements darauf angewiesen, über die Konzerngrenzen hinaus tätig zu werden, um sich gegen das verbleibende Netto-Risiko abzusichern.[145] Auf die Instrumente und Möglichkeiten dieses unternehmensexternen Risikomangements wird im folgenden eingegangen.

3. Der Einsatz standardisierter derivativer Finanzinstrumente im Rahmen des unternehmensexternen Risikomanagements

a) Zur Konstruktion von Derivaten: Futures und Optionen

Bei derivativen (derivare = ableiten) Transaktionen handelt es sich um Finanzkontrakte, deren Wert vom Preis eines oder mehrerer zugrunde liegender Vermögenswerte oder Referenzsätze abgeleitet wird. Als Basis dieser Kontrakte dienen im Bereich der Vermögenswerte etwa Aktien, Anleihen, Rohstoffe oder Währungsbestände. Die häufigsten Referenzsätze, die zur Bewertung derivativer Instrumente herangezogen werden, sind Zinsen, Wechselkurse und Aktienindizes. Die zentrale ökonomische Funktion derivativer Instrumente besteht in einer isolierten Bewertung, Bündelung und Weitergabe von Marktpreisrisiken.[146] Allen derivativen Finanzinstrumenten ist gemein, daß sie ein auf die Zukunft gerichtetes Vertragselement beinhalten, das hinsichtlich des Basiswertes grundsätzlich entweder als Kauf- bzw. Verkaufsverpflichtung (Forwards und Futures) oder aber als Kauf- bzw. Verkaufsoption (Optionen) ausgestattet sein kann. Derivative Produkte werden sowohl börslich als auch außerbörslich (over the counter - OTC-Geschäfte) gehandelt.[147] Die Grundstruktur der derivativen Finanzinstrumente kann der folgenden Grafik entnommen werden.

---

145 In diesem Zusammenhang ist zu berücksichtigen, daß die Absicherung des Nettorisikos voraussetzt, daß zuvor eine "Diversifizierung" bzw. ein "Matching" stattgefunden hat. Wenn diese vorher nicht durchgeführt wurden, wird das Finanzmanagement im Extremfall jede einzelne Risikoposition unternehmensextern absichern müssen. Wie die Verteilung zwischen der unternehmensinternen und -externen Absicherung vorgenommen wird, hängt im wesentlichen vom Zentralisationsgrad der Finanzabteilung ab. Beispiel für ein zentral und ein eher dezentral organisiertes Finanzmanagement bietet Richtsfeld (1992), S. 107-119.

146 Vgl. Deutsche Bundesbank (1994d), S. 44.

147 Vgl. ebd., S. 42.

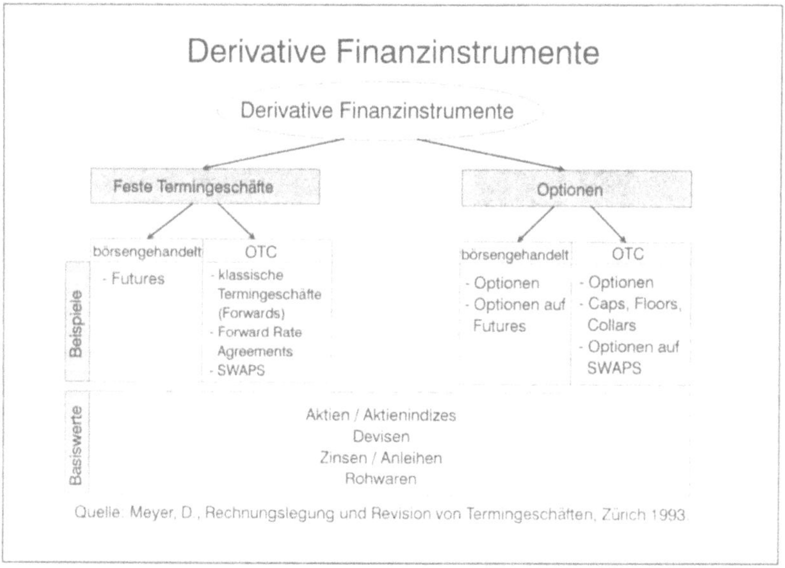

Abbildung 18: Derivative Finanzinstrumente

Die Übersicht macht deutlich, daß "In-House Banken" zahlreiche Instrumente zur Übertragung von Risiken zur Verfügung stehen. Da diese hier aber nicht alle erläutert werden sollen, beschränken sich die folgenden Ausführungen auf die beiden Grundtypen von Derivaten, auf denen alle anderen Arten von Derivaten aufbauen: Futures und Optionen.

Futures sind eine Sonderform traditioneller Termingeschäfte. Die als Price-risk-transfering-innovations eingestuften Futures sind standardisierte Kontrakte über eine verbindliche, zukünftige Abnahme bzw. Lieferung von Finanzaktiva zu vorher festgelegten Preisen. Dabei kann es sich sowohl um Währungs- als auch um Zinsfestsetzungen handeln. Bei Instrumenten vom Future-Typ gehen beide Vertragspartner mit Abschluß des Kontraktes ein spiegelbildliches Gewinn- bzw. Verlustverhältnis ein: Der Gewinn des einen Vertragspartners ist immer gleich dem Verlust des anderen Kontrahenten.[148]

148 Vgl. ebda. Vgl. dazu auch Pampel (1993), S. 152ff. Hier ist eine Herleitung der spiegelbildlichen Entwicklung in verbaler und graphischer Form für verschiedene Hedgingstrategien zu finden.

Eine Eigenschaft von Futurekontrakten im Vergleich zu den traditionellen Termingeschäften liegt darin, daß alle Bestandteile eines solchen Kontraktes bis auf den Preis standardisiert sind. Dies senkt die Transaktionskosten bei einem Vertragsabschluß und steigert somit die Marktfähigkeit dieser Zukunftskontrakte. Eine weitere Eigenschaft von Futuregeschäften ist, daß nur etwa 2% der eingegangenen Verpflichtungen auch tatsächlich ausgeübt werden. In den meisten Fällen werden die aufgebauten Nettopositionen vor Ende der Laufzeit durch ein entsprechendes Gegengeschäft ausgeglichen, so daß der tatsächliche Austausch von Finanzaktiva erheblich reduziert wird.[149]

Gehandelt werden Futurekontrakte an sog. Terminbörsen. Jedoch handeln die Marktteilnehmer an diesen Börsen nicht unmittelbar miteinander, sondern über angegliederte Clearinghäuser.[150] Diese Stellen übernehmen zwei wesentliche Funktionen: Zum einen vermitteln sie - wie Börsen - die Kontrakte, und zum anderen organisieren sie die Unterlegung der eingegangenen Kontrakte mit den entsprechenden Sicherheiten.[151] In der Praxis wird anläßlich des Kaufes (bzw. Verkaufes) eines Future-Kontraktes vom Kunden ein Originaleinschuß (Initial-Margin) als Sicherheit dafür verlangt, daß er die eingegangene Verpflichtung am Ende der Laufzeit auch erfüllen kann. Danach wird jeden Tag die Wertveränderung des Futures-Kontraktes im Verhältnis zum Kassakurs des Basiswertes berechnet. Die entsprechenden Differenzen werden als Gewinn oder Verlust auf einem Margin-Konto verbucht. Ergibt sich für einen der Vertragspartner ein rechnerischer Verlust, muß er diesen Betrag als Sicherheit direkt auf sein Marginkonto nachzahlen.[152]

---

149 Vgl. Frenkel (1991), S. 266ff.

150 Vgl. dazu auch Liepach (1993), S. 56.

151 Vgl. ausführlich zu den Modalitäten im Handel und den Grundlagen der Preisbildung von Futures: Grebe (1993), S. 101-110 (Zinsfutures) und S. 178-182 (Currency-Futures) und die dort angegebene Literatur. Vgl. weiter: Abresch (1994), S. 99f und Konrad (1992), S. 102.

152 Da der Umfang der Nachschußzahlungen an das Clearinghouse von der Kursentwicklung abhängt, ergibt sich daraus für den Anwender von Futures über die Laufzeit des Kontraktes eine nicht vorhersehbare Liquiditätsbelastung. Vgl. Liepach (1993), S. 57; Süchting (1989), S. 355. Hier ist auch ein Beispiel für die Anwendung von Zins-Futures zu finden. Eine ausführliche Darstellung der Margin-Regelungen an der Deutschen Terminbörse ist bei Lingner (1991), S. 140ff zu finden.

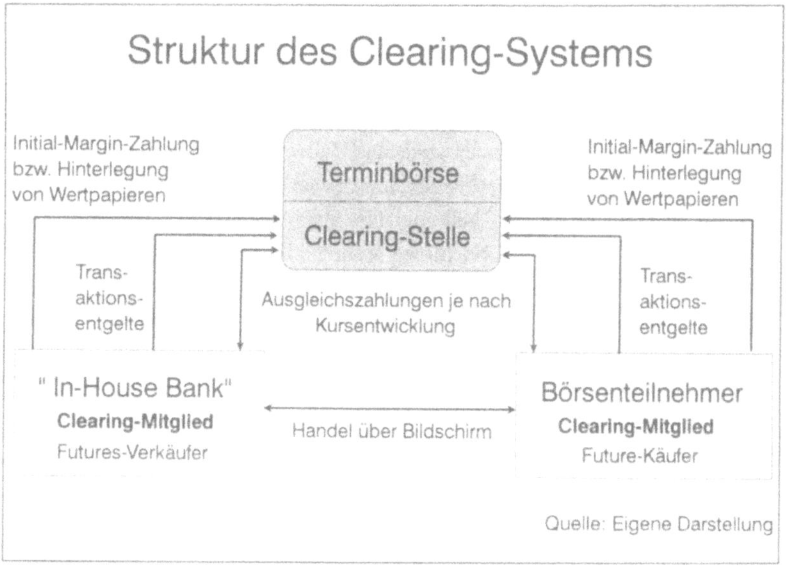

Abbildung 19: Struktur des Clearing-Systems

Optionsgeschäfte sind Kontrakte über das Recht, eine bestimmte Menge eines Vermögensgegenstandes innerhalb einer festgesetzten Frist zu einem vorab fixierten Preis (Basispreis) zu erwerben (Call-Option) oder anzudienen (Put-Option). Optionsgeschäfte können über Währungs- und Zinspositionen, aber auch über andere "underlyingfähige" Finanzaktiva wie (Aktien, Edelmetalle) abgeschlossen werden. Der Verkäufer einer Option (Stillhalter) erhält als Gegenleistung für das Eingehen dieser Verpflichtung eine Optionsprämie.[153]

Im Gegensatz zum Future ist bei einem Optionsgeschäft nur der Stillhalter zur Erfüllung seiner Versprechungen verpflichtet. Hingegen hat der Erwerber der Option die Wahlmöglichkeit, ob er sein erworbenes Recht ausübt oder nicht.[154] Obwohl es sich bei Optionen auch um Price-risk-transferring-innovations handelt, zeichnen sie sich dadurch aus, daß sie - im Gegensatz zu Futures - nur eine asymmetrische Risikoübertragung ermöglichen. Der Grund hierfür liegt in

---

153 Vgl. Büschgen (1986), S. 81.

154 Vgl. hierzu Lingner (1991), S. 7. Erstreckt sich das Recht der Ausübung auf die gesamte Laufzeit einer Option, handelt es sich um eine Amerikanische Option. Besteht hingegen das Ausübungsrecht nur am Ende der Laufzeit, so bezeichnet man diesen Kontrakt als eine Europäische Option. Vgl. Grebe (1993), S. 133.

der Tatsache, daß der Stillhalter sich zwar gegen eine für ihn negative Entwicklung absichern, dafür jedoch nicht von einer für ihn positiven Entwicklung profitieren kann.[155]

Optionen werden in zwei Formen gehandelt. Entweder als standardisierte Kontrakte[156] an den entsprechenden Terminbörsen oder als Einzelkontrakte "over the counter" (OTC). Im ersten Fall fungiert die Optionsbörse als anonymer Koordinator von Angebot und Nachfrage, während im anderen Fall die Kontrakte zwischen den Vertragsparteien in der Regel individuell ausgehandelt werden. Dabei ist sowohl ein Interbankenhandel als auch ein Handel zwischen Nichtbanken zu beobachten.[157]

Der Einsatz von Futures und Optionen durch eine "In-House Bank" basiert im wesentlichen auf den gleichen Motivationen:

- Erstens kann die "In-House Bank" mit diesen Instrumenten wesentlich differenzierter und - je nach Präferenz - offensiver oder defensiver ihre Markterwartungen umsetzen als am Kassamarkt.

- Zweitens kann mit einem wesentlich geringeren Finanzvolumen und erheblich niedrigeren Transaktionskosten als am Kassamarkt das Ziel der Absicherung des Net-Exposure erreicht werden. Die mögliche Ausnutzung des Leverageeffektes aufgrund des bestehenden Hebels bietet zusätzliche Ertragschancen.

- Drittens kann mit diesen Instrumenten selbst in stagnierenden oder rückläufigen Märkten ein Gewinn erzielt werden.[158]

Für "In-House Banken" eröffnen sich durch die Inanspruchnahme dieser Vorteile neue Perspektiven im Bereich des unternehmensexternen Risikomanagements, aber auch in der Erwirtschaftung zusätzlicher Gewinne. Im Rahmen der Nutzung dieser Vorteile sind zwei Anwendungsbereiche für Derivate zu unterscheiden: Das operative Hedging und das strategische bzw. spekulative Hedgen.

---

155 Vgl. Deutsche Bundesbank (1994d), S. 42.

156 Standardisiert sind in der Regel die Laufzeit, die Betragshöhe und der Erfüllungsort.

157 Vgl. Grebe (1993), S. 206.

158 Vgl. dazu auch: Konrad (1992), S. 108ff.

b) Operatives Hedging mit Derivaten

Grundlage und Basis für das operative Hedging sind die Zahlungsströme, die aufgrund der originären Geschäftstätigkeit einer Unternehmung entstanden sind.[159] Nach Durchführung der entsprechenden unternehmensinternen Maßnahmen zur Risikobegrenzung verbleibt in der Regel ein Net-Exposure, welches es abzusichern gilt.[160] Beispielsweise kann eine offene Währungsforderung oder eine Verbindlichkeit bestehen bleiben. Um das Wertänderungsrisiko, welches etwa aus diesen Finanzpositionen resultiert, auf andere Finanzmarktteilnehmer zu übertragen, wendet die "In-House Bank" - je nach Geschäftsvorfall und Strategie - die genannten derivativen Finanzinstrumente an.

So kann der Wert einer offenen Netto-US-Dollar-Forderung durch den Verkauf eines Futures gesichert werden. Mit dem Verkauf dieses Futures verpflichtet sich das Unternehmen, am Ende der Laufzeit den US-Dollar-Betrag zu einem vorgegebenen Wechselkurs (etwa zur DM) an den Käufer des Futures zu verkaufen. Damit sichert sich das Unternehmen den Wert der US-Dollar-Position in DM. Der Käufer hingegen sichert sich mit dem Kauf des Futures eine bestimmte US-Dollarposition zum vorgegebenen DM-Kurs.

Die Kombination der offenen Währungsposition mit einer Futureposition führen hier also zu einer gegenseitigen Kompensation der Wertentwicklungen: Verluste aus der Fremdwährungsposition werden durch entsprechende Gewinne aus der Futureposition ausgeglichen und umgekehrt.[161] Das Verhältnis der Entwicklung dieser gegenläufigen Positionen ist abhängig von der Kassakursentwicklung im Verhältnis zur Futurekursentwicklung.[162] Korrelieren diese exakt entgegensetzt zueinander, so heben sich die entsprechenden Entwicklungen gegenseitig auf,

---

159 Vgl. Berger (1990), S. 21.

160 Werden die unternehmensinternen Möglichkeiten nicht ausgenutzt und jede einzelne Risikoposition seperat abgesichert, so spricht man von einem "Micro-Hedge". Werden hingegen die Risikopositionen zusammengefaßt und durch einem Kontrakt abgesichert, so bezeichnet man dies als "Makro-Hedge". Vgl. Grünewald (1993), S. 16.

161 Vgl. Pampel (1993), S. 151ff.

162 Diese Differenz zwischen Futurepreis und Kassakurs wird als Basis bezeichnet. Vgl. Liepach (1993), S. 56.

was zu einem neutralen Ergebnis und somit zu einem perfekten Hedge[163] führt.[164]

Eine ähnliche Absicherungsstrategie kann das Unternehmen durch den Einsatz von Optionen erreichen. So kann sie bei Bestehen einer Forderungsposition in US-Dollar eine Option verkaufen, diesen Forderungsbetrag zu einem vorgegebenen Kurs an einem vorher bestimmten Stichtag zu kaufen. Dies bedeutet, daß der Käufer der Option zwar das Recht hat, diese Position am Ende der Laufzeit zu kaufen, dazu jedoch nicht verpflichtet ist. Gekauft wird diese Position nur dann, wenn der Kassakurs zum Endtermin der Option höher liegt als der vereinbarte Basiskurs. Demzufolge kann sich das Unternehmen auch hier nur einen Mindestkurs sichern, nicht aber an möglichen Gewinnen teilnehmen.[165]

Im Rahmen des operativen "Hedgings" zielt die "In-House Bank" somit darauf ab, das Risiko einer bestehenden - gegebenenfalls aggregierten - Finanzposition auf andere Finanzmarktteilnehmer in der Form zu übertragen, daß sie die Risikokomponente (Zinssatz, Wechselkurs) aus einer originär erwirtschafteten Finanzposition isoliert und diese getrennt am Markt verkauft. Mit der dadurch erreichten Sicherheit der Wertigkeit dieser Position verzichtet sie allerdings gleichzeitig auf die Realisierung eines möglichen Wertzuwaches.

c) Strategisches und spekulatives Hedging mit Derivaten

Im Rahmen des strategischen Hedging versucht das Unternehmen solche Risikopositionen in der Zukunft abzusichern, die für das Grundgeschäft und den Wert der Unternehmung von Bedeutung sind.[166] Wird z.B. ein großer Teil der

---

163 Vgl. dazu ein Fallbeispiel bei Grebe (1993), S. 185.

164 Vgl. dazu Zimmermann/Scheunstuhl (1994), S. 655. Die exakte Gleichentwicklung von Kassa- und Futurekurs ist nicht immer gegeben. Entwickeln sich die Kurse unterschiedlich, so spricht man von einem Basisrisiko. Die Höhe des Basisrisikos wird im wesentlich durch die zeitliche Differenz zwischen der Lieferung der Währung und dem Glattstellungszeitpunkt bestimmt. Insofern sollte die Laufzeit des Hedge mit dem Liefertermin der Währung korrespondieren, um die dann bestehenden Konvergenzentwicklungen ausnutzen zu können. Vgl. zu diesem Zusammenhang: Grebe (1993), S. 186ff.

165 Deutsche Bundesbank (1994d), S. 42. Die hier aufgezeigten Instrumente können analog auch zur Übertragung von Zinsrisiken eingesetzt werden, die aus der originären Geschäftstätigkeit entstehen. Vgl. zum "Hedging" mit Zinsterminkontrakten: Grebe (1993), S. 110-120.

166 Vgl. Franke/Menichetti (1994), S. 682.

Rohstoffe und Vorprodukte eines deutschen Unternehmens aus Japan importiert, so besteht ein Interesse an einem abgesicherten Kurs der DM gegenüber dem Yen. Obwohl noch keine Yen-Verbindlichkeiten existieren, kann das Unternehmen durch den Kauf einer Call-Option sich einen bestimmten Basiskurs sichern. Fällt der Kurs, beschafft sich das Unternehmen die Yen-Position zum Stichtag am Kassamarkt. Die Optionsprämie ist damit verfallen. Steigt der Kurs, wird das Unternehmen das erworbene Recht wahrnehmen und die Yen zum vereinbarten Basiskurs anfordern.

Ähnlich verhält sich die Situation wenn beispielsweise eine Tochtergesellschaft den Hauptteil ihrer Erlöse in ausländischer Währung erwirtschaftet. Zur Absicherung eines bestimmten Gegenwertes der erwarteten Erlöse kann die Muttergesellschaft eine Call-Option bzw. einen entsprechenden Futurekontrakt verkaufen. Beim strategischen Hedging werden also Risikopositionen abgesichert, die zwar noch nicht existieren, deren Entstehen aber aufgrund des üblichen Geschäftsverlaufes als relativ sicher erscheint, und die Wertentwicklung dieser Position für das Unternehmen von entscheidender Bedeutung ist.[167]

Vom strategischen Hedgen unterscheidet sich das spekulative Hedging dadurch, daß das Ziel nicht die Absicherung eines erwarteten Finanzrisikos ist, sondern das bewußte Eingehen von Risiken, um einen zusätzlichen Ertrag zu erwirtschaften. Diese zusätzlichen Risikopositionen entstehen in der Regel durch das Eingehen von Verpflichtungen, die durch kein Grundgeschäft abgesichert sind, was das Gesamtrisiko der Finanztransaktion maßgeblich erhöht. Die Wirkungen sollen am Beispiel eines spekulativen Zins-Future-Geschäftes verdeutlicht werden:

Angenommen die "In-House Bank" setzt auf steigende Zinsen und der Zinssatz beträgt zur Zeit 5,5%. In Erwartung steigender Zinsen verkauft das Unternehmen am Future-Markt Terminkontrakte (short hedge)[168] auf eine festverzinsliche Anleihe (Staatsanleihe) mit einer Rendite, die in etwa dem derzeitigen niedrigen

---

167 Diese Formen der strategischen Absicherungsinstrumente werden häufig auch direkt auf der Basis von Rohstoffen oder Handelsprodukten abgeschlossen. Dabei handelt es sich um sog. Commodity-Termingeschäfte, die z. B. auf der Basis von Öl, Kohle oder sonstigen Rohstoffen abgeschlossen werden. Diese Geschäfte werden z.B. bei der VIAG und der Metallgesellschaft betrieben. Vgl. Abresch (1994), S. 226 und Metallgesellschaft (1995), S. 5. Vgl. zum Hedging mit Warenterminkontrakten insbesondere die Arbeit von Reichling (1991).

168 Würde hingegen ein Terminkontrakt gekauft, spräche man von einem long-hedge.

Zinsniveau entspricht und eine Laufzeit von bspw. 1 Jahr hat. Steigen die Zinsen in diesem Jahr wirklich, dann erhält die Unternehmung aus dem Termingeschäft einen Gewinn,[169] der daraus resultiert, daß die Staatsanleihen aufgrund der steigenden Zinsen im Kurs gefallen sind, somit günstiger am Kassamarkt beschafft und vereinbarungsgemäß zum höheren Terminkurs (Basiskurs) angedient werden können. Sinken hingegen die Zinsen, so werden die Kurse für die zu beschaffende Staatsanleihe steigen, was bedeutet, daß das Unternehmen - aufgrund des Leerverkaufes des Futures - die Anleihe zum gestiegenen Kassakurs beschaffen und zum niedrigeren Terminkurs andienen muß. Dadurch entsteht für die "In-House Bank" ein Verlust in Höhe der Differenz zwischen dem Kasskurs und dem Terminkurs abzüglich der Prämie, die sie für den Verkauf des Futures erhalten hat. Steigen hingegen die Zinsen, fällt der Kassakurs und die "In-House Bank" kann die Differenz zwischen dem niedrigen Kassakurs und dem höheren Terminkurs zuzüglich der Prämie für den Verkauf des Futures als Gewinn verbuchen.[170] Ähnliche Gewinn- und Verlustmöglichkeiten ergeben sich auch bei Optionsgeschäften. Die folgende Grafik stellt bestehende Risiken und Chancen an vier Beispielen dar.

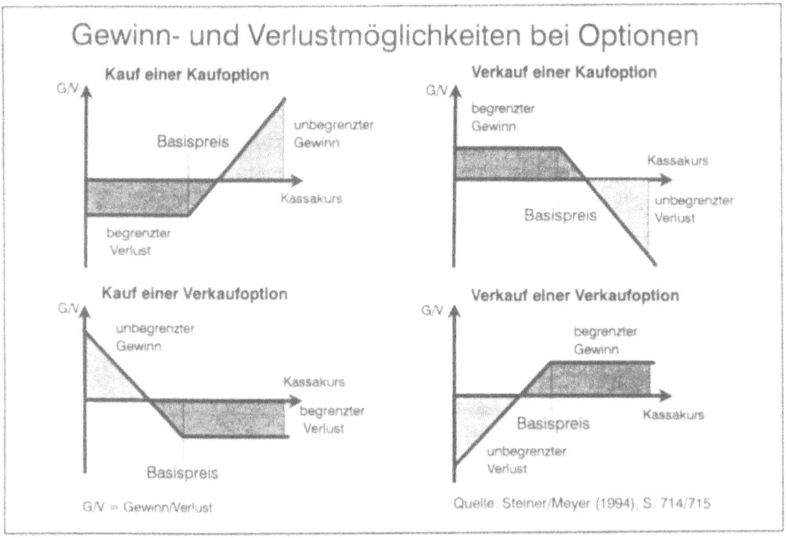

Abbildung 20: Gewinn- und Verlustmöglichkeiten bei Optionsgeschäften

---

169 Dieser entspricht der Spitzenausgleichszahlung, die der Vertragspartner an die Clearingstelle aufgrund der Kursentwicklung zahlen muß.

170 Vgl. dazu auch Süchting (1989), S. 354ff.

4. SWAP-Geschäfte

a) Zur Konstruktion von SWAPs

Das Betreiben von SWAP-Geschäften kann als eine Anwendung der Theorie der komparativen Kosten von Ricardo auf die Finanzmärkte interpretiert werden.[171] Nach dieser Theorie kann die Ausnutzung von relativen Kostenvorteilen zwischen zwei Vertragspartnern zu einem wirtschaftlichen Vorteil für beide Parteien führen.[172] Diesen Zusammenhang können Finanzmarktteilnehmer durch das Abschließen von SWAP-Geschäften ausnutzen. So kann ein SWAP zwischen zwei Vertragspartnern, die z. B. aufgrund ungleicher Marktzugangsmöglichkeiten und/oder Bonitätseinstufungen über unterschiedliche Konditionen - etwa hinsichtlich eines Wechselkurses bzw. eines Zinssatzes - verfügen zu einem beiderseitigen Vorteil führen. SWAPs fungieren außerdem als Brücke zwischen den verschiedenen Finanzmärkten und deren Segmenten.[173] Sie eröffnen damit den Finanzmarktteilnehmern eine größere Flexibilität im Rahmen des Finanzmanagements.[174] Der SWAP kann darüber hinaus auch als Arbitrageinstrument zur Ausnutzung von Marktineffizienzen eingesetzt werden.[175]

Konkret ist ein SWAP ein Vertrag, in dem zwei Marktteilnehmer vereinbaren, Zahlungsströme (z.B. Zinsforderungen oder Zinsverbindlichkeiten bzw. den gesamten Kapitalbetrag einschließlich Zinsen) über eine bestimmte Periode auszutauschen, um die relativen Kostenvorteile des jeweils anderen Vertragspartners auszunutzen.[176] Betrifft die SWAP-Transaktion ein Bilanzaktivum, so handelt es

171 Vgl. Demuth (1988), S. 162. Eine Übertragung der Theorie der komparativen Kosten auf SWAPs erfolgt bei Arnold/Burg (1987), S. 194ff. Eine konkrete Anwendung der Theorie von Ricardo auf den Zins-SWAP nimmt Wichmann (1988), S. 278ff vor.

172 Das Verdienst von Ricardo besteht in dem Nachweis, daß der Handel zwischen zwei Vertragspartnern auch dann sinvoll ist, wenn ein Vertragspartner dem anderen in einem Segment kostenmäßig absolut überlegen ist. Denn damit ist nicht ausgeschlossen, daß im Vergleich zu einem zweiten Segment ein komparativer Kostenvorteil entsteht, den beide Parteien zu ihren Gunsten ausnutzen können. Vgl. Arnold/Burg (1987), S. 194.

173 Durch SWAPs können sowohl bestehende sachliche und räumliche als auch zeitliche Grenzen zwischen den Finanzmärkten überwunden werden. Dies kann Unternehmen den indirekten Zugang zu bisher verschlossenen Märkten eröffnen. Vgl. Jentzsch (1989), S. 54ff.

174 Vgl. Jentzsch (1989), S. 3.

175 Vgl. o. V.: Noch ungenutztes Wachstumspotential für SWAPs (1991), in: Börsenzeitung vom 9. Mai 1991, S. 3.

176 Vgl. Demuth (1988), S. 162.

sich um einen Asset-SWAP, betrifft sie eine Passivposition, handelt es sich um einen Liability-SWAP. Weiter können SWAPs in Zins-, Währungs- und Zinswährungsswaps unterschieden werden.[177] Je nach Konstruktion sind SWAPs als price-risk-transferring und/oder credit-generating-innovations einzustufen.[178] SWAP-Verträge können sowohl über einen SWAP-Vermittler als auch direkt zwischen den SWAP-Partnern abgeschlossen werden.[179] Insgesamt eröffnet die Anwendung von SWAPs in drei finanzwirtschaftlichen Bereichen einen ökonomischen Vorteil für die Finanzmarktteilnehmer: Erstens in der Arbitrage von relativen Bonitäts- und Renditedifferenzen zwischen zwei Marktpartnern. Zweitens im Bereich der Risikodiversifikation von Aktiv- und Passivpositionen und drittens im Management von Preisrisiken, die sich auf Zahlungsströme beziehen. Konkret bedeutet dies, daß mit SWAP-Geschäften folgende Ziele im Bereich des "In-House Banking" erreicht werden können:

- Reduzierung des Zinsaufwandes, Erhöhung des Zinsertrages,
- Reduzierung des Währungsänderungsrisikos,
- Ausschaltung des Zins- und Wechselkursänderungsrisikos für aktive- und passive Bilanzpositionen,
- Strategische Bilanzstrukturierung.[180]

Im folgenden werden aus der Vielzahl der möglichen SWAP-Geschäfte[181] die beiden häufigsten Formen dargestellt: Der Zins- und der Währungs-SWAP.

---

177 Vgl. Kloten/Bofinger (1988), S. 123. Die Autoren trennen die SWAP-Geschäfte außerdem noch in "Reine Bestands-SWAPs", "Bestands- und Strom-SWAPs" und "Reine Strom-SWAPs". Weitere Formen der SWAPs sind bei Jentzsch (1989) zu finden.

178 Vgl. BIZ (1986), S. 172.

179 Grundsätzlich ist der Abschluß von SWAP-Verträgen auf zwei Wegen möglich: Zum einen kann eine Bank als aktiver Vertragspartner für einen SWAP fungieren. Ferner ist es möglich, daß die Bank im Rahmen des SWAP-Geschäftes lediglich eine Vermittlerrolle übernimmt. Dies kann sie entweder verdeckt oder offen vornehmen. Im Falle einer verdeckten Vermittlung schaltet sich die Bank als Intermediär zwischen die beiden Vertragsparteien, die ihre SWAP-Geschäfte jeweils mit der Bank abschließen. Für die Bezahlung einer Gebühr übernimmt die Bank dann die Risiken, die sich aus dem Vertrag ergeben. Wird hingegen eine offene Vermittlung vorgenommen, bringt die Bank die beiden Vertragspartner lediglich zusammen. Die Konditionen des Vertrages werden dabei von den Parteien eigenverantwortlich ausgehandelt. Außerdem übernehmen sie die Risiken, die sich aus diesem Vertrag ergeben können. Dafür sparen sie die Bankgebühren ein. Im vorliegenden Falbeispiel wird von einem direkten SWAP-Vertrag zwischen den Marktteilnehmern ausgegangen. Vgl. zu den Bankleistungen bei SWAP-Transaktionen: Lerbinger (1985b), S. 294f und Demuth (1988), S. 176.

180 Bei dieser Auflistung ist zu beachten, daß die Basis der beiden ersten Ziele Stromgrößen sind, während es sich bei der Basis der beiden letzten Ziele um Bestandsgrößen handelt.

b) Zins-SWAP

Im Rahmen eines Zins-SWAP vereinbaren zwei Marktpartner, die jeweils Finanzierungsmittel aufnehmen wollen, den Austausch ihrer jeweiligen Zinsverbindlichkeiten. Voraussetzung für den Erfolg dieses SWAPs ist, daß die Zinsdifferenz bei der Festsatzmittelbeschaffung durch die zwei SWAP-Partner größer ist als die Differenz, die bei einer variabel verzinslichen Finanzierung besteht.[182] Sind außerdem die Interessen der beiden Marktteilnehmer hinsichtlich der Art der Verzinsung genau entgegengesetzt (variabel - fest), so ist der direkte Abschluß eines Zins-SWAPs zwischen den Marktteilnehmer für beide von Vorteil.

Die folgende Abbildung soll diesen Zusammenhang für eine Situation verdeutlichen, in der die "In-House Bank" z.B. für eine ihrer Tochtergesellschaften - in Erwartung sinkender Zinsen - eine variabel verzinsliche Finanzierung für eine Investition zur Verfügung stellen möchte.

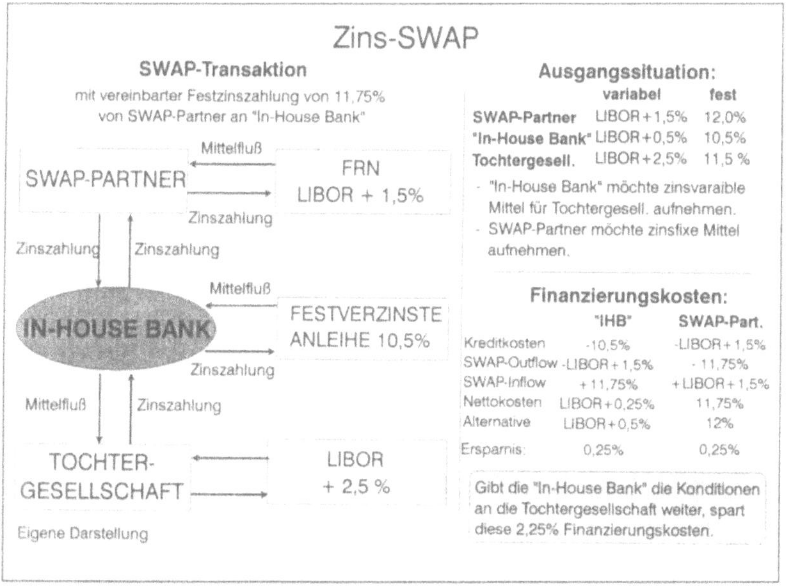

Abbildung 21: Zins-SWAP durch "In-House Banken"

---

181 Einen Überblick über verschiedene SWAP-Formen bietet: Peters (1990), S. 3-29 und S. 59-99.

182 Diese Zinsdifferenzen können sich z.B. aus unterschiedlichen Marktzugangsmöglichkeiten oder unterschiedlichem Standing der Unternehmen ergeben. Vgl. Lerbinger (1985a), S. 247.

Vorausgesetzt, die "In-House Bank" gibt die erreichten Konditionen weiter, dann erhält die Tochtergesellschaft nach Abschluß des Zins-SWAPs eine variabel zu verzinsende Finanzierung zu Konditionen, die sie alleine nicht hätte erreichen können. Umgekehrt ist diese SWAP-Konstruktion auch von Vorteil, wenn das Unternehmen oder eine Tochtergesellschaft Finanzmittel anlegen möchte, und sich dabei, z.B. in der Erwartung fallender Zinsen, einen höheren festen Zinssatz sichern möchte.

Neben der Absicherung von Finanzierungs- und Anlagekonditionen können mit Hilfe von SWAPs auch zu verzinsende Aktiv- bzw. Passivbestände in der Bilanz vor einer Wertveränderung abgesichert werden. Dieses sogenannte "Hedgen" von Bilanzen zielt darauf ab, Fristeninkongruenzen in der Zinsstruktur zwischen der Aktiv- und der Passivseite der Bilanz zu beseitigen.[183] Finanziert z.B. eine Unternehmung einen Teil der Aktivseite der Bilanz mit kurzfristig und variabel zu verzinsenden Mitteln, so kann sie durch eine SWAP-Vereinbarung die variablen Zinsen in feste Zinszahlungen swappen und damit das bestehende "mismatch" beseitigen.[184]

c) Währungs-SWAP

Beim reinen Währungs-SWAP tauschen die Vertragspartner nicht die Finanzierungskostenvorteile, die etwa aus einem Bonitätsunterschied entstanden sind, sondern die komparativen Vorteile, die eine oder beide Parteien im Hinblick auf den Zugang zu bestimmten Währungsmärkten besitzen.[185] Im Gegensatz zum Zins-SWAP werden beim Währungs-SWAP nicht nur die Zinsverpflichtungen, sondern auch die - jeweils auf eine andere Währung lautenden Kapitalbeträge - ausgetauscht. Hinsichtlich der Laufzeit und des Volumens müssen die Interessen der SWAP-Partner übereinstimmen, jedoch muß der Währungsbedarf entgegengesetzt sein. Der Abschluß eines Währungs-SWAP ermöglicht beiden Partnern, sich in der jeweils anderen Währung günstiger refinanzieren zu können, als es zuvor möglich war.[186]

---

183 Vgl. Baxmann/Weichsler (1993), S. 13. Dort ist auch eine Tabelle über mögliche Strategien des Einsatzes von Zins-SWAPs Beseitigung von "mismatches" in der Bilanz zu finden. Vgl. weiter Lerbinger (1985a), S. 248.

184 Vgl. dazu und zu weiteren konkreten Anwendungsbeispielen: Jentzsch (1989), S. 117f.

185 Vgl. Büschgen (1988b), S. 38.

186 Vgl. Lerbinger (1985a), S. 245.

Die Einsatzmöglichkeiten und die damit verbundenen Vorteile des Währungs-SWAPs innerhalb des "In-House Banking" sind ebenso vielfältig wie die des Zins-SWAP. Ein Vorteil des Währungs-SWAPs liegt darin, daß die "In-House Bank" - unabhängig von der benötigten Währung - dort Mittel aufnehmen kann, wo sie unter Kostengesichtspunkten am günstigsten sind.[187] Darüber hinaus kann ein zusätzlicher Ertrag erwirtschaftet werden, indem die Anlage von Mitteln - etwa der Überschuß einer Tochtergesellschaft - in einer Währung mit hoher Rendite erfolgt, während die Refinanzierung - etwa des Finanzierungsdefizits einer anderen Tochtergesellschaft - in einer zinsgünstigen Währung vorgenommen wird. Ein weiterer Vorteil für die Unternehmung ergibt sich, wenn die "In-House Bank" durch aktives Währungsmanagement mit SWAPs eine währungskongruente Struktur der Bilanz erreichen kann, um somit negative Auswirkungen möglicher Wechselkursschwankungen zu verhindern.[188]

5. Intermediationsleistungen der "In-House Bank" im Bereich des Risikomanagements

a) Intermediationsleistungen im Rahmen des unternehmensinternen Risikomanagements

Bei der Frage, welche Intermediationsfunktionen die "In-House Bank" im Rahmen des unternehmensinternen Risikomanagements übernimmt, muß zunächst das interne Risikomanagement der Risikominderung in zwei Bereiche eingeteilt werden: In einen Bereich, in dem die "In-House Bank" eine Risikoverminderung dadurch erreicht, daß sie bereits das Entstehen einer Risikoposition bewußt vermeidet und in einen zweiten, in dem die "In-House Bank" durch die aktive Gestaltung und Veränderung der Zahlungsströme und Finanzpositionen einen Ausgleich bzw. eine Optimierung des gesamten Risikoportfolios erreichen will. Bei einer Betrachtung des ersten Bereiches ist davon auszugehen, daß hier von der "In-House Bank" keine Intermediationsfunktionen wahrgenommen werden, da sie in keinem Falle Finanzströme bzw. Risikopositionen bewegt oder gar transformiert. Anders verhält es sich jedoch im zweiten Bereich.

---

187 Vgl. Büschgen (1988b), S. 36.

188 Vgl. hierzu weiter: Demuth (1988), S. 171, Lerbinger (1985b), S. 297 und Weitkämper (1988), S. 323ff.

Hier übernimmt die "In-House Bank" - vergleichbar zum Cash-Management - eine intermediäre Stellung zwischen den Tochtergesellschaften. Ihre Aufgabe ist es dabei, die aus den realwirtschaftlichen Bewegungen entstandenen finanziellen Risikopositionen zu isolieren und zentral so zu koordinieren, daß das Gesamtrisiko für den Konzern minimiert wird. Dabei schaltet sie sich zwischen die einzelnen Tochtergesellschaften und versucht durch unternehmensinterne Anweisungen die risikobehafteten Zahlungsströme und Finanzpositionen aktiv zu transformieren. Im Rahmen dieser Transformation übernimmt die "In-House Bank" etwa beim "Matching" die Händlerfunktion, wenn sie einer Gesellschaft innerhalb des Konzerns die Risikoposition einer anderen Gesellschaft zur Verfügung stellt, um damit einen Risikoausgleich zu erreichen. Dies kann z.B. die Übertragung einer Währungsposition sein, die dazu benötigt wird, eine entsprechende Gegenposition hinsichtlich der Fristigkeit anzupassen. In diesem Fall vermittelt die "In-House Bank" diesen konzerninternen Transfer, ohne dabei die Eigenschaften der Finanzposition zu ändern. Außerdem kann die "In-House Bank" auch die Transformationsfunktion ausüben, wenn sie etwa ein größeres Währungsdefizit einer Tochtergesellschaft dadurch ausgleicht, daß sie mehrere kleine Positionen anderer Gesellschaften zu einer Großen aggregiert. Dabei transformiert sie die einzelnen kleinen Finanzpositionen hinsichtlich der Frist, Losgröße und des Risikos so, daß eine entsprechend den Bedürfnissen der Defizitgesellschaft benötigte Gegenposition entsteht.

Im Ergebnis werden also auch beim konzerninternen Risikomanagement die bisher von den Tochtergesellschaften extern durchgeführten Finanztransaktionen zur Risikoabsicherung durch die konzerninterne Koordination substituiert. Dabei kommt es - je nach Organisationsform - bei der "In-House Bank" zu einer Bündelung der Risiken, die sich aus der Übernahme der verschiedenen Transformationsfunktionen ergibt. Im Rahmen des Risikomanagements gilt dies insbesondere für das Wertänderungsrisiko, welches den einzelnen Finanzpositionen bzw. Zahlungsströmen immanent ist.

Unter der Fragestellung, welche Auswirkung das unternehmensinterne Risikomanagement auf die Verteilung der Intermediationstätigkeiten zwischen den Geschäftsbanken, den "In-House Banken" und dem Finanzmarkt hat, kann folgendes festgehalten werden:

- Erstens erstellt die "In-House Bank" durch das interne Risikomanagement in dem Umfang eigenständige Intermediationsleistungen, in dem sie die Finanzströme und Bilanzpositionen aktiv dadurch verändert, daß sie innerhalb des Unternehmens entweder Risikopositionen zusammenfaßt oder diversifiziert.

- Zweitens substituiert die "In-House Bank" durch ihre unternehmensinterne Intermediationsleistung die Finanztransaktionen, welche die Tochtergesellschaften bisher am Markt entweder mit Banken oder anderen Finanzmarktteilnehmern zur Risikoabsicherung ausgeübt haben.

- Drittens vermeidet das unternehmensinterne Risikomanagement die Inanspruchnahme des unvollkommenen Finanzmarktes, was zu einer Vermeidung von Transaktionskosten bzw. Bankenmargen führt, die bisher für unternehmensextern in Anspruch genommene Leistungen bezahlt werden mußten.

b) Intermediationsleistungen durch Anwendung derivativer Absicherungsinstrumente

Gegenstand des unternehmensexternen Risikomanagements sind die Risikonettopositionen, die nach dem Einsatz der unternehmensinternen Instrumente noch bestehen. Bei den Aktivitäten über die Unternehmensgrenze hinweg kommt wieder die intermediäre Stellung der "In-House Bank" zwischen den einzelnen Konzerngesellschaften und den externen Finanzmarktakteuren zum Ausdruck. Bedingt durch diese Stellung übernimmt die "In-House Bank" beim Einsatz der entsprechenden derivativen Instrumente auch hier die Funktionen eines Finanzintermediärs, da sie die Risikopositionen, die über die Unternehmensgrenze hinaus gehandelt werden, entweder an die Bedürfnisse der Finanzmarktteilnehmer oder an die der Tochtergesellschaften anpassen muß. Zu diesem Zwecke ist eine Transformation der Positionen erforderlich.

Betrachtet man etwa die Abdeckung eines Risikos, welches sich aus einer offenen Währungsposition - z.B. einer Nettoforderung - ergibt, so kann die "In-House Bank" diese Position durch den Verkauf einer Call-Option gegen einen Wertverlust absichern. Damit löst sie das Währungsrisiko von dem entsprechenden Basisfinanztitel ab und separiert es. Dabei übt sie bereits die Transformationsfunktion aus, da sie ein neues Finanzprodukt geschaffen hat. Weiter übt sie eine Transformationsfunktion aus, wenn sie als Basis der Option ein Bündel einzelner Finanzpositionen zusammenstellt. Dabei kann es sich sowohl um eine aggregierte als auch um eine Nettoposition handeln. Ähnlich verhält es sich bei der Begebung von oder der Investition in Futurekontrakte und beim Eingehen von SWAP-Verträgen. In jedem Falle steht die "In-House Bank" als Intermediär zwischen dem Akteur, bei dem das Risiko entstanden ist, und dem, der bereit ist, das Risiko zu übernehmen. Entweder überträgt die "In-House Bank" somit eine Risikoposition über den Markt an einen anderen Akteur, oder sie übernimmt bewußt eine Risikoposition, um das eigene Portfolio zu optimieren.

Durch die Ausübung der genannten Intermediationsfunktionen übernimmt die "In-House Bank" in logischer Konsequenz die entsprechenden Risiken. Zu nennen sind hier wiederum das Ausfall-, Liquiditäts- und Wertänderungsrisiko, welche sich nicht mehr nur auf die eigenen Tochtergesellschaften beziehen, sondern auch auf die unternehmensexternen Finanzmarktakteure erweitert werden müssen, mit denen die "In-House Bank" nun direkt in Beziehung tritt. Unter Berücksichtigung dieser Erweiterung gewinnt das Ausfallrisiko eine besondere Bedeutung.

Insgesamt kann bei einer Betrachtung des unternehmensexternen Risikomanagements der "In-House Banken" unter dem Aspekt der Aufteilung der Intermediationstätigkeit zwischen den Geschäftsbanken, der "In-House Bank" und den Finanzmärkten folgendes Ergebnis festgehalten werden:

- Erstens transformiert die "In-House Bank" die unternehmensintern nicht zu neutralisierenden Risikopositionen zu einem marktfähigen Finanzprodukt, indem sie die Risiken von dem Basisfinanztitel löst, bündelt und am Markt anbietet.

- Zweitens überträgt die "In-House Bank" einen Teil der intermediären Leistungserstellung dem Markt, indem sie ihr externes Risikomanagement mit Instrumenten betreibt, für die ein ausgereifter Sekundärmarkt besteht.

- Drittens sinkt die Nachfrage nach Leistungen unternehmensexterner Intermediäre in dem Umfang, in dem die "In-House Bank" direkt die Risikopositionen über den Finanzmarkt an andere Finanzmarktteilnehmer überträgt.

Zusammenfassend kann nach den bisherigen Untersuchungen festgehalten werden, daß sich die "In-House Banken" hinsichtlich ihrer Intermediationstätigkeiten unter ökonomischen Aspekten in keiner Weise von Geschäftsbanken unterscheiden. Vielmehr ist zu beobachten, daß sie in gleicher Weise die unterschiedlichen Intermediationsfunktionen bis hin zur Transformationsfunktion ausüben, und damit gleichzeitig auch die entsprechenden Risiken übernehmen, die sich aus dieser Tätigkeit ergeben.

D. Mögliche Gefahren durch die Übernahme der Intermediationsfunktionen durch die "In-House Bank"

1. Gefahren für die "In-House Bank"

a) Unternehmensinterne Gefahren

Bei den bisherigen Erläuterungen zu den Anwendungsmöglichkeiten von Finanzinnovationen im Rahmen des "In-House Banking" stand der Aspekt im Vordergrund, daß mit diesen Instrumenten neue und effizientere Formen des Finanzmanagements ermöglicht werden. Insbesondere vor dem Hintergrund der finanzwirtschaftlichen Ziele Rentabilität, Liquidität, Sicherheit, Flexibiltät und Unabhängigkeit eröffnen die neuen Instrumente den "In-House Banken" bisher nicht bekannte Möglichkeiten. Allerdings konnte ebenfalls herausgearbeitet werden, daß die "In-House Bank" mit der eigenständigen Anwendung dieser Finanzinnovationen nicht nur bestehende Risiken aus dem originären Geschäft absichern, sondern auch Risiken aufgrund der gleichzeitig übernommenen Intermediationsleistungen übernehmen. Darüberhinaus ist festgestellt worden, daß im Rahmen des "In-House Banking" auch bewußt finanzwirtschaftliche Risiken aus strategischen oder spekulativen Gründen übernommen werden können.

Der professionelle Umgang mit diesen Risiken erfordert eine zuverlässige Aufbau- und Ablauforganisation des "In-House Banking". Fehler in der Organisation können daher weitreichende Folgen auf die finanzielle Lage der Unternehmung nach sich ziehen. Dies wird deutlich, wenn man die Ursachen für nennenswerte finanzielle Schieflagen großer Unternehmen[189] in den letzten Jahren unter

---

189 Der häufigste Grund für finanzielle Schieflagen von Unternehmen lag im Derivate-Handel. Als spektakuläre deutsche Fälle sind hier die Vorfälle bei der Metallgesellschaft Ende 1993 und die Verluste bei Klöckner (600 Mio. DM), VW (470 Mio. DM), Balsam (400 Mio. DM) und Klöckner-Humboldt-Deutz (600 Mio. DM) zu nennen. Vgl. dazu Büschgen (1995), S. 737 und 742. Im Ausland waren weitere Fälle zu beobachten. Zu nennen sind hier die Verluste von Procter&Gamble, bei denen der Rückkauf von zwei Futuregeschäften mißlungen ist, was in der Folge eine Rückstellung von 150 Millionen DM erforderlich machte. Weiter hat der britische Pharmakonzern Glaxo im November 1994 auf der Hauptversammlung bekannt gegeben, daß er mit Derivaten gehandelt hätte, "ohne zu wissen, was das bedeutet". Aufgrund der befürchteten Verluste wurden gut 300 Millionen DM zurückgestellt. Schließlich ist der Vorfall beim Konzern Dell-Computer zu nennen, der im Jahre 1994 erhebliche Verluste bei derivativen Zins- und Devisengeschäften erlitten hat. Dell schwört seither allen Derivaten ab und betreibt nur noch eine konventionelle Absicherung im Devisenterminhandel. Vgl. zu den genannten Fällen auch o. V. "Große Schieflagen durch Derivat-Handel" in: F.A.Z. vom 28. Februar 1995, S. 12.

organisatorischen Aspekten untersucht. Bei einer genaueren Betrachtung können dabei zwei Fehlerquellen herausgehoben werden: Zum einen die mangelnde Kontrolle des Handels und der Abwicklung von innovativen Finanzgeschäften - insbesondere von Finanzderivaten - als präventive Sicherheitsmaßnahme, und zum anderen unzureichende Informations- und Kontrolleinrichtungen zur Aufdeckung ungesicherter Risikopositionen.

Eine fehlende Kontrolle des Handels mit Finanzderivaten war z.B. bei VW und Klöckner die Ursache für erhebliche Verluste. Während VW aufgrund von Spekulation mit Devisen durch seine Mitarbeiter ungefähr 470 Millionen DM verlor, mußte Klöckner einen Verlust von rund 600 Millionen DM aufgrund unkontrollierter Öltermingeschäfte hinnehmen. In beiden Fällen lag die Ursache für den Verlust in organisatorischen Defiziten. So fehlte sowohl bei VW als auch bei Klöckner eine festgelegte Obergrenze für das Eingehen von Risiken sowie eine personelle und organisatorische Trennung zwischen Handel und Abwicklung.[190] Im Falle von Klöckner führte dies dazu, daß die offene Risikoposition zu spät erkannt wurde und ein Glattstellen nicht mehr möglich war.[191] Hingegen haben bei VW die organisatorischen Defizite Betrugsmöglichkeiten eröffnet.[192]

Neben diesen Defiziten bei den präventiven Maßnahmen zur Vermeidung von ungewollten Risikopositionen sind aber auch Defizite bei internen Informations- und Kontrollsystemen für finanzielle Schieflagen verantwortlich gewesen. So bestätigte die C&L Treuarbeit in einer Sonderprüfung, daß für die massiven Verluste der Metallgesellschaft im Rahmen ihrer Öltermingeschäfte auch erhebliche Defizite in der Organisation des Kontrollsystems verantwortlich waren.

---

190 Vgl. Büschgen (1995), S. 742.

191 Vgl. dazu auch Hagemann (1994), S. 161.

192 VW hatte im November 1985 im Rahmen eines Devisentermingeschäftes der Ungarischen Notenbank 308 Mio. US$ auf Termin zum Durchschnittskurs von ca. 3 DM/$ verkauft. Die Belege für dieses Geschäft waren allerdings von VW-Mitarbeitern gefälscht worden. Das Geschäft war somit nichtig. Infolgedessen erfüllte die Ungarische Notenbank ihre Verpflichtungen nicht, was dazu führte, daß VW die geschlossen geglaubte Position 1987 nachträglich schließen mußte. Da der Dollar mittlerweile auf 1,80 DM/$ gefallen war, enstand VW ein Verlust von 470 Mio. DM. Vgl. dazu Büschgen (1995), S. 742.

Die Defizite lagen hier zum einen in einer unklaren Kompetenzabgrenzung beim Controlling und zum anderen in der gleichzeitigen Ausübung der Verantwortung für die Ausführung der Termingeschäfte und deren Kontrolle durch ein Vorstandsmitglied in Personalunion.[193]

Neben diesen organistorischen Defiziten ist bei den genannten Vorfällen aber auch deutlich geworden, daß die Unternehmen über ein unzureichendes Informations- und Kontrollsystem verfügen, mit dessen Hilfe die Risiken hätten erfaßt, bewertet und gesteuert werden können.[194] So hat die Metallgesellschaft ihr Berichtswesen mit der Aufnahme von Öltermingeschäften nicht an die Besonderheiten von Termingeschäften und deren Risikostruktur angepaßt. Die eingegangenen Risiken waren somit aus den Berichten an die zentrale Controlling-Abteilung nicht zu entnehmen.[195]

Abgesehen vom Fall der Metallgesellschaft sind die bestehenden Defizite in den Kontroll- und Informationssystemen den Unternehmen nur eingeschränkt zuzuschreiben, da die Entwicklung und Anwendung solch umfassender Systeme noch vor bisher kaum zu überwindenen Schwierigkeiten steht. Das zentrale Problem liegt hier bei der Risikobewertung, welche bisher nicht vollständig gelöst werden konnte. Die Gründe hierfür sind zum einen in der Unvorhersehbarkeit der zukünftigen Entwicklung der eingegangenen Risikopositionen und zum anderen in der Problematik der qualitativen und quantitativen Erfassung zu sehen.[196] Verstärkt wird dieses Problem dadurch, daß sich die Risiken durch die ständige Neuentwicklung von Finanzinstrumenten, die sich bei der Anwendung dieser Innovationen ergeben, in ihrer Struktur laufend ändern.

Hinzu kommt, daß aufgrund bestehender Unterschiede zwischen der Software und den Systemen bei den Tochtergesellschaften die wenigsten Unternehmen über ein einheitliches Informations- und Kontrollwesen verfügen, was eine vollständige Übersicht über die bestehenden finanziellen Risiken des Gesamtkonzerns zusätzlich erschwert. Schließlich halten die erheblichen

---

193 Vgl. C&L Treuarbeit (1994), S. 102ff. Für den Bereich Finanzdienstleistungen und Controlling war ab Mai 1993 ein Vorstandsmitglied zuständig. Die Defizite im Öltermingeschäft wurden im Dezember 1993 bekannt.

194 Vgl. Büschgen (1995), S. 742.

195 Vgl. C&L Treuarbeit (1994), S. 84.

196 Vgl. dazu Meyer (1993), S. B 30.

Investitionen, die mit der Etablierung eines konzernweiten Informations- und Kontrollsytems verbunden sind, und der ständige Wechsel der Software, der aufgrund noch nicht vorhandener Standards notwendig ist, viele Unternehmen von einer Einführung ab.[197]

Im Ergebnis können die genannten Defizite in der Aufbau- und Ablauforganisation "In-House Banking" betreibender Unternehmen dazu führen, daß bei diesen Unternehmen Risikopositionen in ungewolltem Ausmaße entstehen. Bei einer sehr spekulativen Finanzstrategie kann es sogar zu einer Risikoakkumulation kommen, die das gesamte Unternehmen in seiner Existenz gefährden könnte. Obwohl es sich bei der Barings-Bank nicht um eine "In-House Bank" handelt, ist ihr Zusammenbruch dennoch ein eindrucksvolles Beispiel für die Folgen eines spekulativen Handels mit Derivaten.[198]

Neben möglichen unternehmensinternen Gefahrenursachen bestehen aber auch unternehmensexterne Gefahrenquellen, die den Erfolg des "In-House Banking" erheblich beeinträchtigen können.

b) Unternehmensexterne Gefahren

Eine wesentliche Voraussetzung für das Betreiben des "In-House Banking" ist der direkte Marktzutritt zu den primären und sekundären Finanzmärkten. Auf die Vorteile der dadurch erreichten Unabhängigkeit von den Banken ist bereits eingegangen worden. Nun stehen den Vorteilen aber auch Nachteile gegenüber, die den Erfolg des "In-House Banking" gefährden können. Als erstes ist hier das bestehende Marktliquiditätsrisiko an den Finanzmärkten zu nennen. Das Marktliquiditätsrisiko bezeichnet die Wahrscheinlichkeit, daß eine handelbare Finanzposition nicht rechtzeitig zum entsprechenden Marktwert verkauft bzw. plaziert werden kann.[199] Bei guter Verfassung der Finanzmärkte und ausreichend vorhandener Liquidität ist dieses Risiko nicht akut und kann daher von den "In-House Banken" bei ihren finanzwirtschaftlichen Entscheidungen unterschätzt werden.

---

197 Vgl. Schulz (1995), S. 15.

198 Vgl. Jünemann (1995).

199 Vgl. Halvax (1989), S. 1150.

Da aber die internationalen Finanzmärkte besonders sensibel auf negative marktrelevante Informationen reagieren, kann sich die Marktliquidität in den jeweils betroffenen Marktsegmenten sehr schnell verschlechtern.[200] "In-House Banken" können in diesen Situationen unter Umständen weder ihre Schuldtitel, noch ihre Finanzaktiva zum vollen Marktwert an den Primärmärkten plazieren bzw. an den Sekundärmärkten veräußern, was sie in erhebliche Liquiditätsschwierigkeiten bringen kann. Verfügt die "In-House Bank" dann nicht über genügend Liquiditätsreserven, kann dies gegebenenfalls die Existenz der gesamten Unternehmung gefährden.

Als praktisches Beispiel für solche Folgen sei hier der Commercial-Papers-Markt in Schweden angeführt. Der schwedische Markt hatte sich bis 1990 mit 270 Programmen und einem Volumen von rund 42 Milliarden DM zum drittgrößten Commercial-Papers-Markt in Europa entwickelt. Wirtschaftliche Schwierigkeiten weniger Unternehmen, die ihr Geld in diesen Programmen angelegt hatten, veranlaßte diese, einige der Commercial-Papers-Programme nicht mehr zu verlängern. Daraufhin brachen fünf Emittenten zusammen, was zu einer großen Vertrauenskrise im schwedischen Commercial-Paper-Markt führte.[201]

An diesem Beispiel werden auch die Gefahren aus einem weiteren Risiko deutlich, welches für die "In-House Banken" durch das direkte Agieren an den Finanzmärkten besteht: das Ausfallrisiko. Das Ausfallrisiko umschreibt die Wahrscheinlichkeit, daß ein Vertragspartner seinen eingegangenen vertraglichen Verpflichtung entweder nicht zeitgerecht oder unvollständig nachkommt. Außerdem kann unter dem Ausfallrisiko auch die Wahrscheinlichkeit subsumiert werden, daß eine Vertragspartei ein einmal eingegangenes Geschäft nach Ablauf der Vertragszeit nicht weiter verlängert.[202] Legt etwa eine "In-House Bank" kurzfristig überschüssige Finanzmittel ihrer Tochtergesellschaften in Commercial-Papers an, kann der Ausfall eines Commercial-Papers-Emittenten

---

200 Vgl. dazu etwa die Folgen des Golfkrieges auf die Finanzmärkte, in: o. V.: Die Folgen des Golfkrieges, in: WISU 2/1991, S. 83 oder die Folgen des Zusammenbruches des Bankhauses Barings im Februar 1995, was den Kurs des englischen Pfundes gegenüber der DM innerhalb weniger Tage von 2,35 DM/Pfund auf das Nachkriegstief von weniger als 2,30 DM/Pfund sinken ließ. Vgl. dazu o.V.: Der Rettungsversuch für Baring Brothers ist gescheitert, in: F.A.Z. vom 28.2.1995, S. 13.

201 Vgl. Schulz (1991), S. 24.

202 Diese Verlängerung wird als Vorwärtsrollen eines Geschäftes bezeichnet. Dies kann entweder zu den gleichen Konditionen wie zuvor geschehen oder zu neuen Konditionen, die der Marktentwicklung angepaßt sind.

die "In-House Bank" in Liquiditätsschwierigkeiten bringen, falls sie kurzfristig auf die Liquidierung dieser Papiere angewiesen ist. Ähnlich verhält es sich, wenn die "In-House Bank" ein Investitionsvorhaben einer Tochtergesellschaft durch die Ausgabe von Floating-Rate-Notes finanziert, und nach dem Ausfall einiger Investoren alternative Möglichkeiten der Geldaufnahme gesucht werden müssen, um die erforderliche Transformationsleistung für die Tochtergesellschaft aufrechterhalten zu können.[203] Verfügen die Finanzmärkte nach einem solchen Ausfall nicht über genügend Liquidität, um ein Ersatzgeschäft tätigen zu können, kann dies die "In-House Bank" ebenfalls in Liquiditätsschwierigkeiten bringen.

Neben dem Marktliquiditätsrisiko und dem Ausfallrisiko ist schließlich das Wertänderungsrisiko für die "In-House Banken" von besonderer Bedeutung. Dies wird deutlich, wenn man sich z.B. die Konstruktion eines Futuregeschäftes näher ansieht. Angenommen, die "In-House Bank" setzt auf einen steigenden Dollarkurs und möchte sich den gegenwärtig aus ihrer Sicht niedrigen Kurs (1,50 DM/$) für den Rohstoffeinkauf einer Tochtergesellschaft sichern. Sie kauft einen Future-Kontrakt in dem sie sich verpflichtet, einen vorgegebenen Dollarbetrag zum gegenwärtigen Kurs (1,50 DM/$) in einem halben Jahr zu kaufen. Damit verpflichtet sie sich zugleich bei der Clearingstelle der Terminbörse, an der sie die Kontrakte gekauft hat, neben der Initial Margin auch - je nach Kursentwicklung - weitere Margin-Zahlungen als Sicherheit nachzuzahlen. Sinkt der Dollarkus nun wider Erwarten auf 1,30 DM/$ ab, muß die "In-House Bank" für jeden auf Termin gekauften Dollar ca. 20 Pfennige als Sicherheit dafür hinterlegen, daß sie den Dollarbetrag zum genannten Termin auch wirklich abnehmen kann. Damit wird bei einem Future-Kontrakt von 5 Mio. Dollar eine Liquidtät von 1 Mio. DM auf unbestimmte Zeit gebunden.[204]

---

203 Die Transformationsleistung der "In-House Bank" besteht hier zum einen in der Fristentransformation, da sie die Bereitstellung langfristiger Finanzmittel durch die Ausgabe von mittelfristigen Papieren finanziert. Hinzu kommt die Losgrößentransformation, da die "In-House Bank" die gesamte Investitionssumme durch die Plazierung einzelner, in der Regel unterschiedlich großer Losgrößen finanziert. Schließlich transformiert die "In-House Bank" das Risiko der Investition, indem sie für die Sicherheit der aufgenommenen Mittel gegenüber den Investoren bürgt. Allerdings transformiert sie auch das Risiko der Finanzmittelaufnahme gegenüber der Tochtergesellschaft, wenn sie ihr garantiert, daß sie die Finanzmittel über die vereinbarte Zeit in vereinbarter Höhe und zu entsprechenden Konditionen zur Verfügung stellt.

204 Die Zeit ist insofern unbestimmt, da die Futurekontrakte in ihrer Fälligkeit durch den Kauf neuer Kontrakte nach vorne gerollt werden können. Damit kann zwar die Realisierung eines Verlustes vermieden werden, jedoch wird die Liquidität bei anhaltend negativer Kursentwicklung weiter gebunden.

Diese Margin-Nachzahlungen sind auch ein Grund sowohl für die Schieflage der Metallgesellschaft als auch für den Zusammenbruch des Baring-Bankhauses gewesen.[205] In beiden Fällen hat die erhebliche Liquiditätsanspannung durch die notwendigen Nachzahlungen an die Clearingstelle dazu geführt, daß die Kontrakte vorzeitig gekündigt und die Verluste mit den entsprechenden Folgen realisiert werden mußten. Im Falle der Metallgesellschaft z.B. hatten die Deutsche Bank und die Dresdner Bank es ab Mitte Dezember abgelehnt, weitere Kredite zur Finanzierung der Marginzahlungen zur Verfügung zu stellen, was die Metallgesellschaft dazu zwang, aus den Futurekontrakten teilweise auszusteigen und die bisher nicht realisierten Verluste aus den Öltermingeschäften zu realisieren. Diese betrugen insgesamt 1,276 Milliarden US$, wobei rund zwei Drittel der Verluste (853 Mio. US$) bereits in der Zeit von Anfang Oktober bis Ende Dezember 1993, also in drei Monaten, als Buchverluste angefallen waren.[206]

Im Fall der Barings Bank war die Situation vergleichbar. Der Händler der Barings Bank setzte im Rahmen einer spekulativen Strategie auf einen steigenden Nikkei-Aktienindex und kaufte entsprechende Future-Kontrakte auf den Nikkei-Aktien-Index 225.[207] In der Folge ist der Nikkei-Index aber rapide gefallen, was dazu führte, daß die Barings-Bank entsprechende Margin-Nachzahlungen an die Clearingstellen in Osaka und Singapur leisten mußte. Nach einem weiteren dramatischen Verfall des Nikkei-Aktienindexes konnte die Barings-Bank Ende Februar 1995 diese Nachzahlungen nicht mehr finanzieren und mußte die Kontrakte kündigen. Der dabei realisierte Verlust betrug über 1,7 Milliarden DM.[208]

Abstrahiert man von den aufgeführten konkreten Gefahren, die das "In-House Banking" betreffen, und versucht, die Gefahrenquellen einzelnen Bereichen zuzuordnen, wird deutlich, daß die möglichen Gefahren für das "In-House Banking" genau in den Bereichen zu finden sind, in die die Erstellung der

---

205 Zwar handelt es sich bei der Barings-Bank nicht um eine "In-House Bank", dennoch sind derartige Vorfälle prinzipiell auch bei einer "In-House Bank" möglich.

206 Vgl ausführlich zu den Vorfällen bei der Metallgesellschaft: C&L Treuarbeit (1994), S. 56-62.

207 Insgesamt baute der Händler eine Position von 44000 Futurekontrakten auf. Dies waren zu dem Zeitpunkt mehr als die Nikkei-Future-Positionen aller anderen Banken. Vgl. Jünemann (1995).

208 Vgl. o.V.: Der Rettungsversuch für Baring Brothers ist gescheitert, in: F.A.Z. vom 28.2.1995, S. 13.

Intermediations- und Transformationsleistungen auf Grund der Anwendung von Finanzinnoavtionen hineinverlagert wurden. Dies ist zum einen die "In-House Bank" selbst und zum anderen der Finanzmarkt.

Nach diesen Überlegungen zu den möglichen Gefahren, die sich für die "In-House Bank" selbst aufgrund der Übernahme von Finanzintermediationstätigkeiten ergeben, stellt sich abschließend die Frage, welche Gefahren vom "In-House Banking" auf die Stabilität des Finanzsektors ausgehen.

2. Gefahren für die Stabilität des Finanzsektors

In Kapitel III ist hergeleitet worden, daß die Entstehung der Finanzinnovationen zu einer nachhaltigen Stärkung der Funktions- und Leistungsfähigkeit der Finanzmärkte beigetragen hat. Dazu haben insbesondere die Veränderung der Transaktionseigenschaften, die Vervollständigung und Ausdifferenzierung des Produktangebotes, die Enstehung neuer Märkte sowie die Veränderungen in der Informationsverteilung an den Finanzmärkten beigetragen. In der Folge sind die Finanzmärkte als Koordinationsmechanismus für finanzielle Interessen effizienter, und für neue Finanzmarktteilnehmer interessanter geworden.

Die aufgezeigten Aktionsfelder und Tätigkeiten der "In-House Bank" haben deutlich gemacht, daß die "In-House Banken" als den Kreditinstituten gleichberechtigte Marktteilnehmer an den Finanzmärkten versuchen, diese gesteigerte Leistungsfähigkeit der Finanzmärkte direkt - also unter Umgehung der Banken - zu nutzen. Damit eröffnen sich zwar auf der einen Seite neue Möglichkeiten im Rahmen des Finanzmanagements,[209] jedoch hat dies auf der anderen Seite auch zur Folge, daß mögliche Schadensfälle durch das "In-House Banking" von keinem Finanzintermediär mehr abgefangen werden, sondern direkt auf den Finanzmarkt einwirken. Die Beispiele in den letzten beiden Abschnitten haben verdeutlicht, welche Schäden bereits durch das eigenständige Agieren an den Finanzmärkten entstanden sind. Je nach Vorfall können diese Schäden einen nachhaltigen Einfluß auf das Vertrauen in die Funktionsfähigkeit und die Stabilität der Finanzmärkte haben.[210] Denkbar ist hier z.B. eine

---

209 Vgl. Kapitel IV.D.1.

210 So hat der Kursverfall der Metallgesellschaftsaktie nach Bekanntwerden der Verluste aus dem Derivategeschäft die anderen Kurse an der deutschen Börse erheblich unter Druck gesetzt, während der Zusammenbruch der Barings-Bank eine Kapitalflucht aus dem

Beeinträchtigung des Preismechanismus - etwa in Folge zunehmender Spekulationsgeschäfte - in der Form, daß die Preise nicht mehr die fundamentalen preisbestimmenden Faktoren widerspiegeln, oder sie sich temporär sogar weit von ihnen entfernen. Die Folge wären allokative Ineffizienzen. Außerdem kann der Zusammenbruch eines Finanzmarktteilnehmers eine Unsicherheitssituation entstehen lassen, in der Fehleinschätzungen und Überreaktionen von Marktteilnehmern unter Umständen weitere Schäden verursachen können. Schließlich können aufgrund eines entstandenen nachhaltigen Mißtrauens der Marktteilnehmer ganze Marktsegmente vorübergehend zusammenbrechen.[211]

In diesem Zusammenhang macht es allerdings grundsätzlich keinen Unterschied, ob die negativen Auswirkungen aus dem Zusammenbruch einer Bank oder eines anderen Finanzmarktteilnehmers - etwa einer "In-House Bank" - resultieren. Entscheidend ist in diesen Situationen vielmehr die Art und das Ausmaß des entstandenen Schadens.

Betrachtet man jedoch die möglichen Folgen eines Zusammenbruchs auf die jeweiligen Gläubiger der Finanzintermediäre, so muß zwischen Banken und "In-House Banken" differenziert vorgegangen werden. Droht eine Bank aufgrund spekulativer Finanzgeschäfte zusammenzubrechen, hat dies nicht nur unmittelbare Auswirkungen auf den Finanzmarkt, sondern auch auf das Vertrauen der Einleger der Bank. Aus Angst um den Wert ihrer Einlagen werden sie versuchen, ihre Einlagen sofort von der betroffenen Bank in Form von Bargeld abzuziehen.[212] Aufgrund der im Verhältnis zu den Verbindlichkeiten relativ geringen Liquiditätsreserve ist es einer Bank in keinem Falle möglich, ihre Einlagen in vollem Umfang in Zentralbankgeld umzutauschen.[213] Sie wird im Falle eines "run" daher zwangsläufig Konkurs anmelden müssen. Aufgrund der bestehenden finanziellen Verflechtungen zwischen den Banken und der Annahme, daß von dem möglichen Zusammenbruch einer Bank auch der Wert

---

Britischen Pfund in die Deutsche Mark mit einem enstprechenden Kursverfall des Pfundes bewirkte. Vgl. dazu auch Jünemann (1995).

211 Vgl. Deutsche Bundesbank (1994d), S. 46 und Deutsche Bundesbank (1995), S. 29.

212 Damit wollen die Gläubiger das unsicher gewordene Buchgeld der Bank in sicheres Bargeld umtauschen, um damit den Wert ihres Geldvermögens zu sichern.

213 1991 betrugen z.B. die Sichteinlagen bei allen Banken in der Bundesrepublik 2.336 Mrd. DM. Dieses Buchgeld bei den Banken war aber nur mit dem Liquiditätsbestand (Kassenbestand der Banken und Guthaben der Banken bei der Deutschen Bundesbank) von 118, 5 Mrd unterlegt. Dies entspricht einer Quote von ca. 5%. Vgl. Deutsche Bundesbank (1991), S. 4-15. Vgl. dazu auch Zimmer (1993) und Münzer (1992), S. 42ff und S. 86.

der Einlagen bei anderen Banken betroffen sein könnte (Homogenitätsannahme), besteht die Gefahr, daß andere Banken in den Sog hineingezogen werden und ebenfalls fallieren.[214] Die durch den Zusammnbruch einer Bank ausgelöste Kettenreaktion würde somit einen nachhaltigen Schaden für das Geld- und Kreditwesen und damit für den gesamten Finanzsektor zur Folge haben.

Die Auslösung eines solchen Dominoeffektes ist vom Zusammenbruch eines "In-House Banking" betreibenden Unternehmens nicht zu erwarten. Zum einen verfügt die "In-House Bank" nicht über Sichteinlagen, die sie zu jeder Zeit in Zentralbankgeld umtauschen können muß. Infolgedessen kann die "In-House Bank" nicht im gleichen Umfang durch einen erhöhten Abzug ihr zur Verfügung gestellter Mittel in weitere Liquiditätsschwierigkeiten gebracht werden. Zum anderen trifft für die Unternehmen, die "In-House Banking" betreiben, die Homogenitätsannahme nicht zu. Das heißt, daß die Gäubiger einer zusammengebrochenen "In-House Bank" aus diesem Zusammenbruch keine unmittelbare Gefahr für den Wert ihrer Forderungen gegenüber einer anderen "In-House Bank" ableiten. Es ist somit nicht zu erwarten, daß die oben beschriebene Kettenreaktion im Falle des Zusammenbruchs einer "In-House Bank" einsetzen wird. Anders verhält es sich jedoch, wenn durch den Zusammenbruch einer "In-House Bank" indirekt ein Kreditinstitut in Mitleidenschaft gezogen wird. Je nach Höhe der zu verzeichnenden Verluste des Kreditinstitutes könnte der Zusammenbruch dieser "In-House Bank" dann der Auslöser für den oben beschriebenen Dominoeffekt mit seinen negativen Folgen für das gesamte Geld- und Kreditwesen sein.

Hinsichtlich der Folgen eines möglichen Zusammenbruchs einer Bank bzw. einer "In-House Bank" auf den Finanzsektor muß also zunächst zwischen den Auswirkungen auf den Finanzmarkt und auf die Gläubiger unterschieden werden. Während es für die Folgenabschätzungen eines Zusammenbruchs hinsichtlich der Finanzmarktentwicklung unerheblich ist, ob eine Bank oder eine "In-House Bank" falliert ist, muß bei der Beurteilung der Folgen für die Gläubiger zwischen

---

214 Dieser Homogenitätsgedanke hinsichtlich der Banken resultiert auch aus der Annahme der Gläubiger, daß alle Banken über die nahezu gleiche Geschäftsstruktur verfügen und daher im Falle des Fallierens einer Bank alle Banken in Gefahr geraten können. Auch wenn diese Annahme objektiv widerlegt werden kann, eine Beseitigung der subjektiven Angst der Gläubiger um den Wert ihrer Einlagen kann dadurch kaum erreicht werden. Sie werden letztlich auch aufgrund des psychologischen Effektes, der aus dem Zusammenbruch einer Bank resultiert, ihre Gelder aus dem Bankensystem abziehen, um den Wert ihrer Einlagen zu erhalten. Vgl. Krümmel (1987), S. 479 und Münzer (1992), S. 42.

Banken und "In-House Banken" unterschieden werden. Der Grund hierfür liegt im wesentlichen in der unterschiedlichen Gläubigerstruktur der beiden Finanzintermediäre. Diese Erkenntnisse werden bei der Frage der regulatorischen Behandlung von Banken und "In-House Banken" in Kapitel V eine zentrale Rolle einnehmen.

In den bisherigen Überlegungen dieses Kapitels stand die Übernahme der Finanzintermediationfunktionen durch "In-House Banken" im Vordergrund der Betrachtung. Dabei wurde festgestellt, daß sie im Prinzip die gleichen Intermediationsfunkionen wie Geschäftsbanken ausüben. Um eine vollständige Beurteilung der Gemeinsamkeiten und Unterschiede zwischen Geschäftsbanken und "In-House Banken" unter ökonomischen und geldtheoretischen Aspekten vornehmen zu können, bedarf es nun noch einer Untersuchung der Frage, ob "In-House Banken" in der gleichen Form Geld schöpfen können, wie es den Geschäftsbanken möglich ist. Die Beantwortung dieser Frage ist der Gegenstand des letzten Abschnitts dieses Kapitels.

E. Geldschöpfungsmöglichkeiten der "In-House Bank"

1. Gelddefinition als Grundproblem

In Kapitel II.C. ist bereits darauf hingewiesen worden, daß sich Kreditinstitute durch die Möglichkeit der Geldschöpfung von allen anderen Finanzintermediären am deutlichsten unterscheiden. Danach können Banken Geld schöpfen, indem sie entweder durch eine Kreditgewährung oder den Ankauf von Aktiva einer Nichtbank eine jederzeit liquidierbare Forderung (Buch- bzw. Giralgeld) gegen sich selbst auf der Passivseite ihrer Bilanz einräumen. Bevor nun untersucht wird, ob "In-House Banken" ebenfalls Geld schöpfen können, muß zunächst der Begriff Geld näher definiert werden. Dies gestaltet sich als schwierig, da über die Definition des Geldbegriffes verschiedene Auffassung bestehen.[215]

Grundsätzlich liegt der Schöpfung von Geld das Entstehen eines Gläubiger-Schuldner-Verhältnisses zugrunde.[216] Dies wird deutlich, wenn man die Gläubiger-Schuldner-Verhältnisse analysiert, die bei der Schaffung von Zentralbankgeld und Geschäftsbankengeld entstehen. Bei der Schaffung von Zentralbankengeld entsteht ein Gläubiger-Schuldner-Verhältnis zwischen dem Besitzer des Zentralbankengeldes und der Zentralbank,[217] während die Schaffung von Geschäftsbankengeld ein Gläubiger-Schuldner-Verhältnis zwischen dem Einleger und der Bank begründet.[218]

---

215 Vgl. dazu als Überblick: Issing (1987), S. 1-14.

216 Vgl. Köhler (1977), S. 5. Dort heißt es: "Die Wirtschaftssubjekte (sprechen) heute immer nur dann von Geld, wenn sie bestimmte Forderungen gegenüber der Zentralbank und den Banken besitzen." Vgl. weiter : Siebke/Willms (1974), S. 112 und Rohland (1983), S. 53 und die dort angegebene Literatur.

Diese Sichtweise erscheint auf den ersten Blick etwas ungewöhnlich, da in der Regel unter dem Begriff Geld ein "Gut" und nicht eine "Forderung" verstanden wird. Die Betrachtung des Geldes als eine Forderung gegenüber der Zentralbank bzw. einer Geschäftsbank ist aber bei genauerer Betrachtungsweise nicht nur präziser, sondern auch besser dazu geeignet, den Entstehungsprozeß von Geld nachzuvollziehen.

217 Die Existenz und Berechtigung dieser Forderungen bestätigt die Zentralbank durch die Ausgabe von Noten und Münzen, die diese "Forderung gegen die Zentralbank" verbriefen. Der Wert dieser Forderungen wurde früher von der Zentralbank durch das Bestehen eines Goldgegenwertes garantiert. Heute resultiert der Wert der Forderung lediglich aus dem Vertrauen der Geldbenutzer gegenüber der Zentralbank.

218 Hier wird die Forderung gegenüber der Geschäftsbank durch eine Urkunde (z.B. Sparbuch, Kontoauszug) bestätigt. Der Wert der Forderung wird durch das Kreditwesengestz dadurch garantiert, daß es die Kreditinstitute gem. § 3, Abs. 3 KWG dazu verpflichtet, den

Innerhalb einer arbeitsteiligen Wirtschaft bestehen und entstehen allerdings weit mehr Gläubiger-Schuldner-Verhältnisse als diese beiden, die durch die Schaffung von Zentralbankengeld bzw. Geschäftsbankengeld entstanden sind. Durch welche der insgesamt bestehenden und neu begründeten Verhältnisse Geld geschaffen wird, hängt von der Definition des Geldes ab.[219]

In der Nationalökonomie wird der Geldbegriff über die Geldfunktionen bestimmt. Dabei werden dem Geld innerhalb einer Volkswirtschaft die folgenden Funktionen zugeteilt: Zahlungsmittel-, Wertaufbewahrungs- und Recheneinheitsfunktion.[220] Forderungsverhältnisse, die alle drei Funktionen erfüllen, sind demnach als Geld zu bezeichnen. Eine weitere Dimension des Geldbegriffes erhält man, wenn man die Motive der Geldnachfrage als Kriterium der Gelddefinition verwendet. Danach lassen sich die folgenden drei Motive der Geldnachfrage unterscheiden: Transaktionsmotiv, Vorsichtsmotiv und Spekulationsmotiv.[221] Abhängig davon, welches Motiv eine Finanzforderung erfüllen muß, um als Geld eingestuft zu werden, kann mit Hilfe der Motive der Geldbegriff enger oder weiter gefaßt werden. Diesen relativ weiten Umschreibungen des Geldbegriffes steht die wesentlich engere Definition der Deutschen Bundesbank gegenüber. Sie definiert den Geldbegriff über die Geldmenge. Die am weitesten gefaßte Geldmenge ist danach die Geldmenge M3. In ihr sind der Bargeldumlauf, die Sicht-, Termin- und Spareinlagen bei den Banken zusammengefaßt.[222] Dies bedeutet, daß die Bundesbank nur die Forderungsverhältnisse als Geld einstuft, die sich aus der Schaffung von Bargeld und der Entstehung von Sicht-, Termin- und Spareinlagen ergeben. Bei genauer Betrachtungsweise stellt diese Definition des Geldes eine rechtliche Abgrenzung der Geldmenge und keine ökonomische Definition des Geldes dar.[223]

Gläubigern eine jederzeitige Verfügung über ihre Einlagen durch Barabhebung zu ermöglichen.

219 Vgl. dazu auch: Claasen (1979), S. 36ff.

220 Vgl. Ehrlicher (1972), S. 340.

221 Dieser Ansatz wurde von Keynes entwickelt. Vgl. Keynes (1936), S. 186ff.

222 Vgl. dazu Deutsche Bundesbank (1993), S. 90ff.

223 In diesem Zusammenhang wird auch die These vertreten, daß Geld ein Produkt staatlicher Regulierung, genauer: staatlicher Beschränkung der Finanzintermediation ist. Begründet wird diese Auffassung damit, daß der Staat durch die Beaufsichtigung und Regulierung des Bankensektors (Zentralbank und Geschäftsbanken), sowohl dem Zentralbankgeld als auch dem Buchgeld der Banken erst die Eigenschaften von Geld - die Tauschmittel-, Recheneinheit- und Wertaufbewahrungsfunktion - verleiht. Vgl. dazu ausführlich: Grünärml (1989), S. 208ff und die dort angegebene Literatur.

Jede der drei genannten Gelddefinitionen findet innerhalb der Wirtschaftswissenschaften ihre Anwendung. Dabei ist für die Entscheidung, welche Definition jeweils verwendet wird, das Erkenntnisziel der Untersuchungen maßgeblich. Demnach muß für die vorliegende Fragestellung, ob "In-House Banken" in der gleichen Form Geld schöpfen können wie Kreditinstitute, diejenige Gelddefinition verwendet werden, die auch für die Beurteilung der Geldschöpfungsmöglichkeiten und dessen Kontrolle bei den Banken verwendet wird. Aus diesem Grunde liegt den folgenden Überlegungen die Geldmengendefinition der Deutschen Bundesbank zugrunde.

Will man unter Berücksichtigung dieser Erkenntnis untersuchen, ob "In-House Banken" Geld schöpfen können, müssen zunächst mögliche Gläubiger-Schuldner-Verhältnisse gefunden werden, die ein Schöpfen von Geld ohne die Beteiligung einer Geschäftsbank ermöglichen. Bei genauerer Betrachtung können hier zwei Gläubiger-Schuldner-Beziehungen unterschieden werden, die unter Umständen das Schaffen von zusätzlichem Geld ermöglichen: Zum einen innerhalb des Konzerns, etwa zwischen der "In-House Bank" und einer Tochtergesellschaft, und zum anderen konzernübergreifend, z.B. zwischen der "In-House Bank" und einer anderen Nichtbank. Entsprechend dieser Zweiteilung werden im folgenden die Geldschöpfungsmöglichkeiten der "In-House Banken" näher untersucht.

2. Konzerninterne Geldschöpfungsmöglichkeiten der "In-House Bank"

In Folge der originären Geschäftstätigkeit eines Konzerns entstehen viele Forderungsverhältnisse sowohl innerhalb des Konzerns als auch konzernübergreifend. Bisher wurden diese Gläubiger-Schuldner-Verhältnisse dadurch erfüllt, daß der Schuldner dem Gläubiger eine Forderung entweder gegenüber der Zentralbank oder gegenüber einer Geschäftsbank übertragen hat. Während der erste Fall einer Bargeldzahlung entspricht, handelt es sich im zweiten Fall um eine Übertragung von Buchgeld bei einer Geschäftsbank.[224] Diese Möglichkeiten der Erfüllung einer originären Forderung wurden im Rahmen des traditionellen Zahlungsverkehrs sowohl zwischen den Tochtergesellschaften als auch über die Konzerngrenze hinweg ausgeübt.

---

224 Dies kann z.B. durch Überweisungen oder Scheckzahlungen erfolgen.

Es ist ein Kennzeichen des "In-House Banking", daß im Rahmen des Cash-Managements zunächst die Erfüllung der konzerninternen Gläubiger-Schuldner-Verhältnisse unternehmensintern koordiniert wird.[225] Dies erfolgt insbesondere durch die Verrechnungen der Forderungen im Zuge des Netting-Verfahrens. Im Rahmen des Nettings könnte dann Geld geschaffen werden, wenn die Erfüllung der originären Forderung[226] durch den Schuldner - etwa Tochtergesellschaft A - mit der Übertragung einer Forderung erfolgen würde, welche der Gläubiger - z.B. Tochtergesellschaft B - als Geld akzeptiert. Die Erfüllung einer solchen Gläubiger-Schuldner-Beziehung zwischen zwei Tochtergesellschaften erfolgt im Rahmen des Nettings über die "In-House Bank". Sie gewährt auf der einen Seite der Schuldner-Tochtergesellschaft einen Kredit und räumt auf der anderen Seite der Gläubiger-Tochtergesellschaft ein Guthaben ein. Damit ist die originäre Forderung der Gläubigergesellschaft gegenüber der Schuldnergesellschaft zunächst erfüllt. Jedoch entstehen zugleich zwei neue Gläubiger-Schuldner-Verhältnisse: Zum einen zwischen der "In-House Bank" und der Schuldnergesellschaft ("Kreditvertrag"), und zum anderen zwischen der Gläubigergesellschaft und der "In-House Bank" ("Einlagenvertrag").

Es stellt sich nun die Frage, ob durch die Entstehung der Forderung der Gläubigergesellschaft gegenüber der "In-House Bank" Geld geschaffen wurde. Unter Berücksichtigung der hier zugrundegelegten Gelddefinition wäre dies dann der Fall, wenn die neu entstandene Forderung der Gläubigergesellschaft gegenüber der "In-House Bank" ein Element der von der Bundesbank definierten Geldmenge M3 begründen würde. Dies ist aber nicht der Fall, da die neu entstandene Forderung der Gläubigergesellschaft gegenüber der "In-House Bank" weder eine Forderung gegenüber der Bundesbank noch gegenüber einer Bank in Form von Buchgeld begründet. Legt man die enge Gelddefinition der Bundesbank zugrunde, können "In-House Banken" also durch die Einräumung einer Forderung gegen sich selbst - z.B. gegenüber einer Tochtergesellschaft - keine aktive Geldschöpfung betreiben, da diese Forderung in keinem Falle den rechtlichen Status einer Forderung gegen eine Geschäftsbank bzw. gegen die Deutsche Bundesbank erfüllen.[227]

---

225 Vgl. Kapitel IV.B.1.

226 Diese originäre Forderung kann z.B. aus einem Grundgeschäft resultieren.

227 Würde man allerdings die funktionale Gelddefinition den Überlegungen zugrundelegen, könnte die "In-House Bank" dann Geld schaffen, wenn es ihr gelingen würde, der Forderung gegen sich selbst die Funktionen der Wertaufbewahrung, der Recheneinheit und

Unter geldtheoretischen Aspekten gilt es aber hinsichtlich der Entstehung von "In-House Banken" noch einen weiteren Zusammenhang zu analysieren. Bisher wurden - wie oben dargestellt - die Schuldverhältnisse zwischen zwei Parteien entweder durch die Übertragung einer Forderung gegenüber der Zentralbank (Bargeld) oder gegenüber einer Geschäftsbank (Buchgeld) erfüllt.[228] Die Durchführung dieser Übertragungen - ob durch zusätzlich geschöpftes oder bereits bestehendes Geld - hatte unmittelbaren Einfluß auf die Höhe und die Zusammensetzung der Geldmenge M3, wobei allein die Zentralbank und die Geschäftsbanken durch ihre Geschäftspolitik in der Lage waren, das Geldmengenwachstum zu beeinflussen.

Durch die Entstehung des "In-House Banking" großer Unternehmen ist die Erfüllung eines Teils der bisher über die Banken erfolgten Tilgungen von Schuldverhältnissen in die Konzerne internalisiert worden.[229] Dadurch erlangen die "In-House Banken" zwar nicht die Möglichkeit, selbst aktiv Geld zu schöpfen, allerdings wird ein Teil der bisher zur Begleichung von Forderungen benötigten Geldmenge durch die Verrechungsmöglichkeiten der "In-House Banken" substituiert. Dies bedeutet, daß die Geldmenge M3 die unternehmensintern verrechneten und erfüllten Forderungen nicht mehr erfaßt.

3. Konzernexterne Geldschöpfungsmöglichkeiten der "In-House Bank"

Eine weitere Geldschöpfungsmöglichkeit der "In-House Bank" könnte durch die Schaffung konzernübergreifender Gläubiger-Schuldner-Verhältnisse bestehen, die eine Entstehung von Geld bewirken. Dabei könnte z.B. Geld geschöpft werden, wenn die "In-House Bank" mit einer Forderung gegen sich selbst ein bestehendes Schuldverhältnis etwa gegenüber einem konzernexternen Unter-

---

des Tauschmittels zu übertragen. Ob die Forderung gegen die "In-House Bank" diese Funktionen erfüllt, kann allerdings nicht die "In-House Bank" selbst bestimmen. Dies obliegt vielmehr den Geldnachfragern, in diesem Fall also den Tochtergesellschaften. Sind diese der Auffassung, daß die Forderung gegen die "In-House Bank" die aufgezeigten Geldfunktionen erfüllt, so kann theoretisch behauptet werden, daß die "In-House Bank Geld schöpfen kann.

228 Hierbei wurde dann Geld geschöpft, wenn die Bank dem Schuldner einen Kredit gewährte und dieser zur Bezahlung der Schuld gegenüber dem Gläubiger verwendet werden konnte. Bezahlt der Schuldner aus seinem Guthaben bei der Bank, dann hat keine Geldschöpfung sondern lediglich eine Übertragung bereits bestehenden Geldes stattgefunden.

229 Diese Internalisierung kann im Grunde mit den gleichen Argumenten begründet werden, wie die Übernahme der Intermediationsfunktionen durch die "In-House Bank". Vgl. dazu Kapitel IV.B.1 und 5.

nehmen begleichen könnte. Analog zu den Überlegungen im vorherigen Abschnitt kann es der "In-House Bank" allerdings auch hier in keinem Falle gelingen, ein Element der Geldmenge M3 zu schaffen, da sie mit der Einräumung einer Forderung gegen sich selbst weder eine Forderung gegenüber der Zentralbank noch gegenüber einer Geschäftsbank begründet.[230]

Allerdings muß im Vergleich zu den internen bei den konzernübergreifenden Geldschöpfungsmöglichkeiten der "In-House Bank" unter geldtheoretischen Aspekten ein Unterschied berücksichtigt werden. Im Rahmen der konzerübergreifenden Geldschöpfungsmöglichkeiten kann die "In-House Bank" durch die Begebung von Wertpapieren ein Gläubiger-Schuldner-Verhältnis begründen.[231] Damit schöpft sie zwar kein Geld im Sinne der Gelddefinition der Deutschen Bundesbank jedoch entsteht dadurch ein handelbares Finanzaktivum. Diese verbriefte Forderung gegenüber der "In-House Bank" kann somit vom Inhaber weiterveräußert werden. Kauft eine Bank dieses Wertpapier, und räumt sie dem Verkäufer im Gegenzug ein Guthaben z.B. in Form einer Sichteinlage ein, ist Geld im Sinne der Deutschen Bundesbank geschaffen worden.[232] Dies bedeutet im Ergebnis, daß die von der "In-House Bank" durch die Ausgabe von Wertpapieren begründeten Forderungsverhältnisse im Gegensatz zu den unternehmensinternen geschaffenen Forderungsverhältnissen eine Basis für die Schaffung zusätzlichen Geldes darstellen.

Diese Schaffung von monetisierbaren Forderungen ist allerdings kein typisches Phänomen der "In-House Banken". Vielmehr stellt jedes von Banken oder Nichtbanken ausgegebene Wertpapier eine neue Forderung dar, die in Geld umgetauscht werden kann. Infolgedessen ergeben sich in diesem Zusammenhang aus der Entstehung des "In-House Banking" keine grundsätzlich neuen Problemfelder für die Geldpolitik.

Nach diesen Überlegungen zu den Geldschöpfungsmöglichkeiten von "In-House Banken" stellt sich nun die Frage, ob aus den gewonnenen Erkenntnissen ein geldpolitischer Handlungsbedarf für die Deutsche Bundesbank abgeleitet werden kann.

---

230 Vgl. Kapitel IV.E.2.

231 Z.B. durch die Emission von Commercial-Papers.

232 Dieser Kauf eines Wertpapiers gegen die Einräumung eines Sichtguthabens entspricht der aktiven Geldschöpfung.

4. Geldpolitischer Regulierungsbedarf bei "In-House Banken"?

Ein geldpolitischer Handlungsbedarf würde dann bestehen, wenn die "In-House Banken" in der Lage wären, in der gleichen Form Geld zu schöpfen wie Geschäftsbanken. Wäre dies der Fall, dann könnten sie die gesamtwirtschaftliche Geldmengenentwicklung aktiv beeinflussen und damit die Geldmengenpolitik der Deutschen Bundesbank unterlaufen. In der logischen Konsequenz der Geldpolitik der Deutschen Bundesbank müßte dann der Anwendungsbereich des geldpolitischen Instrumentariums auf die "In-House Banken" erweitert werden. Die oben gemachten Ausführungen haben jedoch gezeigt, daß "In-House Banken" nicht in der Lage sind, Geld zu schöpfen. Infolgedessen ist aufgrund der Entstehung des "In-House Banking" eine prinzipielle Änderung der Geldpolitik der Deutschen Bundesbank nicht erforderlich.

Diese Erkenntnis darf jedoch nicht darüber hinwegtäuschen, daß die Entstehung und Verwendung von Finanzinnovationen die Geldpolitik grundsätzlich vor neue Herausforderungen stellt. Die Ursachen hierfür liegen allerdings in den allgemeinen Veränderungen an den Finanzmärkten. Zu nennen sind hier insbesondere die zunehmende Verbriefung von Forderungen und die Entstehung neuer Finanzprodukte, die neben den traditionellen Einlagen neue Formen der Geldhaltung ermöglichen.[233] Damit erfährt die Geldmengenabgrenzung der Deutschen Bundesbank eine Erosion. Dies bedeutet zugleich, daß die Geldmenge M3 als Zwischenzielgröße für die Geldmengenpolitik an Aussagekraft verliert, da sie nicht mehr alle bestehenden und neu begründeten Gläubiger-Schuldner-Beziehungen erfaßt, deren Übertragung zur Tilgung von Forderungen geeignet sind.

Welche Folgen sich daraus für die Effizienz der Geldmengenpolitik der Deutschen Bundesbank ergeben und welche Lösungsansätze bestehen, um mögliche Effizienzverluste zu beseitigen, soll hier allerdings nicht weiter diskutiert werden, da dieser Problemkreis nicht die originäre Fragestellung der Arbeit betrifft.[234]

---

233 Zu nennen sind hier z.B. die Geldmarktfonds.

234 Vgl. zu diesem Problemkreis: Deutsche Bundesbank (1995), Francke (1985), ebd. (1988), Bofinger (1987), Smeets (1987).

F. Zusammenfassung der Erkenntnisse und erweiterte Problemstellung

Die Überlegungen in diesem Kapitel können wie folgt zusammengefaßt werden:

1. Die Mindestvoraussetzung für das Betreiben von "In-House Banking" werden im wesentlichen durch die Anforderungen bestimmt, die sich aus der Anwendung der entsprechenden Finanzinnovationen ergeben. Zu diesen Mindestanforderungen zählen insbesondere ein ausreichender Unternehmensumsatz, eine unter technischen und personellen Aspekten hochqualifizierte Ausstattung der Finanzabteilung sowie ein entsprechendes Standing und intensive Investor relations.

2. Die "In-House Bank" ist aus der organisatorischen Weiterentwicklung der Finanzabteilung vom Service- zum Profit-Center entstanden. Neben den klassischen finanzwirtschaftlichen Zielen der Liquidität, Rentabilität und Sicherheit kennzeichnet die "In-House Bank" insbesondere das Streben nach einer höheren Flexibilität und Unabhängigkeit bei finanzwirtschaftlichen Entscheidungen.

3. Um die genannten Ziele zu erreichen, versucht die "In-House Bank" zunächst mit Hilfe des Cash- und Riskmanagements den unternehmensinternen Finanzmittelfluß und seine Risikostruktur sowie die Risikostruktur der Finanzmittelbestände zu optimieren. Die dabei entstehenden Nettopositionen werden anschließend mit Hilfe von Finanzinnovationen direkt - also unter Umgehung von Kreditinstituten - über den Finanzmarkt geschlossen.

4. Durch die Verwendung innovativer Finanzierungs- und Anlageinstrumente sowie derivativer Innovationen agiert die "In-House Bank" als Finanzintermediär. Dies gilt sowohl für die Koordination der internen Finanzmittelflüsse als auch für das unternehmensexterne Agieren an den Finanzmärkten. Der Umfang der dabei erbrachten Intermediations- und Transformationsleistungen hängt von den Eigenschaften der eingesetzten Finanzinstrumente ab. Vergleicht man diese Leistungserstellung der "In-House Bank" mit den Intermediationsleistungen einer Geschäftsbank, so ist unter ökonomischen Aspekten kein Unterschied auszumachen. Dies gilt insbesondere für die Übernahme der Risiken, die sich bei der Ausübung der Transformationsfunktion ergeben.

5. Obwohl die "In-House Banken" die gleichen Intermediationsfunktionen wie Banken ausüben, muß in der Beurteilung möglicher Folgen für den Finanzsektor aufgrund von Schadensfällen differenziert vorgegangen werden. Hinsichtlich der Auswirkungen eines durch "In-House Banken" oder durch Banken entstandenen finanziellen Schadens auf das Vertrauen in die Stabilität und die Funktionsweise der Finanzmärkte ist im Grundsatz kein Unterschied zu beobachten. Dieser ist jedoch bei der Analyse möglicher Folgen eines Zusammenbruchs für die unmittelbaren Gläubiger auszumachen. Während das Fallieren einer Bank einen Dominoeffekt innerhalb des Geld- und Kreditwesens auslösen kann, ist dies von dem Zusammenbruch einer "In-House Bank" nicht zu erwarten.

6. Schließlich wurde die Frage behandelt, ob "In-House Banken" in der gleichen Form Geld schöpfen können wie Geschäftsbanken. Hier haben die Untersuchungen zu dem Ergebnis geführt, daß dies nicht der Fall ist. Nimmt man die Geldmengendefinition der Deutschen Bundesbank als Grundlage, so sind die "In-House Banken" nicht in der Lage, durch die Verwendung von Finanzinnovationen die Geldmenge M3 auszuweiten. Infolgedessen ergibt sich aus der Entstehung des "In-House Banking" kein unmittelbarer Bedarf, die Geldpolitik der Deutschen Bundesbank zu ändern. Welche Substitutionseffekte sich allerdings innerhalb der Geldmenge M3 bzw. zwischen M3 und geldnahen Substituten durch die zunehmende Verwendung von Finanzinnovationen ergeben können, ist nicht weiter untersucht worden, da dies nicht Inhalt der vorliegenden Fragestellung war.

Im Ergebnis unterscheiden sich "In-House Banken" von Geschäftsbanken unter ökonomischen und geldtheoretischen Aspekten nur dadurch, daß sie kein zusätzliches Geld schöpfen können. Hinsichtlich der Intermediationstätigkeiten und Transformationsleistungen innerhalb des gesamtwirtschaftlichen Finanzmittelflusses besteht allerdings kein Unterschied zu den Kreditinstituten. Vor dem Hintergrund der geldpolitischen und aufsichtsrechtlichen Regulierung der Kreditinstitute führt diese Erkenntnis zu dem Ergebnis, daß der Tatbestand der Intermediations- und Transformationsleistungen unter regulatorischen Aspekten ungleich behandelt wird, da für "In-House Banken" bisher keine Regulierungsvorschriften existieren.

Im folgenden Kapitel wird daher der Frage nachgegangen, aus welchen Gründen die "In-House Banken" bisher noch keinen regulierenden Vorschriften der Aufsichtsbehörden unterliegen. Zu diesem Zwecke wird zunächst untersucht, warum das Kreditwesengesetz als Grundlage für eine mögliche Einbeziehung der "In-House Banken" nicht geeignet ist. Daran anschließen wird sich eine kritische Untersuchung der Frage, ob das Aufsichts- und Kontrollinstrumentarium der Bankenaufsicht auf die "In-House Bank" anwendbar ist.

Aus den gewonnen Erkenntnissen wird schließlich die Begründung für eine Neustrukturierung der Aufsichtsregeln abgeleitet. Dabei steht das Ziel im Vordergrund, einen Ansatz für eine aufsichtsrechtliche Neuorientierung zu finden, der ökonomisch bzw. geldtheoretisch gleiche Tatbestände aufsichtsrechtlich im selben Maße erfaßt.

V. PROBLEME BEI DER AUFSICHTSRECHTLICHEN BEHANDLUNG DER "IN-HOUSE BANKEN" UND MÖGLICHE LÖSUNGSANSÄTZE

A. Das Kreditwesengesetz als unzureichende Grundlage für die Einbeziehung der "In-House Banken" in die Bankenaufsicht

1. Zum eingeschränkten Geltungsbereich des Kreditwesengesetzes

a) Kreditwesengesetz als Gewerbeaufsichtsrecht

Die bisherigen Untersuchungen dieser Arbeit haben gezeigt, daß mit den "In-House Banken" neue Institutionen entstanden sind, die - mit Ausnahme der Geldschöpfung - unter ökonomischen Aspekten die gleichen Funktionen wie Geschäftsbanken ausüben und damit auch vergleichbare Risiken übernehmen, die einen nicht unerheblichen Einfluß auf die Stabilität des Kreditwesens haben können.[1] Da die Aufsicht und Kontrolle der Geschäftsbanken u.a. mit der Existenz dieser Gefahren begründet wird,[2] stellt sich die Frage, warum das Kreditwesengesetz keine Anwendung auf die "In-House Banken" findet. Um diese Frage zu beantworten, bedarf es einer genaueren Analyse des Geltungsbereiches des Kreditwesengesetzes.

Das Kreditwesengesetz regelt die Bankenaufsicht als einen Sonderfall des Gewerberechtes.[3] Das Gewerbeaufsichtsrecht zielt auf die Abwehr von Gefahren ab, die aus dem Wirtschaftsverkehr für die beteiligten Parteien entstehen können. Ziel ist es demnach, solche Gefahren von den Teilnehmern am Wirtschaftsverkehr abzuwenden, die aus dem Gewerbebetrieb für diese in wirtschaftlicher Hinsicht entstehen können. Dabei ist es kennzeichnend für die Gewerbetätigkeit, daß sie in der Regel zur Fremdbedarfsdeckung ausgeübt wird.[4]

---

1 Vgl. dazu Kapitel IV.B-D.

2 Vgl. § 6 Abs. 2 KWG und Kapitel II.D.

3 Weitere Spezialfälle des Gewerberechtes bestehen z.B. im Personenbeförderungsgesetz, in der Handwerksordnung, im Gaststättengesetz oder im Versicherungsaufsichtsgesetz. Vgl. Habscheid (1988), S. 2.

4 Vgl. dazu Eichholz (1993), S. 54.

Überträgt man diese Perspektive auf das Kreditwesen, übernimmt die Bank die Funktion des Gewerbetriebe in der Form, daß sie einen in kaufmännischer Weise eingerichteten Geschäftsbetrieb führt, um die in § 1 KWG aufgelisteten Bankgeschäfte zur Deckung des Bedarfs Dritter gegen Entgelt zu betreiben.[5] Die Bankenaufsicht als Teil der Gewerbeaufsicht hat damit die Aufgabe, die Teilnehmer am Wirtschaftsverkehr mit den Kreditinstituten vor den Gefahren zu bewahren, die sich für diese aus der Gewerbetätigkeit der Kreditinstitute ergeben können.[6] Die Gefahr, die hier für die Teilnehmer entstehen kann, ist insbesondere die des Vermögensverlustes durch eine unsachgemäße Geschäftspolitik der Bank. In der Abwehr dieser Gefahr und damit auch in der Verfolgung des privaten Schutzinteresses der Marktteilnehmer liegt somit der gewerberechtliche Rechtfertigungsgrund für die Regulierung der Kreditinstitute.[7]

Im Charakter des Kreditwesengesetzes als Teil des Gewerberechtes liegt zugleich auch der Grund, warum das KWG auf die "In-House Banken" keine Anwendung findet. Im Gegensatz zu Geschäftsbanken betreiben die "In-House Banken" ihre Bankgeschäfte ausschließlich zur Eigenbedarfsdeckung, d.h. nicht gewerblich.[8] Damit entfallen in logischer Konsequenz nicht nur alle aufsichtsrechtlichen Regelungen des Kreditwesengesetzes für die "In-House Bank", sondern auch das Schutzbedürfnis der an den Geschäften beteiligten Parteien hinsichtlich der Sicherung ihrer Vermögenspositionen.

b) Kreditwesengesetz als rechtliche Grundlage für staatliche Regulierung

Obwohl das Kreditwesengesetz von der Konzeption her gewerberechtlich orientiert ist, dient es zugleich als Rechtsgrundlage für staatliche Regulierungen,[9] mit denen Ziele verfolgt werden, die über den Schutzbereich des reinen Gewerbe-

---

5 Vgl. Habscheid (1988), S. 2. Diese wird auch am Wortlaut des Kreditwesengesetzes deutlich: Dort heißt es z.B. in §1 Abs. 1: "Bankgeschäfte sind: die Annahme *fremder* Gelder als Einlagen ... ". Weiter heißt es in Abs. 1: "Bankgeschäfte sind: ... die Anschaffung und die Veräußerung von Wertpapieren *für andere*".

6 Vgl. Habscheid (1988), S. 3.

7 Vgl. Niethammer (1990), S. 32 und 36.

8 Vgl. Kapitel IV.A.4. Vgl. zur Begründung warum die Vergabe von Krediten innerhalb des Konzerns nicht unter die Fremdbedarfsdeckung, sondern unter den Eigenbedarf fällt: Eichholz (1993), S. 53ff.

9 Vgl. Deutsche Bundesbank (1994a), S. 53.

rechts hinausgehen.[10] Zu nennen ist hier insbesondere das Ziel der Abwendung von Mißständen im Kreditgewerbe, die einen "erheblichen Nachteil für die Gesamtwirtschaft" herbeiführen können.[11] Unabhängig davon, daß dieser übergeordnete Zweck des Kreditwesengesetzes durchaus kontrovers diskutiert werden kann,[12] geht der Gesetzgeber davon aus, daß durch eine wie auch immer ausfallende Regulierung der Kreditinstitute diese Gefahr abgewehrt werden kann.[13]

Wie die Auflistung der möglichen Gefahren des "In-House Banking" in Kapitel IV deutlich gemacht hat, kann das Fehlverhalten von "In-House Banken" vergleichbare Auswirkungen auf den Finanzsektor haben wie das eines Kreditinstitutes. Da das KWG in seiner Anwendungsgrundlage auf den "gewerblichen" Charakter der Banktätigkeit abstellt, sind die "In-House Banken" jedoch auch von diesen weitergehenden Aufsichtszielen nicht betroffen. Sämtliche dem Gewerbeschutz übergeordneten Ziele und Maßnahmen gehen somit an den "In-House Banken" vorbei.

Die Ergebnisse dieser Überlegungen machen die Defizite des Kreditwesengesetzes als Rechtsgrundlage für die Regulierung im Geld- und Kreditwesen deutlich. Der aufgrund seines gewerberechtlichen Charakters enge Gültigkeitsbereich des Kreditwesengesetzes verhindert eine Einbeziehung der "In-House Banken" in den Geltungsbereich des KWG. Da das KWG allerdings zugleich auch die Rechtsgrundlage für regulierende Eingriffe in das Geld- und Kreditwesen ist, bedeutet dies, daß auch die Regulierungsvorschriften des KWG keine Anwendung auf die "In-House Banken" finden.

---

10 Diese Doppelfunktion ist damit zu begründen, daß die Gewerbeaufsicht neben der Gefahrenabwehr auch allgemeine wirtschaftliche, soziale und gesellschaftliche Ziele verfolgt. Vgl. Stein (1967), S. 12.

11 Vgl. § 6 Abs. 2 KWG.

12 Vgl. dazu Niethammer (1990), S. 36ff. Dort ist eine Auflistung der unterschiedlichen Ansichten über die notwendige Zielsetzung des KWG aus der Sicht der Bundesregierung, des Bundesrates, des Wirtschaftsausschusses des Deutschen Bundestages sowie des Bundesverfassungsgerichtes aus dem Jahr 1961 aufgeführt. Die aufgezeigten kontroversen Meinungen stammen aus der Diskussion, die im Vorfeld der Entscheidung des Bundesverfassungsgerichtes zur Verfassungsmäßigkeit des KWG im Jahre 1961 stattfand.

13 Vgl. Niethammer (1990), S. 36/37.

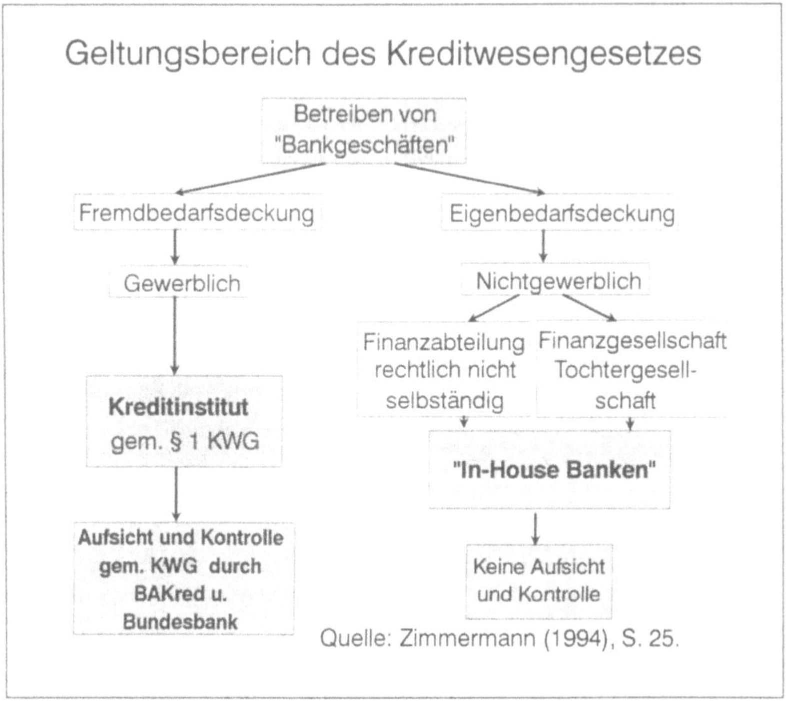

Abbildung 22: Geltungsbereich des Kreditwesengesetzes

Auf den ersten Blick erscheint es denkbar, daß eine Ausdehnung des Anwendungsbereiches des Kreditwesengesetzes auf die "In-House Banken" diese Defizite beseitigen würde. Dies könnte erreicht werden, wenn das bisherige Differenzierungskriterium des "Fremd- bzw. Eigenbedarfs" aufgelöst und statt dessen die alleinige Ausübung der Bankgeschäfte, die in § 1 KWG angeführt werden, bereits als Tatbestand ausreichen würde, um von den Regelungen des Kreditwesengesetzes erfaßt zu werden.[14] Nach einer derartigen Änderung der Rechtsgrundlage müßten auch die "In-House Banken" die Regulierungsanforderungen des Kreditwesengesetzes erfüllen. Hierbei stellt sich jedoch die Frage, ob die Instrumente der Bankenaufsicht auf die "In-House Banken" anwendbar sind. Dies Frage wird im folgenden Abschnitt analysiert.

14 Um dieses zu bewirken, müßten allerdings die Bankgeschäfte in § 1 KWG so umformuliert werden, daß der Charakter des Fremdbedarfs entfällt. Z.B. müßte das Bankgeschäft der "Annahme fremder Gelder als Einlage" geändert werden in: "Annahme von Geldern als Einlage".

2. Probleme bei der Übertragung des Instrumentariums der Bankenaufsicht auf die "In-House Bank"

a) Zulassungsvoraussetzung zum Bankbetrieb

Das Kreditwesengesetz schreibt in § 32 vor, daß juristische oder natürliche Personen, die Bankgeschäfte im Sinne des § 1 KWG betreiben wollen, der Erlaubnis durch das Bundesaufsichtsamt für das Kreditwesen (BAKred) bedürfen. Diese Erlaubnis darf nach § 33 KWG nur versagt werden, wenn die erforderlichen Voraussetzungen vom Antragsteller nicht erfüllt werden. Diese umfassen im wesentlichen eine angemessene Eigenkapitalausstattung, eine entsprechende Zuverlässigkeit und eine ausreichende fachliche Eignung bzw. Qualifikation mindestens zweier Geschäftsleiter.[15]

Abgesehen von der Rechtsauslegung des Kreditwesengesetzes ist die Erfüllung von Zulassungsvorschriften als Erlaubnisvoraussetzung für das Betreiben von Bankgeschäften grundsätzlich auch auf die "In-House Bank" übertragbar. Um dieses zu erreichen, müßte die "In-House Bank" zunächst die Eigenkapitalvorschriften des Kreditwesengesetzes in der Form erfüllen, daß sie über ein angemessenes haftendes Eigenkapital[16] verfügt, was grundsätzlich kein Problem darstellen dürfte. Eine weitere Voraussetzung wäre, daß mind. zwei Geschäftsleiter, die eine entsprechende Entscheidungskompetenz und Verantwortung innerhalb der "In-House Bank" haben, über eine entsprechende Zuverlässigkeit und fachliche Qualifikation verfügen.[17] Auch diese Bedingung kann durch eine "In-House Bank" erfüllt werden. Damit könnte der Zielsetzung dieser Vorschrift, der Gewährleistung einer qualifizierten *Führung und Kontrolle* der Geschäfte, auch grundsätzlich bei den "In-House Banken" entsprochen werden.

---

15 Weiter gilt als Voraussetzung, daß der Antragstellung zur Zulassung ein Geschäftsplan beigefügt ist. Vgl. zu den möglichen Versagungsgründen der Erlaubnis: § 33 KWG.

16 Die Anforderungen an die Höhe des haftenden Eigenkapitals sind in den Eigenkapitalgrundsätzen des Bundesaufsichtsamtes für das Kreditwesen festgelegt. Als Mindestkapital sind 5. Mio. ECU erforderlich. Vgl. dazu Kapitel I.D.3.b.

17 Die Anforderungen an die fachliche Qualifikation sind in § 33 KWG Abs. 2 festgelegt. Danach müssen die Geschäftsleiter eine Berufserfahrung von mind. 3 Jahren in einer leitenden Stellung im Kreditgewerbe vorweisen können. Vgl.dazu weiter Kapitel I.D.3.a.

b) Eigenkapitalgrundsätze

Als Aufsichtsinstrument zur quantitativen und qualitativen Kontrolle der Geschäftstätigkeit der Kreditinstitute werden die Eigenkapitalgrundsätze I und Ia des Bundesaufsichtsamtes für das Kreditwesen angewendet.[18] Mit der Einhaltung dieser Eigenkapitalgrundsätze soll erreicht werden, daß die Kreditinstitute die ihnen anvertrauten Vermögenswerte mit einem angemessenen Eigenkapital unterlegen, um somit ein Mindestmaß an Sicherheit der angenommenen Einlagen gewährleisten zu können.[19] Fraglich ist nun, ob dieses Instrument der Eigenkapitalgrundsätze auch bei den "In-House Banken" zur Kontrolle der Geschäftstätigkeit und Erreichung eines Mindestmaßes an Sicherheit der ihr übertragenden Vermögenswerte angewendet werden kann. Um diese Frage näher untersuchen zu können, erscheint es zunächst sinnvoll, die entsprechenden Kapitalbegriffe und Relationen auf die "In-House Bank" zu übertragen. Im einzelnen sind dies das haftende Eigenkapital, die Berechnung der Risikoaktiva und das Verhältnis, in dem die Risikoaktiva mit Eigenkapital unterlegt werden sollen.

Das haftende Eigenkapital der Kreditinstitute setzt sich zusammen aus dem Kern- und Ergänzungskapital. Während zum Kernkapital hauptsächlich das eingezahlte Kapital und die offenen Rücklagen zählen, werden unter dem Ergänzungskapital die Mittel subsumiert, die nur nachrangig haften.[20] Grundsätzlich ließe sich diese Definition des haftenden Eigenkapitals auch auf die "In-House Bank" übertragen. Jedoch ergeben sich in der Praxis einige Anwendungsschwierigkeiten. Zunächst stellt sich das Problem, daß die "In-House Banken" in der Regel keine eigenständigen juristischen Personen mit einer eigenen Bilanz und einem im Handelsregister eingetragenen haftenden Eigenkapital sind. Vielmehr sind sie als Finanzabteilung der Muttergesellschaft oder der Konzernholding organisatorisch zugeteilt.[21] Somit kann nur deren Eigenkapital als Haftungsgrundlage bzw. als Basis für eine mögliche Übertragung der Eigenkapitalgrundsätze dienen. Würde aber das Eigenkapital der Muttergesellschaft oder der Holding[22] als Basis herange-

---

18 Vgl. zur Ausgestaltung der Eigenkapitalgrundsätze Kapitel II.D.3.b.

19 Vgl. § 10 Abs. 1 KWG.

20 Vgl. hierzu im einzelnen: Dürselen (1994).

21 Vgl. zu möglichen Organisationsformen und Stellungen der "In-House Bank" Kapitel IV.A.2.

22 Hier besteht bereits ein Problem, welches sich aus den unterschiedlichen Eigenkapitalausstattungen von Holdinggesellschaften bzw. Muttergesellschaften ergibt. So verfügen z.B. Handelsgesellschaften über eine im Verhältnis zur Bilanzsumme relativ

zogen, ergäbe sich sogleich ein nächstes Problem, da dieses Eigenkapital nicht ausschließlich als Haftungsunterlegung der "In-House Bank" verwendet werden könnte. Vielmehr muß berücksichtigt werden, daß die Unternehmen ihr Eigenkapital auch zur Finanzierung langfristiger Investitionsobjekte und anderer langfristiger Verbindlichkeiten verwenden. Es müßte also innerhalb des Eigenkapitals eine Grenzziehung mit dem Ziel vorgenommen werden, einen Teil des haftenden Eigenkapitals ausschließlich zur Unterlegung der Verpflichtungen der "In-House Bank" zu verwenden, und einen anderen Teil für die Unterlegung der gewöhnlichen Geschäftstätigkeit der Unternehmung zu benutzen. Dies dürfte in der Realität auf erhebliche Umsetzungsprobleme stoßen.

Neben dem haftenden Eigenkapital müßten darüber hinaus die Risikoaktiva der "In-House Bank" berechnet werden, um sie in Relation zum haftenden Eigenkapital setzen zu können. Hierbei stellt sich die Frage, ob das gleiche Verfahren wie bei den Kreditinstituten angewendet werden kann. Danach werden die gesamten bilanzwirksamen und -unwirksamen Risikoaktiva in fünf Risikoklassen eingeteilt und mit einem entsprechenden Adressengewichtungsfaktor verrechnet.[23] Um dieses Gewichtungsverfahren auf die "In-House Bank" übertragen zu können, müßten zunächst die relevanten Aktiva eingegrenzt werden. Dies gestaltet sich aufgrund der fehlenden juristischen Eigenständigkeit der "In-House Bank" und der damit fehlenden eigenständigen Bilanz als schwierig. Ihre Aktivitäten gehen vielmehr direkt in die Konzernbilanz ein.[24] Somit müßten zunächst die bilanzwirksamen und -unwirksamen Aktivitäten der "In-House Bank" aus der Konzernbilanz isoliert werden, um sie anschließend in einem entsprechenden Gewichtungsverfahren zu bewerten. Selbst wenn die Isolierung gelänge, müßte sodann eine Einteilung in Risikoklassen gefunden werden, die den tatsächlichen Risiken der Aktivitäten der "In-House Bank" gerecht würde. Die Einteilung, die zur Berechnung der Risikoaktiva der Banken herangezogen wird, scheint hierzu nicht geeignet, da sie die Risikoklassen nach Kreditadressen und ihren entsprechenden Risiken einteilt, die für die "In-House Bank" irrelevant sind,[25] da sie z.B. weder Kredite an die öffentliche Hand, noch an in- oder ausländische Kreditinstitute vergibt. Vielmehr liegt der Schwerpunkt der Kreditvergabe innerhalb

---

geringe Eigenkapitalausstattung, während Industrieunternehmen über eine vergleichsweise hohe Eigenkapitalquote verfügen.

23 Vgl. dazu Kapitel II.D.3.b.

24 Vgl. zur Konsolidierung konzerngebundener Unternehmen: Wenzel (1995), S. 49ff.

25 Vgl. zu den Risikoadressen Kapitel II.D.3.b.

des Konzerns. Somit wäre zur Übertragung der Eigenkapitalgrundsätze eine Neuentwicklung der Risikoklassen und deren entsprechende Gewichtung erforderlich. Ohne an dieser Stelle auf Einzelheiten näher einzugehen, müßte bei einer derartigen Neustrukturierung neben der hauptsächlich konzerninternen Kreditvergabe auch berücksichtigt werden, daß sich die Besicherung der Kredite und die Haftungsregeln vom gewerblichen Kreditgeschäft der Banken unterscheiden.[26]

Für eine Übertragung der Eigenkapitalgrundsätze auf die "In-House Bank" müßte schließlich eine Relation zwischen dem - wie auch immer definierten - Eigenkapital und den gewichteten Risikoaktiva festgelegt werden. Die ursprüngliche Intention der Festlegung einer solchen Relation bestand u.a. darin, den Spielraum der Banken für Kreditexpansionen einzuengen, um die negativen Folgen eines möglichen Kreditausfalls für die Einleger durch die Unterlegung mit entsprechendem Eigenkapital zu reduzieren.[27] Sieht man einmal davon ab, daß der Effekt dieser Quotenregelung hinsichtlich der Sicherungsfunktion, aber auch der ordnungspolitischen Auswirkungen, umstritten ist,[28] könnte sicherlich auch eine entsprechende Relation zwischen dem haftenden Eigenkapital der "In-House Bank" und ihrer gewichteten Risikoaktiva hergestellt werden. Unabhängig von der Problematik, Kriterien für eine sinnvolle Quote zu finden, hängt die Qualität der Quote entscheidend von der Definition der ihr zugrundegelegten Basiswerte ab. Jedoch stößt die Definition dieser Basiswerte an die oben aufgezeigten Schwierigkeiten. Solange das Problem der Definition des haftenden Eigenkapitals und der gewichteten Risikoaktiva bei "In-House Banken" nicht gelöst ist, kann auch keine sinnvolle Quote zwischen diesen beiden Positionen festgelegt werden.

Die Ausführungen haben verdeutlicht, daß die Eigenkapitalgrundsätze des BAKred nicht ohne weiteres auf "In-House Banken" übertragen werden können. Als Hauptproblem der Übertragung wurde die Erfassung des Eigenkapitals und der gewichteten Risikoaktiva herausgestellt, die nicht in der gleichen Form

---

26 Vgl. zu dieser Problematik Eichholz (1993), der sich mit den Rechtsbeziehungen und den Haftungsregeln bei der konzerninternen Kreditvergabe auseinandersetzt. Vgl. außerdem Kühlbacher (1992).

27 Vgl. Münzer (1992), S. 72.

28 Diese Diskussion wird an späterer Stelle noch ausführlich erläutert. Vgl. Kapitel V.B.1.b.

vorgenommen werden kann, wie dies bei den Banken erfolgt. Außerdem sind die unterschiedlichen horizontalen und vertikalen Bilanzstrukturen der "In-House Banking" betreibenden Konzerne ein unüberwindbares Hindernis zur Entwicklung einer einheitlichen Ouotenregelung für "In-House Banken" und Kreditinstitute.

c) Liquiditätsgrundsätze

Bei der Übertragung der Liquiditätsgrundsätze auf "In-House Banken" ergeben sich im Grundsatz die gleichen Probleme wie bei der Übertragung der Eigenkapitalgrundsätze. In seinen Grundsätzen II und III schreibt das BAKred den Kreditinstituten vor, daß sie langfristig gebundene Finanzmittel langfristig und kurzfristig gebundene Finanzmittel kurzfristig finanzieren müssen. Mit der Einhaltung dieser Regel sollen mögliche Gefahren für die Zahlungsfähigkeit des Kreditinstituts vermieden werden, die sich aus einer nicht fristgerechten Finanzierung ergeben können.[29] Will man diese Liquiditätsgrundsätze auf die "In-House Bank" übertragen, bedarf es wiederum der genauen Definition der in Relation zueinandergesetzten Bilanzpositionen.

Hierbei entsteht erneut die Schwierigkeit, daß zunächst eine Bilanz der "In-House Bank" als Grundlage für etwaige Bilanzrelationen geschaffen werden müßte, da die konsolidierte Konzernbilanz als Grundlage wenig zweckmäßig erscheint. Die Probleme, die sich aus einer entsprechenden Isolierung der Finanzpositionen aus der Konzernbilanz ergäben, sind bereits oben angesprochen worden. Weiter müßte entsprechend den Gewichtungsfaktoren, die das BAKred für die Berechnung der langfristigen Finanzierungsmittel zur Erfüllung des Grundsatzes II aufgestellt hat, ein neues Konzept entwickelt werden, da die "In-House Bank" z.B. weder über Spareinlagen noch über Verbindlichkeiten gegenüber anderen Kreditinstituten verfügt. Die für die "In-House Bank" geltenden Gewichtungsfaktoren müßten sich somit auf Passivpositionen einer Bilanz beziehen, die für eine "In-House Bank" typisch sind. Das gleiche gilt für die Entwicklung eines dem Grundsatz III entsprechenden Pendants für "In-House Banken". Hier ist allerdings noch zu berücksichtigen, daß auch eine Finanzmittelverwendungsseite einer Bank in ihrer Struktur nicht mit der einer "In-House Bank" zu vergleichen

29 Vgl. dazu die Ausführungen in Kapitel II.D.3.c und die dort angegebene Literatur.

ist. Insofern müßten auch neue Gewichtungsfaktoren für die Finanzmittelverwendung der "In-House Bank" entwickelt werden.[30]

Sowohl die Eigenkapitalgrundsätze als auch die Liquiditätsgrundsätze des BAKred erscheinen im Ergebnis also nicht ohne weiteres auf die "In-House Banken" übertragbar. Zumindest bedürfte es erheblicher Änderungen in den Bilanzierungsverfahren der Unternehmen und entsprechend differenzierter Quotenregelungen für die "In-House Banken". Aufgrund dieser Umstände muß bezweifelt werden, daß eine Regelung entwickelt werden könnte, die sowohl für Kreditinstitute als auch für "In-House Banken" gelten kann.

Die bisherigen Überlegungen zu den Möglichkeiten, das Kreditwesengesetz mit seinen Bestimmungen und Vorschriften auf die "In-House Banken" anzuwenden, haben gezeigt, daß sowohl das KWG als Rechtsgrundlage als auch die Instrumente des BAKred ungeeignet sind, um "In-House Banken" aufsichtsrechtlich zu erfassen. Dies bedeutet zugleich, daß mit den gegebenen Instrumenten der Aufsicht eine aufsichtsrechtliche Gleichbehandlung der ökonomischen Tatbestände, welche die Kreditinstitute und die "In-House Banken" in gleicher Form ausüben, nicht möglich ist. Die Auswirkungen, die von dieser zu beobachtenden Ungleichbehandlung auf das Regulierungsniveau und die Wettbewerbssituation im Geld- und Kreditwesen ausgehen, sind Gegenstand des folgenden Kapitels.[31]

---

30 Dieser Unterschied ist bereits bei der Problematik der Festlegung geeigneter Risikoaktivaklassen für eine "In-House Bank" angesprochen worden. So vergibt die "In-House Bank" z.B. keine Finanzmittel in Form eines Buchkredites an die öffentliche Hand oder an andere Unternehmen. Vielmehr ist die Mittelverwendung der "In-House Bank" eher auf die Vergabe von konzerninternen Krediten oder auf die Investition in Wertpapiere beschränkt.

31 Diskussionen um bestehende aufsichtsrechtliche Ungleichbehandlungen ökonomisch gleicher Tatbestände und deren Auswirkungen auf die Wettbewerbssituation im Geld- und Kreditwesen sind schon häufiger geführt worden. Allerdings drehte es sich bei diesen Auseinandersetzungen um aufsichtsrechtliche Ungleichbehandlungen zwischen verschiedenen Kreditinstitutsgruppen, z.B. zwischen öffentlich-rechtlichen und privaten Kreditinstituten, oder um die Frage, mit welcher Begründung etwa die Postbank eine Sonderrolle im Kreditwesen eingenommen hat. Vgl. dazu Hartmann (1977), S. 76 und Möschel (1972), S. 377. Eine neue Dimension hat die Diskussion über aufsichtsrechtliche Ungleichbehandlung aufgrund der Bemühungen um eine europäische Bankrechtsharmonisierung bekommen. Vgl. zu dieser Diskussion ausführliche Schulte-Mattler (1994), S. 337f.

3. Die Folgen der Defizite des KWG für das Regulierungsniveau und die Wettbewerbsbedingungen im Geld- und Kreditwesen

a) Verzerrtes Regulierungsniveau

Durch die Nichteinbeziehung der "In-House Banken" in das Kreditwesengesetz entsteht zwischen der Regulierung der intermediären Tätigkeit der Kreditinstitute und der der "In-House Banken" eine doppelte Verzerrung. Zum einen entstehen regulative Unterschiede in der Finanzmittelbeschaffung und zum anderen in der Finanzmittelverwendung.

Kreditinstitute erhalten ihre Finanzmittel durch die Einlagen ihrer Kunden und die Ausgabe von Wertpapieren aber auch durch die Schaffung von Buchgeld. Während die Ausgabe von Wertpapieren keinen Regulierungen unterliegt, müssen angenommene und selbst geschaffene Einlagen entsprechend ihrer Frist mit einer Mindestreserve bei der Deutschen Bundesbank unterlegt werden.[32] Aufgrund der Tatsache, daß diese hinterlegte Mindestreserve nicht für das Aktivgeschäft der Bank zur Verfügung steht und unverzinst gehalten werden muß, verteuert diese Vorschrift die Mittelbeschaffung der Kreditinstitute. Hinzu kommen die Kosten der Einlagenversicherung, die von den Kreditinstituten entsprechend des Umfangs ihrer ausgewiesenen Einlagen an den Einlagensicherungsfond zu bezahlen sind.[33]

"In-House Banken" erhalten ihre Finanzmittel durch "Einlagen" (von Tochtergesellschaften) und durch die Begebung von Wertpapieren. Da sie aber nicht dem Kreditwesengesetz und damit auch nicht den Regulierungen der Deutschen Bundesbank und des BAKred unterliegen, müssen sie auf die Einlagen ihrer Tochtergesellschaften weder eine Mindestreserve halten, noch eine Einlagenversicherung abschließen, was im Vergleich zu den Banken prinzipiell zu niedrigeren Kosten der Mittelbeschaffung führt.

Bedeutender noch als die Regulierungsverzerrungen bei der Mittelbeschaffung sind die ungleichen Vorschriften hinsichtlich der Mittelverwendung. Hier werden die Kreditinstitute sowohl unter qualitativen als auch quantitativen Aspekten durch die Eigenkapital-, Liquiditäts- und Großkreditregelungen des BAKred um-

---

32 Vgl. zur Höhe der zu haltenden Mindestreservesätze Kapitel II.F.3.b.

33 Bei privaten Banken sind dies 0,3 Promille der Verbindlichkeiten aus dem Bankgeschäft gemäß dem letzten Jahresabschluß. Vgl. dazu Münzer (1992), S. 94.

fangreich in ihrer Dispositionsfreiheit eingeschränkt.[34] Im Gegensatz zu diesen strengen Vorschriften können die "In-House Banken" über die Verwendung ihrer Mittel frei entscheiden. Sie müssen weder qualitative Anforderungen noch bestimmte Relationen zwischen ihrem Eigenkapital und ihren Risikoaktiva erfüllen.

Aufgrund des eingeschränkten Gültigkeitsbereiches des Kreditwesengesetzes bestehen also zwischen den Kreditinstituten und den "In-House Banken" erhebliche Regulierungsunterschiede, deren Existenz zwar auf der einen Seite die Entstehung von unregulierten "In-House Banken" bewirkt, auf der anderen Seite aber auch zwangsläufig behindernde Auswirkungen auf den Wettbewerb zwischen Kreditinstituten und "In-House Banken" im Bereich des Geld- und Kreditwesens haben muß. Bevor diese Auswirkungen im folgenden näher untersucht werden, erscheint es sinnvoll, zunächst die besondere Wettbewerbssituation im Geld- und Kreditwesen in Deutschland kurz zu erläutern.

b) Wettbewerbsverzerrungen im Geld- und Kreditwesen

Zu den konstituierenden Prinzipien der deutschen Wirtschaftsordnung zählt der Grundsatz der Wettbewerbsfreiheit. Dies bedeutet, daß Wettbewerbsbeschränkungen jeder Art beseitigt werden müssen, es sei denn, sie sind aus besonderen Gründen zu rechtfertigen. Einen solchen besonderen Rechtfertigungsgrund sieht der Gesetzgeber im Bereich des Geld- und Kreditwesens. Diese Auffassung beruht auf der These, daß freier Wettbewerb zu einem "ruinösen" Konkurrenzverhalten der Kreditinstitute führen würde, von dem eine Gefährdung der Funktionsfähigkeit der Kreditwirtschaft zu erwarten sei.[35] Ihren rechtlichen Ausdruck findet diese Einstellung zum einen in den bereits erläuterten Regulierungen des KWG, und zum anderen in einer Ausnahmeregelung des Gesetzes gegen Wettbewerbsbeschränkungen, das in § 102 Abs. 1 GWB der Kreditwirtschaft eine Sonderstellung innerhalb der marktwirtschaftlichen Ordnung der Bundesrepublik einräumt. Diese Sonderstellung beruht im wesentlichen auf der Freistellung vom Kartellverbot gem. §1 GWB und vom Verbot der vertikalen Preis- und Konditionenabsprache.[36]

---

34 Vgl. dazu die Ausführungen in Kapitel II.D.3.

35 Vgl. Hartmann (1977), S. 75.

36 Vgl. ausführlich zur Begründung dieser Sonderstellung der Kreditinstitute: Möschel (1972), S. 326ff.

Obwohl die Begründung der Regelungen des KWG und GWB kontrovers diskutiert werden können und eine eindeutige Lähmung des Wettbewerbs innerhalb des Geld- und Kreditwesens aufgrund dieser Regelungen zu beobachten ist,[37] bewirken sie im Ergebnis keine Verzerrung der Wettbewerbsbedingungen innerhalb der Kreditwirtschaft. Dies wäre nur dann der Fall, wenn die genannten Regelungen nicht für alle Institute innerhalb des Geld- und Kreditwesens in gleicher Form zutreffen würden.

Mit den "In-House Banken" sind jedoch Institutionen außerhalb des Regulierungsbereiches des Geld- und Kreditwesens entstanden, die nahezu die gleichen Leistungen erstellen können wie die Kreditinstitute. Durch diese Erweiterung des Kreises der Wettbewerbsteilnehmer im Geld- und Kreditwesen entwickeln sich bisher nicht existierende Wettbewerbsbeziehungen zwischen regulierten und unregulierten Instituten. Damit entsteht in Ergänzung zur beobachtenden Lähmung des Wettbewerbs eine Verzerrung der Wettbewerbsbedingungen innerhalb des Geld- und Kreditwesens zugunsten der unregulierten "In-House Banken".

Grundsätzlich ist das Bestehen von Wettbewerbsvorteilen in einer marktwirtschaftlichen Ordnung nicht negativ zu beurteilen. Vielmehr entsteht gerade aus der Existenz dieser Vorteile der Anreiz für die anderen Marktteilnehmer, diesen Vorsprung durch eigene Initiative wieder aufzuholen, wodurch die Innovationstätigkeit angeregt wird. Rührt der Wettbewerbsvorsprung jedoch allein aus der Möglichkeit, bestehende staatliche Regulierungen zu umgehen, führt er zu einer Erosion dieser Regulierung. Dies gilt zumindest für den Bereich der Regulierungen, in dem die Kosten der Umgehung geringer sind als die Opportunitätskosten der Regulierung. Ist dieses der Fall, ist die sachliche, zeitliche oder räumliche Umgehung der Regulierung ökonomisch reizvoll.[38]

Das "In-House Banking" ist ein Beispiel für eine erfolgreiche Umgehung der Regulierung. Doch kann es nicht im Interesse des Gesetzgebers sein, diesen auf-

---

37 Vgl. dazu Hartmann (1977), S. 75ff.

38 Das Bestreben, staatliche Regulierungen zu umgehen, um sich dadurch einen Vorteil zu verschaffen, hat Kane unter ökonomischen Aspekten untersucht. Er ist zu dem Ergebnis gekommen, daß Wirtschaftssubjekte Regulierungen solange umgehen werden, wie die Kosten der Umgehung geringer sind als die Opportunitätskosten der Regulierung. Da dieser Vorgang nicht einmalig ist, sondern sich immer wiederholt, wenn die Ausweichreaktion wieder einer Regulierung unterworfen wird, bezeichnet Kane dies als regulatorische Dialektik. Vgl. Kane (1987).

sichts- und kontrollfreien Raum innerhalb des Geld- und Kreditwesens dauerhaft zu erhalten, wenn durch dessen Ausbreitung gleichzeitig die Effizienz der Aufsicht und Kontrolle im Geld- und Kreditwesen negativ beeinflußt wird.

Um diesen Effizienzverlust der Aufsicht- und Kontrolle bzw. die bestehende Wettbewerbsverzerrung zu beseitigen, muß die regulative Ungleichbehandlung zwischen den "In-House Banken" und den Kreditinstituten beseitigt werden. Dies ist aber - wie bereits gezeigt - weder auf der Rechtsgrundlage des Kreditwesengesetzes noch mit dem Instrumentarium des Bundesaufsichtsamtes für das Kreditwesen möglich. Insofern erscheint eine Neustrukturierung der Aufsicht und Kontrolle im Geld- und Kreditwesen als notwendig.

4. Anforderungen an die Neustrukturierung der Aufsicht im Geld- und Kreditwesen

Die aufgezeigten Defizite des Kreditwesengesetzes lassen sich alle darauf zurückführen, daß es dem Gesetzgeber nicht gelungen ist, ökonomisch gleiche Tatbestände im Geld- und Kreditwesen unter rechtlichen Aspekten auch gleichwertig zu erfassen. Vielmehr ist zu beobachten, daß das Kreditwesengesetz und seine Regelungen eine rechtliche und regulative Ungleichbehandlung ökonomisch gleicher Tatbestände bewirken und damit die Wettbewerbsbedingungen im Geld- und Kreditwesen verzerren. Weiter ist an der Aufsicht im Kreditwesen zu kritisieren, daß die angewendeten Instrumente nicht dazu geeignet sind, die ökonomischen Tatbestände so zu erfassen und zu regulieren, daß den Zielen des Gesetzes entsprochen wird.[39]

An eine wirksame Aufsicht im Geld- und Kreditwesen ist aber aus ökonomischer und ordnungspolitischer Sicht zunächst die Forderung zu stellen, daß die ökonomischen Tatbestände im Geld- und Kreditwesen, die eine Beeinträchtigung der Ziele der Aufsicht bewirken können, sachgerecht erfaßt werden.[40] Dabei müssen die regulierungsbedürftigen Tatbestände so eingegrenzt werden, daß sowohl instrumentelle als auch institutionelle Ausweichreaktionen zur Umgehung der ent-

---

39 Vgl. dazu etwa die Ausführung zu den Eigenkapitalgrundsätzen in Kapitel V.A.2.

40 Vgl. zu dieser Problematik den Forschungsbericht von Hartmann (1977), S. 85ff. Dort sind auch Beipiele für unsachgemäße Erfassungen ökonomischer Tatbestände im Geld- und Kreditwesen erläutert, die insbesondere zur Zeit der Krise im Kreditwesen 1974 eine besondere Rolle spielten.

sprechenden Regulierungen ökonomisch reizlos sind.[41] Hierzu erscheint es erforderlich, von den Bankgeschäften, die in § 1 KWG aufgelistet sind, zu abstrahieren und die ökonomischen Tatbestände aufzuzeigen, die für das Geld- und Kreditwesen kennzeichnend sind. Diese sind die Möglichkeit der Geldschöpfung, die Ausübung der Intermediations- und Transformationsfunktion sowie die Anwendung von Finanzderivaten.

Weiter ist es für eine Neustrukturierung der Aufsicht im Geld- und Kreditwesen erforderlich, über einen konsistenten Zielkatalog zu verfügen, um Fehlinterpretationen und daraus möglicherweise resultierende verfehlte Regulierungen zu vermeiden. Aufgrund der hier vorliegenden Fragestellung, wie eine aufsichtsrechtliche Gleichbehandlung ökonomisch gleicher Tatbestände erreicht werden kann, erscheint die Neuformulierung eines Zielkatalogs im Rahmen dieser Arbeit allerdings nicht zielführend. Daher wird im folgenden grundsätzlich an den bestehenden Zielen der Aufsicht im Geld- und Kreditwesen festgehalten.

Schließlich ist an eine Neustrukturierung der Aufsicht die Forderung zu stellen, daß die Regulierungsinstrumente weder das Regulierungsniveau noch die Wettbewerbsbedingungen innerhalb des Geld- und Kreditwesens unbegründet verzerren.[42] Auf der Grundlage der aufgezeigten ökonomischen Tatbestände im Geld- und Kreditwesen wird im folgenden unter Berücksichtigung der genannten Anforderungen an die Aufsicht in Grundzügen ein Vorschlag zur Neustrukturierung der Aufsicht im Geld- und Kreditwesen unterbreitet. Zu diesem Zwecke werden zunächst die jeweils bestehenden Regulierungen der einzelnen ökonomischen Tatbestände kritisch betrachtet. Aufbauend auf den dadurch gewonnenen Erkenntnissen werden im Anschluß entsprechende Verbesserungsvorschläge erläutert. Dabei geht es nicht um die konkrete instrumentelle Ausgestaltung einzelner Regulierungsvorschiften, sondern um die grundsätzliche Frage, wo die Aufsicht im Geld- und Kreditwesen in welcher Form ansetzen muß, um die erwünschten Wirkungen zu erzielen.

---

41 Vgl. ebd. S. 22f.

42 Vgl. zu den Anforderungen an eine wirksame Bankgesetzgebung auch: Hartmann (1977), S. 85ff.

B. Zur Neustrukturierung der Aufsicht im Geld- und Kreditwesen

1. Ökonomische Tatbestände im Geld- und Kreditwesen als Ansatzpunkte der Aufsicht

a) Schöpfen von Geld

Als erster zentraler ökonomischer Tatbestand im Geld- und Kreditwesen sei hier die Schöpfung von Geld genannt. Obwohl "In-House Banken" kein Geld schöpfen können und sich somit diesbezüglich keine aufsichtsrechtliche Ungleichbehandlung zwischen Kreditinstituten und "In-House Banken" ergibt,[43] soll die Geldschöpfung als wichtiger Tatbestand im Geld- und Kreditwesen hier dennoch erwähnt werden, da deren Ausübung unmittelbare Auswirkungen auf die Zielsetzung der Geldpolitik und der Bankenaufsicht haben kann. Zunächst sollen die Aspekte der Geldpolitik im Vordergrund stehen.

Durch die Möglichkeit der Buchgeldschöpfung erhalten die Geschäftsbanken einen unmittelbaren Einfluß auf die Entwicklung der Geldmenge.[44] Da eine Ausweitung der Geldmenge über das reale Wachstum hinaus inflationär wirkt, erhalten die Banken damit zugleich einen indirekten Einfluß auf die Entwicklung des Preisniveaus und der Währungsstabilität.[45] Oberstes Ziel der Geldpolitik ist die Sicherung der Geldwertstabilität. Dies kann aber nur erreicht werden, wenn das Geldmengenwachstum das reale Wachstum einer Volkswirtschaft nicht übersteigt. Um dies zu verhindern, setzt die Bundesbank verschiedene Instrumente im Bereich der Geldpolitik ein. Zu nennen sind hier die Instrumente der Refinanzierungs- und Offenmarktpolitik sowie die Mindestreservepolitik.[46]

Mit diesen Instrumenten kann die Bundesbank sowohl die Versorgung der Geschäftsbanken mit Zentralbankgeld als auch ihre Geldschöpfungsmöglichkeiten beeinflussen und steuern. Die Mindestreservepolitik nimmt dabei jedoch eine Sonderstellung ein, da von ihr eine doppelte Wirkung ausgeht:

---

43 Vgl. Kapitel IV.E.

44 Vgl. dazu Deutsche Bundesbank (1993), S. 94f.

45 Vgl. Deutsche Bundesbank (1993), S. 11ff.

46 Vgl. zu der Funktionsweise dieser Instrumente Kapitel II.E.3.

Zum einen beschränkt sie die Geldschöpfungsmöglichkeiten der Banken und zum anderen gewährleistet sie das Vorhandensein einer Liquiditätsreserve zur Sicherung der Einlagen bei jeder einzelnen Bank.[47] Auf diese Besonderheit wird an späterer Stelle noch einzugehen sein.[48]

Betrachtet man die Instrumente der Deutschen Bundesbank unter den oben gemachten Anforderungen an die Regulierungen im Geld- und Kreditwesen, kommt man zu dem Ergebnis, daß sie diese grundsätzlich erfüllen. Mit der Steuerung der Refinanzierungsmöglichkeiten der Kreditinstitute bei der Deutschen Bundesbank setzen sie am richtigen Ansatzpunkt an. Außerdem gehen von dem Einsatz der Instrumente der Deutschen Bundesbank keine regulierungs- oder wettbewerbsverzerrende Wirkungen aus, da sie in der gleichen Form für alle Institutionen gelten, die Geld schöpfen können.

b) Erstellen von Intermediations- und Transformationsleistungen

Von der Möglichkeit der Geldschöpfung ist ein zweiter geldtheoretisch bedeutender Tatbestand im Geld- und Kreditwesen zu trennen: Die Transformation des Finanzmittelflusses hinsichtlich der Losgrößen, Fristen und Risiken.[49] Finanzintermediäre koordinieren diese Transformationsleistung zwischen der Passivseite (Mittelbeschaffung) und der Aktivseite (Mittelverwendung) ihrer Bilanz. Die Gefahren, die sich aus der Ausübung der Transformationsfunktion ergeben können, sind im wesentlichen das Ausfall-, das Wertänderungs- und das Liquiditätsrisiko.[50] Die Existenz dieser Risiken stellt auch zugleich die Gefahr für die den Finanzintermediären anvertrauten Mittel dar, da deren Wert im Schadensfall nicht mehr garantiert werden kann.[51]

Grundsätzlich ist die Existenz der genannten Risiken und die daraus resultierende Gefahr für die Mittel noch kein hinreichender Grund für einen regulierenden Eingriff in die Finanzintermediation. Vielmehr ist es das Kennzeichen einer wettbewerblich organisierten Wirtschaftsordnung, daß der einzelne oder das Un-

---

47 Vgl. Deutsche Bundesbank (1993a), S. 70ff.

48 Vgl. Kapitel V.B.1.b.

49 Vgl. zu den Instrumenten und Verfahren, mit denen die Transformationsleistung bewirkt wird: Kapitel II.A.3.

50 Vgl. Kapitel II.D.1.

51 Vgl. Kapitel IV.D.2.

ternehmen diese Risiken, aber auch die damit verbundenen Chancen, eigenverantwortlich übernimmt. Dies gilt grundsätzlich auch für die Tätigkeit der Finanzintermediation, denn nur durch die Übernahme der Verantwortung für die Durchführung der Intermediationstätigkeit kann gewährleistet werden, daß diese unter ökonomischen Aspekten möglichst effizient erfolgt.[52]

Innerhalb des Geld- und Kreditwesens entsteht allerdings eine Sondersituation, da den Einlagen von Kreditinstituten - aus später noch genauer zu erläuternden Gründen - eine besondere Schutzbedürftigkeit zugesprochen wird. Ziel der Aufsicht und Kontrolle im Geld- und Kreditwesen ist es demnach, einen möglichen Verlust dieser Einlagen zu verhindern.[53] Um dieses Ziel zu erreichen, hat das BAKred u.a. die bereits erläuterten Eigenkapitalgrundsätze erlassen.[54] Diese Grundsätze sind jedoch sowohl hinsichtlich ihrer tatsächlichen Sicherungswirkung als auch unter ordnungspolitischen Aspekten zu kritisieren.

Unter dem Aspekt der Sicherungswirkung liegt den Eigenkapitalgrundsätzen die Annahme zu Grunde, mit einer Regulierung der Mittelverwendung und der Herstellung sowohl einer qualitativen als auch quantitativen Relation zwischen dem Aktivgeschäft der Bank und ihrem haftenden Eigenkapital könne die Sicherheit der Einlagen garantiert werden. Die Sicherungswirkung dieser Portfoliovorschriften muß jedoch angezweifelt werden. Zum einen reicht das Eigenkapital als Haftungsgrundlage in keinem Falle aus, um im Schadensfall - etwa einem "Bankenrun" - den Wert der Einlagen auch nur annähernd zu sichern. Dies ist beim bestehenden Verhältnis zwischen dem Eigenkapital und den Einlagen faktisch unmöglich.[55] Zum anderen wird das Eigenkapital in jedem Grundsatz als Haftungsbasis verwendet, obwohl es de facto nur einmal vorhanden ist. Dies senkt die Unterlegungsquote der Einlagen mit haftendem Eigenkapital zusätzlich.[56]

---

52 Vgl. Lutz (1962), S. 31f.

53 Vgl. § 6 Abs. 2 KWG.

54 Vgl. zur Struktur und Wirkungsweise der Eigenkapitalgrundsätze: Kapitel II.D.3.b.

55 Entsprechend den Vorschriften dürfen die gewichteten Aktiva der Banken das 12,5 fache des haftenden Eigenkapitals nicht übersteigen. Berücksichtigt man in diesem Zusammenhang noch, daß das Eigenkapital keine jederzeit liquidierbare Größe ist, muß die Sicherungsfunktion des Eigenkapitals weiter relativiert werden. Vgl. zur Eignung des Eigenkapitals als Sicherheit im Bankengeschäft: Büsselmann (1993).

56 Vgl. dazu auch Münzer (1992), S. 79f. und 85f. und die dort angegebene Literatur.

Neben diesen zweifelhaften Sicherungswirkungen sind an den Eigenkapitalgrundsätzen weiter die ordnungspolitischen Auswirkungen zu kritisieren. Diese Kritik basiert im wesentlichen auf der mit den Eigenkapitalgrundsätzen hergestellten Verbindung zwischen dem Aktiv- und Passivgeschäft einer Bank. Damit wird eine aufsichtsrechtliche Verknüpfung zwischen zwei ökonomischen Tatbeständen - der Geldschöpfung und der Mittelverwendung - hergestellt, die zwar unter ökonomischen Aspekten eng miteinander verbunden sind,[57] die jedoch unter ordnungspolitischen Aspekten unterschiedlichen Regulierungsanforderungen unterliegen.[58]

Die Mittelverwendung erfordert im Grunde eine wettbewerbliche Organisation, in der die unterschiedlichen Finanzintermediäre um die besten Mittelverwendungsmöglichkeiten konkurrieren. Nur dadurch kann erreicht werden, daß sich die Vergabe der Mittel nach den Kriterien der Rentabilität, aber auch der Sicherheit richten, denn falsche und leichtsinnige Kreditgewährungen werden im Falle des Konkurses mit einem erforderlichen Marktaustritt sanktioniert.[59]

Außerdem muß die präventive Sicherungswirkung der Eigenkapitalgrundsätze angezweifelt werden, wenn man sich das Verfahren anschaut, mit dem das Einhalten dieser Grundsätze kontrolliert wird. Danach müssen die Kreditinstitute den zuständigen Landeszentralbanken jedes Kreditgeschäft melden, was unmittelbar die Eigenkapitalgrundsätze berührt. Damit kann die Landeszentralbank nur noch auf Überziehungen der Banken reagieren, denn der Kredit ist in der Regel vor der Meldung bereits vergeben worden. Hinzu kommt, daß die Landeszentralbanken den Umfang der Meldungen kaum noch bearbeiten und deshalb mögliche Überziehungen erst relativ spät feststellen können. So wurden 1990 alleine bei der LZB in Hessen 12.022 Einzelanzeigen über Großkredite, 462.865 Millionen-Kredite-Anzeigen, 6.426 Monatsausweise, 545 Jahresabschlüsse und 420 Meldungen zum Auslandskreditvolumen abgegeben. Vgl. o.V.: Warnung vor "Regulierungsarbitrage", in: Börsenzeitung v. 24.1.1991 und Hafke (1991), der als einen wesentlichen Grund für die Unzulänglichkeit der Aufsicht im Geld- und Kreditwesen die erheblichen administrativen Defizite bei der Durchführung der Kontrolle ansieht.

57 Die enge ökonomische Verknüpfung der beiden Tatbestände der Mittelverwendung und der Geldschöpfung resultiert aus der Tatsache, daß im Zuge einer Kreditgewährung - also einer Mittelverwendung - gleichzeitig Geld entsteht. Dies bedeutet, daß die beiden genannten Vorgänge unlöslich miteinander verbunden sind, wobei die Bilanzierung des Geschäftes sich auf der Aktivseite der Bilanz als Kreditgewährung und auf der Passivseite der Bilanz als Geldschaffung niederschlägt. Lutz bezeichnet diesen Zusammenhang als das Grundproblem der Geldverfassung. Vgl. Lutz (1962), S. 30f.

58 Lutz (1962) schreibt in diesem Zusammenhang: "Das Dilemma, in das das Problem der Geldverfassung durch diese Tatsache gerät und das jede einfache Lösung unmöglich macht, ergibt sich daraus, daß für die Aktivseite desselben Geschäftes - die Kreditgewährung - ein prinzipiell anderes Organisationsprinzip zweckentsprechend ist als für die Passivseite - die Schaffung von Geld." Vgl. ebd. S. 31.

59 Vgl. ebda.

Anders verhält es sich bei der Geldschöpfung. Diese sollte im wesentlichen aus zwei Gründen nicht dem freien Wettbewerb überlassen werden. Zum einen könnte dadurch ein Geldmengenwachstum über die realen Wachstumsgrößen hinaus bewirkt werden, was inflationsfördernd wirken würde. Zum anderen könnte eine wettbewerblich organisierte Geldschöpfung dazu führen, daß die einzelne Bank weit mehr Geld schöpft als es ihre Eigenmittel und ihre Liquiditätsreserven unter Sicherheitsaspekten zulassen. Die Gefahr bestünde dann in einer Unterdeckung der Einlagen, die deren Sicherheit gefährden könnte.[60]

Die Mittelverwendung verlangt also ein wettbewerblich organisiertes Vergabeverfahren, während die Schaffung von Geld aus den genannten Gründen reguliert werden sollte. Dieser Erkenntnis trägt das Bundesaufsichtsamt für das Kreditwesen mit dem Erlaß der Eigenkapitalgrundsätze allerdings keine Rechnung. Diese Regelung bewirkt vielmehr eine enge Verbindung zwischen der Regulierung der Geldschöpfungsmöglichkeiten und den Möglichkeiten der Mittelverwendung. Im Ergebnis führt diese Regelung zu erheblichen Wettbewerbsverzerrungen zwischen Kreditinstituten und anderen Finanzintermediären hinsichtlich der Mittelverwendung.

Während z.B. "In-House Banken" über die Verwendung ihrer Mittel frei entscheiden können, müssen Kreditinstitute die ihnen gemachten Auflagen erfüllen, was sie sowohl hinsichtlich quantitativer als auch qualitativer Aspekte in ihrer Entscheidung über die Mittelverwendung erheblich einschränkt. Dies kann z.B. zur Folge haben, daß ein Kreditinstitut sich bei einer Entscheidung zwischen zwei Kreditvergabemöglichkeiten für die mit dem geringeren Risiko und damit auch dem geringeren Ertrag entscheiden muß, da die bestehenden Portfoliovorschriften die Vergabe des risikoreicheren Kredites nicht zulassen. Diese Einschränkung der Entscheidungsfreiheit ist unter ordnungspolitischen Aspekten als bedenklich einzustufen, zumal der Eingriff in die unternehmerische Freiheit

60 Die Frage, ob eine wettbewerbliche Organisation der Geldschaffung wirklich zu einer übermäßigen Geldschöpfung führen würde, wird in der Literatur durchaus kontrovers diskutiert. Die Standpunkte können in zwei Gruppen - der "old view" und der "new view" - eingeteilt werden. Während die Vertreter der "old view" der Auffassung sind, daß ohne eine Regulierung für die Geschäftsbanken ökonomische Anreize bestehen würden, weit mehr Geld zu produzieren, als dies sowohl einzelwirtschaftlich als auch gesamtwirtschaftlich zu vertreten sei, sind die Vertreter der "new view" der Auffassung, daß auch für die Produktion von Geld die Gesetze von Angebot und Nachfrage gelten würden und sich somit auch der Markt für Geld auf ein Gleichgewicht einpendeln würde. Vgl. zu dieser Diskussion ausführlich: Tobin (1974) S. 104-113 und die dort angegebene Literatur; Juchem (1984), S. 16-79. Vgl. weiter Lutz (1962), S. 31.

der Kreditinstitute in Relation zu der damit bewirkten zweifelhaften Sicherungswirkung als unverhältnismäßig angesehen werden muß. Daher sollten die genannten Grundsätze als Instrumente der Aufsicht im Geld- und Kreditwesen abgeschafft werden.[61]

Was jedoch bleibt, ist die Frage, wie die Sicherheit der Einlagen auf der Passivseite der Bankenbilanz gewährleistet werden kann, ohne in die Mittelverwendung der Banken unverhältnismäßig regulierend einzugreifen. Es ist bereits im Zusammenhang mit den möglichen Ursachen eines Bankenruns deutlich geworden, daß die Sicherheit der Einlagen - unabhängig von ihrer Verwendung - nur garantiert werden kann, wenn eine ausreichende Unterlegung der Einlagen mit Zentralbankgeld erreicht wird.[62] Denn der Verlust der Einlage wird erst dann realisiert, wenn das Kreditinstitut seiner gesetzlichen Verpflichtung, bestehende Einlagen entsprechend den getroffenen Vereinbarungen jederzeit mit Zentralbankgeld auszahlen zu können,[63] nicht mehr nachkommen kann. Berücksichtigt man in diesem Zusammenhang, daß selbst bei den bestehenden Regulierungsvorschriften kein deutsches Kreditinstitut in der Lage wäre, all seine Einlagen sofort in Zentralbankgeld umzutauschen, wird deutlich, daß die Stabilität des Geld- und Kreditwesens letztlich nur auf dem ungebrochenen Vertrauen der Einleger in die Kreditinstitute basiert.[64] Nach einem Wegfall der sicherlich vertrauensschaffenden Grundsätze des Bundesaufsichtsamtes müßten somit Ersatzinstrumente zur Sicherung der Einlagen gefunden werden, die eine ausreichende Relation zwischen den Buchgeldeinlagen und der Liquiditätsreserven der Banken herstellen und mindestens die gleiche Vertrauenswirkung erzeugen.

---

61 Aus vergleichbaren Gründen befürwortet auch Münzer eine Abschaffung der Grundsätze des Bundesaufsichtsamtes für das Kreditwesen. Vgl. Münzer (1992), S. 214.

62 In diesem Zusammenhang haben Fisher und Friedman den Vorschlag unterbreitet, die Buchgeldeinlagen der Banken zu 100% mit Zentralbankgeld zu unterlegen. Diese vollständige Unterlegung hätte zwei Folgen: Zum einen wäre der Wert der Buchgeldeinlagen abgesichert, zum anderen würden sich dann aber die Banken in keiner Weise mehr von Finanzintermediären unterscheiden, da sie keine Möglichkeit der Geldschöpfung mehr hätten. Vgl. Fisher (1935) und Friedman (1959).

63 Vgl. § 3 Abs. 3 KWG. Danach ist es Kreditinstituten verboten, Geschäfte zu betreiben, bei denen es durch Vereinbarung oder durch geschäftliche Gepflogenheiten ausgeschlossen oder erschwert ist, über den Kreditbetrag oder die Einlagen durch Barabhebungen zu verfügen.

64 Vgl. dazu auch: Münzer (1992), S. 43.

Zur Herstellung einer ausreichenden Liquiditätsreserve der Banken im Verhältnis zu ihren Buchgeldeinlagen könnte eine Aufwertung der Mindestreserveregelung beitragen. Unter geldpolitischen Aspekten ist die Mindestreserve als Instrument der Deutschen Bundesbank zur Steuerung der Geldmenge zwar immer mehr in die Kritik geraten,[65] jedoch ist ihre Sicherungswirkung aufgrund der mit ihr verbundenen Liquiditätsreservehaltung der Banken nicht zu bestreiten.[66] Im Vergleich zu den regulierenden Eingriffen, die mit den Eigenkapitalgrundsätzen einhergehen, erscheint die Mindestreserve besser dazu geeignet, einen Beitrag zur Absicherung des Wertes der Bankeinlagen zu garantieren. Zum einen setzt sie an der richtigen Ursache für einen möglichen Wertverlust der Einlagen an, indem sie eine Unterdeckung der Buchgeldeinlagen mit Zentralbankgeld verhindert. Zum anderen gehen von ihr - im Gegensatz zu den Eigenkapitalgrundsätzen - keine unmittelbaren wettbewerbsverzerrenden Effekte auf die Mittelverwendung aus, da sie ausschließlich an der Passivseite der Banken ansetzt.

Neben der Aufwertung der Mindestreserveregelungen kommt den bestehenden Einlagenversicherungen der Kreditwirtschaft eine zentrale Bedeutung bei der Sicherung der Einlagen zu.[67] Daß dieses Instrument zur Sicherung der Einlagen grundsätzlich geeignet ist, wird weder in der Literatur noch in der Praxis ernsthaft bestritten. Die Einlagenversicherung setzt durch die ausschließliche Einbeziehung der Buchgeldeinlagen in die Versicherungsleistung am richtigen Ansatzpunkt an. Außerdem gehen von der Versicherung der Einlagen auf der Passivseite der Bankenbilanz keine beeinträchtigenden Wirkungen auf die Mittelverwendung aus. Was jedoch im Zusammenhang mit der Einlagenversicherung diskutiert wird, ist die Frage, wie sie am sinnvollsten ausgestaltet werden soll. Dabei geht es im wesentlichen um das Problem, wie bei der Ausgestaltung Fehlanreize vermieden werden können, um mögliche Effizienzverluste in der Versicherungswirkung zu verhindern. Zur Lösung dieses Problems sind bereits einige Vorschläge unterbreitet worden.[68] Ohne auf Einzelheiten dieser Vorschläge an dieser

---

65 An der Mindestresereve wird insbesondere kritisiert, daß es sich dabei um ein nicht marktkonformes Instrument zur Steuerung der Geldmenge handelt, welches das Kreditgeschäft der Banken diskriminiert und damit die internationale Wettbewerbsfähigkeit der deutschen Banken schwächt. Vgl. zu dieser Diskussion und zu weiteren Kritikpunkten an der Mindestreserve: Friedmann (1988), S. 79f und die dort angegebene Literatur sowie Kaven (1990), S. 1157ff. und Hahn (1991), S. 204ff.

66 Vgl. Hahn (1991), S. 204f.

67 Vgl. dazu auch Baltensperger (1988), S. 56.

68 So hat z.B. Münzer vorgeschlagen, daß die Einlagenversicherung nicht auf alle Einlagen angewendet werden sollte, sondern auch unversicherte Einlagen möglich sein sollten. Der

Stelle eingehen zu wollen, kann festgehalten werden, daß das Instrument der Einlagenversicherung durch eine Umsetzung dieser Vorschläge eine nachhaltige Steigerung der Leistungsfähigkeit der Einlagenversicherung bewirken würde. Im Ergebnis würde dies weiter dazu beitragen, den durch die Abschaffung der Eigenkapitalgrundsätze entstandenen Vertrauensverlust der Einleger weiter zu kompensieren.[69]

An die Stelle - oder in Ergänzung zu - einer explizit eingeführten Einlagenversicherung würde schließlich auch eine Garantie von staatlichen Stellen das Vertrauen der Einleger in das Geld- und Kreditwesen fördern. So könnte beispielsweise die Deutsche Bundesbank durch die Stellung einer "Lender-of-last-resort-Garantie" einen weiteren Vertrauenszuwachs in das Bankensystem bewirken.[70] Das Bereitstellen solcher staatlichen Garantien birgt allerdings erhebliche Gefahren in sich, da von ihr ebenfalls Fehlanreize ausgehen könnten. Insofern sollten zur Vertrauensstärkung der Einleger zunächst die Mindestreserve und die pri-

---

Einleger könnte sich dann entscheiden, ob er eine geringere Verzinsung bei höherer Sicherheit oder eine höhere Verzinsung bei höherem Risiko eingehen möchte. Im Falle eines Konkurses würden dann nur die Einleger entschädigt, die über Einlagen verfügt haben, die versichert waren. Vgl. Münzer (1992), S. 210ff. Vgl. zu weiteren Vorschlägen: Zimmer (1993), S. 212ff.

69 Die Kosten, die sowohl bei der Mindestreservehaltung als auch bei der Einlagenversicherung für die Banken entstehen, werden häufig auch als ein Argument gegen diese beiden Instrumente angeführt. Dieses Argument kann aber bei genauerer Betrachtung der Zusammenhänge nicht ganz überzeugen. Zum einen können die Banken diese Kosten an die Einleger weitergeben, da sie im Gegenzug eine - im Vergleich zu anderen Anlagemöglichkeiten - sicherere Einlage anbieten. Außerdem gilt es zu berücksichtigen, daß dem Zinsentgang der Banken aus der Mindestreservehaltung eine Reihe von Erleichterungen bzw. Wettbewerbsvorteilen gegenüberstehen. Zu nennen sind hier die subventionierte Refinanzierungsmöglichkeiten der Banken über den Rediskontkredit, der zinslose "float" (Saldo der schwebenden Verrechnungen) im bargeldlosen Zahlungsverkehr mit der Bundesbank, die Anrechnung von Bargeldbeständen auf die Mindestreserve sowie die Tatsache, daß die Mindestreserveguthaben auch als Arbeitsguthaben genutzt werden können. Vgl. Deutsche Bundesbank (1994), S. 73.

70 Diese Aufgabe übernimmt in Deutschland die Liquiditäts- und Konsortialbank GmbH, die von der Deutschen Bundesbank und den Geschäftsbanken nach dem Zusammenbruch der Herstatt-Bank gegründet wurde. Das Stammkapital zusammen mit der Einschußpflicht der Anteilseigener beträgt zusammen allerdings nur 250 Mio. DM bzw. 750 Mio. DM Zusätzlich besteht ein Rediskontkontingent von 500 Mio. DM. Diese Zahlen machen deutlich, daß die LIKO-Bank nur im Vorfeld einer Bankenpanik einschreiten kann. Bei einem systemweiten "Bankenrun" wäre die LIKO-Bank mit ihren Mitteln überfordert. Hier könnte nur die Deutsche Bundesbank die entsprechende Liquidität und damit auch die notwendige Sicherheit zur Verfügung stellen. Vgl. Rombach (1993), S. 108f und Baltensperger (1988), S. 57.

vatwirtschaftliche Einlagenversicherung aufgewertet werden. Je leistungsfähiger diese Instrumente sind, desto geringer ist die Wahrscheinlichkeit, daß die Zentralbank oder die Regierung eingreifen müssen.

c) Anwendung von Finanzderivaten

Als letzte regulierungsbedürftige Tätigkeit im Geld- und Kreditwesen sei hier der Einsatz von Finanzderivaten erwähnt. Dieser umfaßt im wesentlichen den Handel mit finanziellen Risiken, die durch "stripping and rebundling" aus originären Finanzpositionen abgeleitet werden. Die Verwendung von Finanzderivaten ist - wie bereits gezeigt wurde - mit Gefahren verbunden.[71] Dies gilt zum einen, wenn mit den neuen Instrumenten bewußt spekulativ gehandelt wird und aus diesem Grunde die eingegangenen Risikopositionen nicht geschlossen werden. Diese Gefahr erlangt im Vergleich zum Handel mit traditionellen Finanzpositionen aufgrund des hohen Hebeleffektes eine besondere Bedeutung. Zum anderen kann eine Gefahr vom Handel mit Finanzderivaten ausgehen, wenn sie unsachgemäß verwendet werden. Die Ursache hierfür kann zum einen in der fehlenden Kenntnis über die Wirkung der Instrumente, aber auch in einer mangelhaften Ausbildung hinsichtlich des Umganges mit diesen Instrumenten liegen.[72] Schließlich können vom Handel mit Derivaten Gefahren ausgehen, die aus bestehenden Marktrisiken resultieren. Dies bedeutet, daß auch bei konservativer Sicherungs- und Handelsstrategie sowie gut ausgebildeten Händlern, Gefahren für ein Unternehmen entstehen können.[73]

Ziel der Aufsicht im Geld- und Kreditwesen muß es sein, die genannten Risiken zu begrenzen, um mögliche negative Beeinträchtigungen der Zielsetzung der Aufsicht zu vermeiden.[74] Um dieses zu erreichen, müssen die entsprechenden Regulierungen unmittelbar an den Gefahrenquellen ansetzen. Hier sind bei näherer Betrachtung zwei Gruppen zu unterscheiden: Das Marktrisiko und das Betriebsrisiko. Während das Betriebsrisiko die unternehmensinternen Risiken umschreibt, die beim Umgang mit Finanzderivaten entstehen können, werden die bestehenden externen Risiken - z.B. das Wertänderungs- und Ausfallrisiko - als Marktrisiken bezeichnet.

---

71 Vgl. Kapitel IV.E.

72 Vgl. Meister (1994), S. 4.

73 Vgl. Fabritius (1993), S. 7.

Um mögliche negative Folgen dieser Risiken für die aufsichtsrechtlichen Ziele zu vermeiden, hat das BAKred bereits im Oktober 1990 die derivativen Geschäfte mit in die Regelungen der Grundsätze I und Ia einbezogen.[75] Diese Regulierung der derivativen Finanzgeschäfte ist jedoch aus den gleichen Gründen zu kritisieren wie die Portfoliovorschriften für die Vergabe von Krediten.[76] Die unzulänglichen Sicherungswirkungen dieser Vorschriften im Ernstfall stehen in keinem Verhältnis zu den vorgenommenen Eingriffen in die Dispositionsfreiheit der Kreditinstitute. Infolgedessen sollten auch die Regelungen der Grundsätze I und Ia für die derivativen Finanzgeschäfte abgeschafft werden. Um den möglicherweise daraufhin entstehenden Vertrauensverlust der Marktteilnehmer in die Sicherheit der Banken zu kompensieren, bestehen mehrere Möglichkeiten:

Zu nennen ist hier zunächst die Einführung allgemein anerkannter Risikobewertungs- und Steuerungssysteme bei Anwendern von Finanzderivaten.[77] Ziel der Etablierung dieser neuen Systeme ist eine sachgerechte, vergleichbare, aktuelle und vollständige Erfassung der eingegangenen Risiken bei den Kreditinstituten, um mögliche Ungleichgewichte im Gesamtportfolio aufgrund von Marktentwicklungen sofort zu erkennen.[78] Denn nur eine umgehende Feststellung der Auswirkungen von Wertänderungen an den Finanzmärkten auf das eigene Portfolio ermöglicht den Akteuren eine schnelle risikobegrenzende Reaktion auf die marktlichen Veränderungen.

Um einen weiteren Vertrauenszuwachs in die Anwender von Finanzderivaten und das Finanzsystem zu erreichen, sollten die Informationen über das gesamte Risikoportfolio nicht nur innerhalb der Unternehmung verbleiben, sondern in angemessener Form der Öffentlichkeit zur Verfügung gestellt werden. Eine verbesserte Publizität hätte einen zweifachen Effekt: Zum einen könnte sie wesent-

---

74 Vgl. ebda.

75 Vgl. dazu Kapitel II.D.3.b. Die Regelungen des Grundsatzes Ia werden allerdings nur noch bis Ende 1995 gelten. Danach kommt es nicht nur in Deutschland, sondern auch in den anderen Ländern der EU zur Anwendung der bis dahin in nationales Recht umzusetzenden Kapitaladäquanzrichtlinie, die insgesamt eine strengere Norm darstellt als der Grundsatz Ia. Vgl. hierzu auch Meister (1994), S. 3.

76 Vgl. Kapitel V.B.1.b.

77 Vgl. Deutsche Bundesbank (1994c), S. 48.

78 Zur Ausgestaltung dieser Systeme sind bereits einige Empfehlungen des Ausschusses für Bankenaufsicht der Bank für Internationalen Zahlungsausgleich an die Aufsichtsorgane weitergeleitet worden. Danach sollen keine Standardmodelle, sondern bestimmte Mindestanforderungen an die Systeme gestellt werden. Vgl. Steltzner (1995), S. 15.

lich zur Vertrauensbildung in die Märkte beitragen und damit die Akzeptanz der Geschäfte erhöhen, weil die Größenordnungen und die Risiken verständlicher würden. Zum anderen würde eine ausführliche Berichterstattung den Marktteilnehmern einen besseren Überblick über die von einem Geschäftspartner eingegangenen Risiken geben.[79] Insgesamt würde damit die zur Vertrauensbildung notwendige Transparenz an den Finanzmärkten verbessert.[80]

Im Bereich des Betriebsrisikos gilt es, die Gefahren zu reduzieren, die sich aus einem unsachgemäßen unternehmensinternen Umgang mit Finanzderivaten ergeben können. Hierzu bestehen bisher keine konkreten Vorschriften des Bundesaufsichtsamtes für das Kreditwesen. Aufgrund der vielen Vorfälle im Bereich des Derivatehandels haben allerdings mehrere Gruppen und Verbände unverbindliche Empfehlungen erarbeitet, wie das Betriebsrisiko beim Umgang mit Derivaten reduziert werden kann. Als maßgeblicher Vorschlag ist hier die Empfehlung der "Group of thirty"[81] zu nennen. Danach sollen:

- die Entscheidungen über Art und Umfang des Engagements in Finanzderivaten auf der höchsten Leitungsebene eines Kreditinstitutes angesiedelt werden,
- die Derivate-Händler regelmäßig in "Stress-Simulationen" ermitteln, wie der Wert des bestehenden Portfolios auf Preisschwankungen oder Marktstörungen reagiert,
- die Position in Derivaten mit adäquaten Bewertungs- und Steuerungstechniken täglich erfaßt, bewertet und gesteuert werden, und
- das Risikomanagement von der eigentlichen Handelsabteilung organisatorisch und hierarchisch klar abgegrenzt werden.[82]

---

79 Vgl. Meister (1994), S. 5.

80 Vgl. Deutsche Bundesbank (1994c), S. 49; BIZ (1994).

81 Die "Group of thirty" ist ein Ausschuß der Bank für Internationalen Zahlungsausgleich, der sich mit der Kontrolle und Aufsicht im Geld- und Kreditwesen beschäftigt. Mitglieder sind Vertreter von internationalen Zentralbanken.

82 Group of thirty (1993), S. 9ff. Die hier wiedergegebenen Empfehlungen sind eine Zusammenfassung der insgesamt 24 Empfehlungen der "Group of thirty" für den Umgang mit Finanzderivaten. Vgl. dazu auch: Fabritius (1993), S. 7.

Auf Grundlage dieser Empfehlungen erarbeitet das BAKred zur Zeit zusammen mit den Spitzenverbänden der deutschen Banken einen verbindlichen Anforderungskatalog für das Betreiben von Handelsgeschäften mit Derivaten durch Kreditinstitute. Dieser Katalog umfaßt hinsichtlich der Vermeidung von Betriebsrisiken im Grundsatz die gleichen Anforderungen wie der Vorschlag der "Group of thirty". Darüber hinaus plant das BAKred die folgenden Vorschriften:

- Die mit dem Handel, der Überwachung und der Revision von Derivaten betrauten Personen müssen über umfassende Kenntnisse der gehandelten Produkte verfügen.
- Die Geschäftsführung hat eine Verlustobergrenze für den Handel mit Derivaten festzulegen.
- Die Handelstätigkeit ist nach dem Grundsatz der funktionalen Trennung von Handel, Abwicklung / Kontrolle, Rechnungswesen sowie Überwachung zu organisieren.[83]

Betrachtet man die aufgezeigten Mindestanforderungen und Empfehlungen sowohl der "Group of thirty" als auch des BAKred vor dem Hintergrund der aufgestellten Anforderungen an die Aufsicht im Geld und Kreditwesen, kommt man zu folgendem Ergebnis:

Grundsätzlich setzen die Vorschläge an den richtigen Punkten an, da sie darauf abzielen, zum einen das Entstehen von ungewollten oder übermäßigen Risikopositionen beim Handel von Derivaten zu verhindern, und zum anderen mögliche Fehler im Umgang mit Derivaten als Quelle potentieller Gefahren zu vermeiden. Damit werden weder genaue Vorgaben über das Volumen noch über die Art der zu verwendenen Derivate gemacht. Bezüglich dieser Fragen wird die Entscheidungskompetenz und damit auch die Verantwortung den entsprechenden Akteuren überlassen.[84] Würden diese bisher noch unverbindlichen Empfehlungen zusammen mit der Pflicht zur Offenlegung der eingegangenen derivativen Geschäfte für die Anwender von Derivaten obligatorisch, könnte damit sicherlich ein erhebliches Gefahrenpotential beim Umgang mit Derivaten abgebaut werden und somit ein nachhaltiger Beitrag zur Sicherung der Stabilität des Finanzsektors geleistet werden.

---

83 Vgl. Balzer (1995), S. 148.

84 Vgl. dazu auch Deutsche Bundesbank (1994c), S. 48f.

Wird die in den letzten Abschnitten vorgenommene Herleitung der Regulierungserfordernisse im Geld- und Kreditwesen anhand der ökonomischen Tatbestände akzeptiert, dann reicht der bisher ausschließliche Ansatzpunkt der Regulierung bei den Banken nicht mehr aus, um den bestehenden Regulierungserfordernissen gerecht zu werden. Vielmehr erscheint eine Ausweitung der Adressaten der Regulierung im Geld- und Kreditwesen bei gleichzeitiger Anpassung der Regulierung an die jeweiligen Regulierungserfordernisse notwendig. Vor dem Hintergrund dieser Erkenntnis soll im folgenden durch eine Zuordnung der ökonomischen Tatbestände und Funktionen im Geld- und Kreditwesen auf die relevanten Unternehmen im Finanzsektor eine neue Struktur der Adressaten der Aufsicht und Kontrolle entwickelt werden. Hinsichtlich der relevanten Unternehmen wird dabei zwischen Anwendern von Finanzderivaten, Finanzintermediären und Banken unterschieden.

2. Zur Neustrukturierung der Adressaten der Aufsicht

a) Anwender von derivativen Finanzinstrumenten

Als erste Adressaten von Regulierungen im Geld- und Kreditwesen seien hier die Anwender von Finanzderivaten genannt. Dieser Adressatenkreis umfaßt alle Unternehmen, die im Rahmen ihrer finanzwirtschaftlichen Tätigkeiten derivate Finanzinstrumente anwenden. Dazu zählen Banken, Finanzinstitute und "In-House Banken" aber auch Unternehmen, die - ohne "In-House Banking" zu betreiben - Finanzderivate verwenden.

Um mögliche Gefahren aus einer unsachgemäßen oder spekulativen Geschäftspolitik, sowohl für die genannten Unternehmen selbst, aber auch für das gesamte Finanzsystem zu vermeiden, erscheint es sinnvoll, die oben genannten Instrumente auf die genannten Unternehmen anzuwenden. Dazu zählt insbesondere die Einführung von Risikobewertungs- und Steuerungssystemen, die Festlegung von Verlustobergrenzen sowie die strikte funktionale Trennung zwischen Handel, Abwicklung und Kontrolle, Rechungswesen und Überwachung der derivaten Geschäfte. Die Einführung dieser Instrumente würde nicht nur eine sachgerechte Regulierung der Anwendung von Finanzderivaten bewirken, sondern auch dazu führen, daß für alle Anwender von Finanzderivaten die gleichen Regulierungsvorschriften und damit auch die gleichen Wettbewerbsbedingungen gelten.

b) Finanzintermediäre

Als zweite Gruppe der zu regulierenden Institutionen im Bereich des Geld- und Kreditwesens sind die Finanzintermediäre zu nennen. Bei genauerer Betrachtung sind hier zwei Arten von Finanzintermediären zu unterscheiden: Zum einen gibt es Finanzintermediäre, welche die Intermediationsfunktionen ausüben, ohne dabei Geld schöpfen zu können, zum anderen existieren Finanzintermdiäre, die neben der reinen Intermediations- und Transformationsleistung noch zusätzlich Geld schöpfen. Zunächst stehen hier die Finanzintermediäre ohne Geldschöpfungsmöglichkeiten im Vordergrund.

Hierzu zählen alle Unternehmen, die im Rahmen ihrer Intermediationstätigkeiten entweder die Informations-, Beratungs-, Händler- oder die Produzentenfunktion ausüben.[85] Dies sind im wesentlichen Finanzinstitute, "In-House Banken", aber in bestimmten Bereichen auch Banken.[86] Die oben vorgenommenen Überlegungen haben deutlich gemacht, daß eine besondere Regulierung dieser Tätigkeiten grundsätzlich nicht erfoderlich ist. Hier erscheinen weder Vorschriften hinsichtlich des Umfangs der Geschäftstätigkeit noch qualitative bzw. quantitative Vorgaben hinsichtlich der Mittelverwendung notwendig. Die bisher bestehenden Portfoliovorschriften für die Banken sollten daher nicht auf andere Finanzintermediäre - etwa die "In-House Bank" - übertragen, sondern grundsätzlich abgeschafft werden.

Um jedoch ein Mindestmaß an ordnungsgemäßer Durchführung der Intermediations- und Transformationsleistungen zu gewährleisten, erscheint es sinnvoll, die bestehenden gewerberechtlichen Zulassungsvoraussetzungen für Banken auf alle Unternehmen zu übertragen, die als Finanzintermediäre agieren. Dabei sollte es unerheblich sein, ob sie die Finanzintermediation gewerblich oder ausschließlich zum Eigenbedarf ausüben, da unabhängig davon mögliche Schadensfälle in der gleichen Form und Intensität auf die Finanzmärkte und die Gläubiger einwirken. Mit dieser Ausweitung des Geltungsbereiches der Anforderungen an die Durchführung von Bankgeschäften könnte ein Mindestmaß an Zuverlässigkeit und ordnungsgemäßer Durchführung der Intermediations- und Transformationsleistungen innerhalb des gesamten Geld- und Kreditwesens erreicht werden.

---

85 Vgl. Kapitel II.A.4.

86 Dies gilt für den Bereich des Bankengeschäftes, in dem die Banken kein Geld schöpfen, sondern lediglich die genannten Intermediationsfunktionen ausüben.

c) Geschäftsbanken

Entsprechend den oben gemachten Überlegungen unterliegen die Banken den umfangreichsten Regulierungsanforderungen, da sie sowohl Finanzderivate anwenden, als auch als Finanzintermediäre agieren und schließlich auch Buchgeld schöpfen können.

Zusätzlich zu den bereits erwähnten Regulierungsanforderungen an die Anwender von Finanzderivaten und Finanzintermediäre müssen Banken demzufolge noch aufgrund ihrer Geldschöpfungsmöglichkeiten reguliert werden. Diese Regulierung ist in zweierlei Hinsicht notwendig: Zum einen um die Entwicklung der gesamtwirtschaftlichen Geldmenge kontrollieren zu können und zum anderen ist eine Kontrolle der Geldschöpfung jeder einzelnen Bank erforderlich, da nur das Bestehen eines ausreichenden Verhältnisses zwischen der Liquiditätsreserve und dem Umfang des geschöpften Buchgeldes den Wert der Einlagen sichern kann.

Die gesamtwirtschaftliche Geldschöpfung kontrolliert die Deutsche Bundesbank mit Hilfe des ihr zur Verfügung stehenden Instrumentariums. Da zum einen die Banken die richtigen Adressaten dieser Regulierung sind und zum anderen keine Wettbewerbsverzerrungen von dieser Kontrolle ausgehen (da alle geldschöpfenden Institute gleichermaßen von ihr betroffen sind), besteht hier kein Bedarf, weder die Ansatzpunkte noch die Instrumente der Geldpolitik zu ändern.

Zur Sicherung der Einlagen wurde bisher die Geschäftstätigkeit und damit auch der Umfang der Geldschöpfungsmöglichkeit der Banken durch die Eigenkapitalgrundsätze des Bundesaufsichtsamtes für das Kreditwesen begrenzt. Sowohl die zweifelhafte Sicherungswirkung, als auch die wettbewerbsverzerrenden Effekte hinsichtlich der Mittelverwendung sprechen für eine Abschaffung dieser Grundsätze. Um den Wert der Einlagen dennoch zu sichern und damit auch die Gefahr eines "runs" auf die Banken zu reduzieren, erscheinen die folgenden Instrumente als sinnvoll und ausreichend:

Zum einen muß der Mindestreserve durch eine Aufwertung die Funktion eines Sicherungsinstrumentes in Form einer Liquiditätsreserve zugeteilt werden. Ferner müssen die Banken die bestehende Einlagenversicherung so umgestalten, daß von ihr eine effizientere Sicherungswirkung ausgeht. Schließlich muß die Deutsche Bundesbank eine Bereitschaft signalisieren, in begründeten Fällen die Rolle des "lender of last ressort" zu übernehmen, wobei darauf allerdings kein Rechtsanspruch bestehen sollte.

Nach dieser Deregulierung der Banken hinsichtlich der Portfoliovorschriften können die Banken mit den anderen Finanzintermediären unter den gleichen regulativen Rahmenbedingungen im freien Wettbewerb untereinander um die rentabelsten Verwendungsmöglichkeiten ihrer Mittel konkurrieren.[87] Dabei ist nicht zu erwarten, daß die Banken im Vergleich zur bisherigen Situation besonders leichtfertig risikoreiche Engagements wählen werden. Die Gefahr des Existenzverlustes bei einer übermäßig risikoreichen Geschäftspolitik wird sie, genauso wie andere Finanzintermediäre und Unternehmen, hinsichtlich ihrer Entscheidungen disziplinieren.[88]

Auf der anderen Seite würden die neuen Vorschriften die Banken nur auf Grund ihrer Geldschöpfungsmöglichkeiten regulieren. Da diese Instrumente ausschließlich auf der Passivseite der Bilanz ansetzen, gehen von ihr - bei gleichzeitiger Sicherung der Einlagen - keine nennenswerten Beeinträchtigungen der Mittelverwendung aus. Im Ergebnis wäre damit die mit den Eigenkapitalgrundsätzen hergestellte aufsichtsrechtliche Verknüpfung zwischen dem Aktiv- und dem Passivgeschäft der Banken beseitigt.[89]

Diese vorgeschlagene Neustrukturierung der Aufsicht und Kontrolle im Kreditwesen würde die oben aufgestellten Anforderungen erfüllen. Sie stellt ausschließlich auf die ökonomischen Tatbestände und deren Regulierungswürdigkeit ab. Die entsprechenden Regulierungsinstrumente wirken weiter weder regulierungs- noch wettbewerbsverzerrend, da die gleichen Regulierungen für die gleichen ökonomischen Tatbestände gelten. Damit wäre im Ergebnis das Ziel erreicht, ökonomisch gleiche Tatbestände aufsichtsrechtlich gleich zu behandeln.

---

87 Vgl. dazu auch Baltensperger (1988), S. 55.

88 Vgl. Lutz (1962), S. 32.

89 Vgl. dazu auch Lutz (1962), S. 99ff.

C. Zusammenfassung der Ergebnisse

Nach der Feststellung im vorherigen Kapitel, daß "In-House Banken" unter ökonomischen Aspekten - bis auf die Funktion der Geldschöpfung - die gleichen Funktionen wie Banken ausüben, standen in diesem Kapitel die Probleme im Vordergrund, die sich bei dem Versuch einer aufsichtsrechtlichen Erfassung der "In-House Banken" ergeben. Die dabei gewonnenen Erkenntnisse lassen sich wie folgt zusammenfassen:

1. Um die "In-House Banken" aufsichtsrechtlich zu erfassen, sind sowohl das Kreditwesengesetz als Rechtsgrundlage als auch die Instrumente des Bundesaufsichtsamtes für das Kreditwesen ungeeignet. Dabei liegt die Unzulänglichkeit des Kreditwesengesetzes als Rechtsgrundlage insbesondere darin begründet, daß das KWG aufgrund seines gewerberechtlichen Ursprungs nur eine Anwendung auf Unternehmen findet, die Bankgeschäfte zur Fremdbedarfsdeckung ausüben. Die Defizite, die sich bei einer Übertragung der Instrumente des BAKred auf die "In-House Banken" ergeben, sind mit den unterschiedlichen Bilanzstrukturen von "In-House Banken" und Kreditinstituten zu begründen.

2. Die Folge dieser Defizite des Kreditwesengesetzes ist eine rechtliche Ungleichbehandlung ökonomisch gleicher Tatbestände innerhalb des Geld- und Kreditwesens. Aufgrund dieser aufsichtsrechtlichen Ungleichbehandlung konnte sowohl eine Verzerrung des Regulierungsniveaus als auch eine Wettbewerbsverzerrung zwischen den Kreditinstituten und den "In-House Banken" festgestellt werden. Außerdem werden durch die derzeit bestehenden Regulierungen die vorgegebene Ziele der Aufsicht nur unzulänglich erreicht.

3. Um diese Mißstände im Geld- und Kreditwesen zu beseitigen, wurde ein Vorschlag zur Neustrukturierung der Aufsicht unterbreitet. Es wurde vorgeschlagen, den Bedarf an Aufsicht und Kontrolle an den ökonomischen Tatbeständen im Geld- und Kreditwesen festzumachen und nicht an dem Kriterium des Fremd- bzw. Eigenbedarfs. Als ökonomische Tatbestände innerhalb des Geld- und Kreditwesens wurden die Möglichkeit der Geldschöpfung, das Erstellen von Intermediationsleistungen und der Einsatz von Finanzderivaten angesehen.

4. Vor dem Hintergrund der geldpolitischen und aufsichtsrechtlichen Ziele Geldwertstabilität, ordnungsgemäße Durchführung der Geschäfte und Einlegerschutz wurden sodann auf der Basis der ökonomischen Tatbestände entsprechende Regulierungsanforderungen abgeleitet. Unter Berücksichtigung des Anspruches, ökonomisch gleiche Tatbestände auch aufsichtsrechtlich gleich zu behandeln, wurden für die jeweiligen ökonomischen Tatbestände die folgenden Regulierungsgrundsätze vorgeschlagen:

5. Die Möglichkeit der Geldschöpfung muß die Deutsche Bundesbank zur Kontrolle der gesamtwirtschaflichen Geldmengenentwicklung weiter unter Verwendung ihrer traditionellen Instrumente steuern. Hier besteht aufgrund der Entstehung des "In-House Banking" kein zusätzlicher Handlungsbedarf.

6. Die Ausübung von Intermediations- bzw. Transformationsfunktionen bedarf weder einer Kontrolle, welche die Durchführung dieser Tätigkeiten beaufsichtigt, noch Portfoliovorschriften, die den Finanzintermediären vorschreiben, in welcher Form und Zusammensetzung sie ihre Mittel verwenden dürfen. Zur Erreichung der vorgegebenen Ziele und unter Berücksichtigung wettbewerbspolitischer Aspekte erscheint eine Setzung von Rahmenbedingungen in Form von Zulassungsvoraussetzungen als ausreichend.

7. Zur Sicherung der Einlagen im Kreditwesen erscheinen die bestehenden Eigenkapitalgrundsätze des BAKred als ungeeignet. Aufgrund ihrer unzulänglichen Sicherungswirkung und der von ihr bewirkten Wettbewerbsverzerrungen hinsichtlich der Mittelverwendung sollten diese Grundsätze abgeschafft werden. Zur Sicherung der Einlagen erscheint - als Ersatz für die gestrichenen Eigenkapitalgrundsätze - die Haltung einer ausreichenden Mindestreserve bei der Deutschen Bundesbank in Verbindung mit einem aufgewerteten Einlagenversicherungssystem und einer "Lender-of-last-ressort-Garantie" der Bundesbank als vertrauensschaffende Maßnahmen als ausreichend.

8. Die Anwendung von Finanzderivaten erfordert aufgrund der komplexen Struktur und der großen Hebelwirkung dieser Instrumente eine Regulierung, die dazu beiträgt, mögliche Betriebs- und Marktrisiken zu reduzieren. Zu diesem Zwecke erscheint eine obligatorische Einführung moderner Bewertungs- und Steuerungssysteme sowie eine strikte Trennung der Bereiche Handel, Abwicklung, Kontrolle, Rechnungswesen sowie Überwachung

erforderlich. Schließlich ist eine verbesserte Publikation der von Anwendern von Finanzderivaten eingegangenen Risiken erforderlich.

9. Nach der Zuordnung der einzelnen ökonomischen Tatbestände im Geld- und Kreditwesen auf die entsprechenden Institutionen oder Unternehmen ergeben sich für diese die entsprechenden Regulierungsanforderungen. Die daraus entstehende Neustrukturierung der Aufsicht und Kontrolle bewirkt im Ergebnis eine aufsichtsrechtliche Gleichbehandlung ökonomisch gleicher Tatbestände, was zugleich zu einer Beseitigung bisher bestehender Regulierungsunterschiede und daraus resultierender Wettbewerbsverzerrungen innerhalb des Geld- und Kreditwesens führt.

VI. FAZIT

Die vorliegende Arbeit hat gezeigt, daß von den innovativen Veränderungen an den Finanzmärkten unter dem Aspekt der Finanzintermediation nicht nur Auswirkungen auf die Banken und die Finanzmärkte selbst, sondern auch auf die Nichtbanken ausgehen.

Die Entwicklung zahlreicher Finanzinnovationen in den letzten Jahren eröffneten den Finanzabteilungen großer Konzerne neue Möglichkeiten, ihr Finanzmanagement effizienter als bisher zu gestalten. Um die bestehenden Synergieeffekte auch nutzen zu können, haben die Großunternehmen zunächst ihren Finanzbereich stark zentralisiert, um ihm dann durch die Organisationsform eines Profitcenters eine eigene Ergebnisverantwortung zu übertragen. Neben der Disposition des gesamten Finanzmittelflusses innerhalb des Konzerns nehmen die Finanzabteilungen nun zentral sowohl die Beschaffung von benötigtem als auch die Anlage von ungebundenem Kapital für die Konzerngesellschaften vor. Darüber hinaus übernehmen sie das Management aller finanzwirtschaftlichen Risiken, die konzernweit bestehen.

Um diese veränderte Aufgabenstellung der Finanzabteilung auch erfüllen zu können, wenden die Großunternehmen eine Vielzahl der neu entstandenen innovativen Instrumente an. Mit der Anwendung dieser Innovationen übernehmen die Finanzabteilungen der Unternehmen aber gleichzeitig die Erstellung intermediärer Leistungen, die bisher von den Banken koordiniert wurden. Je nach Art und Umfang der angewendeten Innovationen übernimmt die Finanzabteilung dabei sowohl die Fristen- und Losgrößentransformation als auch die Risikotransformation.

Analysiert man diese Veränderungen unter institutionenökonomischen Aspekten, so ist festzustellen, daß mit den instrumentellen Veränderungen an den Finanzmärkten gleichzeitig ein institutioneller Wandel einhergeht, da sich mit der innovationsbedingten Veränderung der Eigenschaften von Finanztransaktionen zugleich neue Möglichkeiten ihrer Koordination ergeben haben. Galt bisher die Bank als nahezu einzige Institution, die in der Lage ist, die Erstellung intermediärer Leistungen für Unternehmen transaktionseffizient durchzuführen, können nun die Finanzabteilungen großer Konzerne durch die Anwendung von Finanzinnovationen die gleichen Tätigkeiten selbst verrichten. Damit entwickeln sich aus den Finanzabteilungen großer Konzerne "In-House Banken" als neue Institutionen, die bis auf die Geldschöpfung die gleichen intermediären Funktionen erfüllen wie Geschäftsbanken. Dabei ist zu beobachten, daß die bisher bestehenden komparativen Vorteile der Banken in der Erstellung intermediärer Leistungen zunehmend schwinden. Die Ursachen hierfür liegen zum einen in den unterschiedlichen Kostenstrukturen der Banken und "In-House Banken", aber auch in den den Banken einseitig auferlegten Regulierungen.

Mit der Erstellung der Intermediationsleistungen und der Anwendung von Finanzderivaten übernehmen die "In-House Banken" auch die gleichen Risiken wie die Geschäftsbanken. Dies bedeutet im Ergebnis, daß von ihnen auch grundsätzlich die gleichen Gefahren für die Stabilität des Finanzsystems ausgehen können. Damit stellt sich die Frage, warum die "In-House Banken" bisher noch keinen Regulierungen unterliegen?

Hier haben die Untersuchungen gezeigt, daß sowohl die Rechtsgrundlage des Kreditwesengesetz als auch die Instrumente der Bankenaufsicht ungeeignet sind, um sie auf die "In-House Banken" zu übertragen. Die Gründe hierfür liegen zunächst in dem gewerberechtlichen Charakter des Kreditwesengesetzes, das seine Anwendung nur auf Unternehmen findet, die Bankgeschäfte zur Fremdbedarfsdeckung betreiben. Mit diesem eingeschränkten Gültigkeitsbereich können die "In-House Banken" aber nicht erfaßt werden, da diese ihre Finanzgeschäfte ausschließlich zur Eigenbedarfsdeckung betreiben. Doch selbst wenn dieses Defizit des Kreditwesengesetzes beseitigt würde, wären die an den Bankenbilanzen ansetzenden Aufsichts- und Kontrollinstrumente des Bundesaufsichtsamtes für das Kreditwesen nicht auf die "In-House Banken" übertragbar. Dies liegt insbesondere an den nicht vergleichbaren Bilanzpositionen und -strukturen, die Banken und "In-House Banking" betreibende Unternehmen aufweisen.

Die Folge dieser Defizite des Kreditwesengesetzes ist, daß innerhalb des Geld- und Kreditwesens ökonomisch gleiche Tatbestände aufsichtsrechtlich ungleich behandelt werden. Während die Banken auf der einen Seite einer ständig steigenden Regulierungsdichte unterliegen, bleiben die "In-House Banken" unbeaufsichtigt. Da daraus sowohl unerwünschte Verzerrungen hinsichtlich des Regulierungsniveaus als auch der Wettbewerbsbedingungen innerhalb des Finanzwesens resultieren, wurde abschließend ein Vorschlag unterbreitet, wie dieses Defizit der Aufsicht und Kontrolle beseitigt werden kann.

Zur Neustrukturierung der Aufsicht und Kontrolle im Geld- und Kreditwesen ist zunächst vorgeschlagen worden, den Ansatzpunkt der Aufsicht zu ändern. Um eine wettbewerbsneutrale und ursachengerechte Aufsicht und Kontrolle zu bewirken, darf der Ansatzpunkt nicht weiter nur auf die Banken beschränkt bleiben, sondern muß auf die ökonomischen Tatbestände im Geld- und Kreditwesen - die Möglichkeit der Geldschöpfung, die Ausübung von Intermediations- und Transformationsfunktionen sowie die Anwendung von Finanzderivaten - ausgerichtet werden. Dabei ist es von besonderer Bedeutung, daß die jeweiligen Aufsichtsinstrumente den Besonderheiten und Gefahren Rechnung tragen, die bei der Ausübung der einzelnen ökonomischen Tätigkeiten entstehen können.

Bei der Analyse der bestehenden Aufsichtsinstrumente mußte festgestellt werden, daß diese die gestellten Anforderungen nicht erfüllen. Insbesondere die Eigenkapitalgrundsätze des Bundesaufsichtsamtes für das Kreditwesen weisen in dieser Hinsicht erhebliche Defizite auf. So verfügen diese nicht nur über eine zweifelhafte Wirkung bezüglich der Einlagensicherung, sondern sie verbinden gleichzeitig zwei ökonomische Tatbestände - die Finanzintermediation und die Schöpfung von Geld -, für die sowohl unter ordnungspolitischen als auch unter regulativen Aspekten unterschiedliche Prinzipien zweckentsprechend wären.

Unter Berücksichtigung dieser Erkenntnisse wurde abschließend vorgeschlagen, in welcher Form die ökonomischen Tätigkeiten im Geld- und Kreditwesen reguliert und kontrolliert werden könnten, um die oben aufgestellten Anforderungen zu erfüllen. Die sich daraus ergebende Struktur der Aufsicht und Kontrolle im Geld- und Kreditwesen stellt abschließend die folgende Grafik dar.

Abbildung 23: Neustrukturierung der Aufsicht und Kontrolle im Geld- und Kreditwesen

Im Ergebnis kann mit einer Umsetzung dieses Aufsichtskonzeptes eine aufsichtsrechtliche Gleichbehandlung ökonomisch gleicher Tätigkeiten im Geld- und Kreditwesen und zugleich eine Beseitigung bisher bestehender Regulierungsverzerrungen und daraus resultierenden Wettbewerbsbeeinträchtigungen erreicht werden.

Literaturverzeichnis

Abresch, M. J. (1994):
Finanzinnovationen vor dem Hintergrund des modernen Finanzmanagements, Diss., St. Gallen, 1994.

Ackermand, M. (1990):
Finanzinnovationen am Euromarkt - Bankenstrategie und Bankenaufsicht, Diss., Kiel, 1990.

Akerlof, G. A. (1970):
The markets for "Lemons". Quality uncertainty and the Market Mechanism, in: Quarterly Journal of Economics, 84 (1970), S. 488-500.

Arnold W. / Burg S. (1987):
SWAPs und Ricardos Theorem der komparativen Kosten, in: Die Bank, 4/1987, S. 194-196.

Arnold, H. (1976):
Risikentransformation, in: Handwörterbuch der Finanzwirtschaft, hrsg. v.: Büschgen, H. E., Stuttgart, 1976, Spalte 1506-1516.

Arnold, W. / Boos, K.-H. (1993):
Die neuen Bestimmungen des Kreditwesengesetzes, in: Die Bank, 5/1993, S. 273-277.

Arnold, W. / Schulte-Mattler, H. (1992a):
Die Eigenkapitalgrundsätze I und Ia: Bankaufsichtliche Normen für Kredit- und Marktrisiken (I), in: Wirtschaftsstudium (WISU), 10/1992, S. 764-772.

Arnold, W. / Schulte-Mattler, H. (1992b):
Die Eigenkapitalgrundsätze I und Ia: Bankaufsichtliche Normen für Kredit- und Marktrisiken (II), in: Wirtschaftsstudium (WISU), 11/1992, S. 879-882.

Arrow, K. (1962):
Economic Welfare and the Allocation of Ressources for Invention; wiederabgedruckt in: Lamberton, D. M., Economics of Information and Knowledge, Harmondsworth u.a., 1971, S. 141-160.

Arrow, K. (1969):
The organization of economic activity: Issues pertinent to the choice of market versus nonmarket allocation, in: The Analysis and Evaluation of Public Expenditure: The PPB System, Band 1, U.S. Joint Economic Committee, 91st Congress, 1st session, Washington D.C.

Artus, P. / de Boissieu, C. (1989):
Der Finanzinnovationsprozeß: Ursachen, Erscheinungsformen und Konsequenzen, in: Technische und Finanzinnovationen: ihre Auswirkung auf die Wirtschaft, hrsg. v.: Heertje, A., Frankfurt, 1989, S. 92-111.

Baltensperger, E. (1988):
Die Regulierung des Bankensektors, in: Wirtschaftswissenschaftliches Studium (WiST), 2/1988, S. 53-57.

Baltensperger, E. (1989):
Zur Theorie des Bankverhaltens, in: Finanzmarkt und Portfolio Management, 3. Jahrgang, Nr. 2, 1989, S. 3ff.

Baltensperger, E. / Milde, H. (1987):
Theorie des Bankverhaltens, Berlin/Heidelberg, 1987.

Balzer, A. (1995):
Angst vor dem Tag X, in: Manager Magazin, 5/1995, S. 145-151.

Bank for International Settlements (1986):
Recent Innovations in international Banking, Basel, 1986.

Bank for International Settlements (1992):
Recent developments in international interbank relations, Basel, Oktober 1992.

Bank for International Settlements (1994):
Public disclosure of market and credit risks by financial intermediaries, Basel, September 1994.

Bank für Internationalen Zahlungsausgleich (1991):
61. Jahresbericht, Basel, 1991.

Baschera, P. / Dietrich, A. (1994):
Finanzpolitik - Grundlage des Finanzmanagements eines multinationalen Unternehmens, in: Finanzielle Führung, Finanzinnovationen & Financial Engineering, hrsg. v.: Siegwart, H. u.a., Stuttgart, 1994, S. 239-255.

Baxmann, U. G. (1993):
Die Transformationsleistungen der Kreditinstitute, in: Wirtschaftsstudium (WISU), 2/1993, S. 112-114.

Baxmann, U. G. / Weichsler, Ch. (1991):
Überlegungen zur Systematisierung von Finanzmärkten, in: Wirtschaftswissenschaftliches Studium (WiSt), 11/1993, S. 546-552.

Baxmann, U. G. / Weichsler, Ch. (1993):
Finanz- und Risikomanagement unter besonderer Berücksichtigung von Finanzderivaten, in: Wirtschaftswissenschaftliches Studium (WiSt), 1/1993, S. 9-14.

Beber, H. (1988):
Wirkungen des bankaufsichtsrechtlichen Instrumentariums auf den Wettbewerb im Kreditgewerbe, Diss., Göttingen, 1988.

Becker, W.-D. (1988):
Grundsatzfragen der Bankenregulierung, in: Wirtschaftsstudium (WISU), 2/1988, S. 106-111.

Benke, H. (1991):
Effektivzins und Marge im Passivgeschäft, in: Die Bank, 2/1991, S. 98-104.

Benston, G. J. / Smith, C W. (1976):
A Transaction Cost Approach to the Theory of Financial Intermediation, in: Journal of Finance, Vol. 31, 1976, S. 215-231.

Berger, M. (1990):
Hedging - Effiziente Kursabsicherung festverzinslicher Wertpapiere mit Finanzterminkontrakten, Diss.,Wiesbaden, 1990.

Betge, P. / Theisen, M. R. (1991):
Finanzierung und Besteuerung der Unternehmung und des Konzerns, Stuttgart, 1991.

Bischoff, E. (1989):
Determinanten des Cash-Managements in internationalen Industrieunternehmen unter Berücksichtigung der Einsatzmöglichkeiten von kurzfristigen Finanzierungsmodellen, Diss., Göttingen, 1989.

Bitz, M. (1989):
Erscheinungsformen und Funktionen von Finanzintermediären, in: Wirtschaftswissenschaftliches Studium (WiST), 10/1989, S. 430-436.

Bitz, M. (1993):
Finanzdienstleistungen, München, 1993.

Bofinger, P. (1987):
Geldpolitische Regulierungen und Finanzinnovationen, in: Außenwirtschaft, Heft II/III/1987, S. 251-273.

Born, K.-E. (1967):
Die deutsche Bankenkrise 1931 - Finanzen und Politik, München, 1967.

Boss, K.-H. / Schulte-Mattler, H. (1992):
Neuer Eigenkapitalgrundsatz I vorgelegt, in: Die Bank 11/1992, S. 639-643.

Bössmann, E. (1978):
Informationen, in: Handwörterbuch der Wirtschaftswissenschaften (HdWW), hrsg. v.: Albers, W., Tübingen, 1978, S. 184-200.

Bössmann, E. (1983):
Unternehmungen, Märkte, Transaktionskosten: Die Koordination ökonomischer Aktivitäten, in: Wirtschaftswissenschaftliches Studium (WiST), 3/1993, S. 105- 111.

Breuer, R. E. (1994):
Neues Leben für den Finanzplatz Deutschland, in: Die Bank, 8/1994, S. 444-449.

Breuer, W. (1993):
Finanzintermediation im Kapitalmarktgleichgewicht, Beiträge zur betriebswirtschaftlichen Forschung, Bd. 70, Diss., Wiesbaden 1993.

Brugger, A. (1988):
Die Grundsätze des Bundesaufsichtsamtes für das Kreditwesen, Diss., Erlangen-Nürnberg, 1988.

Bundesamt für Statistik (1991):
Statistisches Jahrbuch 1991, Wiesbaden, 1991.

Bundesamt für Statistik (1994):
Statistisches Jahrbuch 1994, Wiesbaden, 1994.

Büschgen, H. E. (1981):
An den Banken vorbei?, in: Zeitschrift für das gesamte Kreditwesen (ZfgK), 8/1981, S. 1069-1074.

Büschgen, H. E. (1986):
Internationales Finanzmanagement, Frankfurt a. M., 1986.

Büschgen, H. E. (1988):
Finanzinnovationen - Ein Überblick, in: Neue Instrumente an den Finanzmärkten: Geldpolitische und bankenaufsichtsrechtiche Aspekte, Schriften des Vereins für Socialpolitik, Neue Folge, Band 170, Berlin, 1988, S. 9-42

Büschgen, H. E. (1991):
Bankbetriebslehre - Bankgeschäfte und Bankmanagement, 3. Auflage, Wiesbaden, 1991.

Büschgen, H. E. (1995):
In-house banking, in: Zeitschrift für Wirtschafts- und Bankrecht, Nr. 17, 29.4.1995, S. 733-776.

Büsselmann, E. (1993):
Bankenaufsicht und marktbezogenes Eigenkapital, Diss., Wiesbaden, 1993.

C&L Treuarbeit (1994):
Bericht über die Sonderprüfung bei der Metallgesellschaft AG, Frankfurt am Main, gem. Beschluß der außerordentlichen Hauptversammlung am 24. Februar 1994, unveröffentlichter Bericht, Nr. 4011742, Frankfurt 1994.

Claasen, E.- M. (1979):
Die Definitionskriterien der Geldmenge: M1, M2 ... oder Mx?, in: Geldtheorie, hrsg. v.: Badura, J., Issing, O., 1979, S. 36-48.

Cleff, E. (1994):
Treasury im Großunternehmen - Wanderung zwischen den Welten: Dienstleister, Risikomanager und Broker, in: Finanzielle Führung, Finanzinnovationen & Financial Engineering, hrsg. v. Siegwart, H. u.a., Stuttgart, 1994, S. 137-154.

Clemenz, G. (1988):
Informationsökonomische Theorien der Kreditrationierung, in: Wirtschaftswissenschaftliches Studium (WiSt), 1/1988, S. 598-604.

Coase, R. (1937):
The natur of the firm, in: Economica, Vol. 4/1937, S. 386-405.

Coase, R. (1960):
The Problem of Social Cost, in: Journal of Law and Economics, 3/1966, S.1-44.

Cramer, J. (1993):
Financial Engineering durch Finanzinnovationen, Diss., Wiesbaden, 1993.

Damm, U. (1993):
Derivative zwischen Nutzen und Risiko, in: Die Bank, 9/1993, S. 506-510.

Demuth, M. (1988):
Fremdkapitalbeschaffung durch Finanzinnovationen - Finanzinnovationen aus der Sicht der Unternehmen, Banken und Kapitalgeber, OIKOS-Studien zur Ökonomie, Bd. 22, hrsg. v.: Hess, S., 1988.

Deutsche Bundesbank (1985):
Zur längerfristigen Entwicklung und Kontrolle des Geldvolumens, in: Monatsbericht der Deutschen Bundesbank, Januar 1985, S. 25-35.

Deutsche Bundesbank (1986):
Innovationen im internationalen Bankgeschäft, in: Monatsbericht der Deutschen Bundesbank, April 1986, S. 25-35.

Deutsche Bundesbank (1987):
Längerfristige Entwicklung der Wertpapieranlagen der Kreditinstitute, in: Monatsbericht der Deutschen Bundesbank, Mai 1987, S. 25-35.

Deutsche Bundesbank (1989a):
Geschäftsbericht der Deutschen Bundesbank 1989.

Deutsche Bundesbank (1989b):
Längerfristige Entwicklung des Bankensektors und der Marktstellung der Kreditinstitutsgruppen, in: Monatsbericht der Deutschen Bundesbank, April 1989, S. 13-21.

Deutsche Bundesbank (1990a):
Die neuen Grundsätze I und Ia über das Eigenkapital der Kreditinstitute, in: Monatsbericht der Deutschen Bundesbank, August 1990, S. 39-46.

Deutsche Bundesbank (1990b):
Gesetz über das Kreditwesen, Sonderdrucke der Deutschen Bundesbank, Nr. 2a, 10. Auflage, Frankfurt, 1990.

Deutsche Bundesbank (1993a):
Die Deutsche Bundesbank - Geldpolitische Aufgaben und Instrumente, Sonderdruck der Deutschen Bundesbank, Nr. 7, Frankfurt 1993.

Deutsche Bundesbank (1993b):
Bilanzunwirksame Geschäfte deutscher Banken, in: Monatsbericht der Deutschen Bundesbank, Oktober 1993, S. 47-69.

Deutsche Bundesbank (1994a):
Finanzkonglomerate und ihre Beaufsichtigung, in: Monatsbericht der Deutschen Bundesbank, April 1994, S. 49-60.

Deutsche Bundesbank (1994b):
Die Ertragslage der deutschen Kreditinstitute im Jahre 1993, in: Monatsbericht der Deutschen Bundesbank, Oktober 1994, S. 19-48.

Deutsche Bundesbank (1994c):
Geldpolitische Implikationen der zunehmenden Verwendung derivativer Finanzinstrumente, in: Monatsbericht der Deutschen Bundesbank, November 1994, S. 41-57.

Deutsche Bundesbank (1994d):
Die Fünfte Novelle des Kreditwesengesetzes, in: Monatsbericht der Deutschen Bundesbank, November 1994, S. 59-67.

Deutsche Bundesbank (1995):
Verbriefungstendenzen im deutschen Finanzsystem und ihre geldpolitische Bedeutung, in: Monatsbericht der Deutschen Bundesbank, April 1995, S. 19-33.

Deutscher Bundestag (1961):
Begründung der Bundesregierung zum Entwurf eines Gesetzes über das Kreditwesen, in: Bundestagsdrucksache III, S. 1141ff, Bonn, 1961.

Diamond, D. W. (1984):
Financial Intermediation and Delegated Monitoring, in: Review of Economic Studies, Vol. 51, 1984, S. 393-414.

Diemer, H. (1994):
Transaktionskosten und Eigen- oder Fremderstellung distributionslogistischer Leistungen, in: Wirtschaftsstudium (WISU), 8-9/1994, S. 671-673.

Draper, W. / Hoag, W. (1978):
Financial Intermediation and the Theory of Agency, in: Journal of Finance and Quantitative Analysis, Vol. 13, 1978, S. 595-611.

Dürselen, K. E. (1993):
Wesentliche Änderungen des Kreditwesengesetzes im Rahmen der Vierten KWG-Novelle, in: Zeitschrift für Bankrecht und Bankwirtschaft (ZBB), 4/1993, S. 266-275.

Dürselen, K. E. (1994):
Novellierung der Bankenaufsichtsnorm Grundsatz I zur Erfassung und Begrenzung von Ausfallrisiken eines Kreditinstituts, in: Zeitschrift für Bankrecht und Bankwirtschaft (ZBB), 1/1994, S. 100-114.

EG-Kommission (1977):
Erste Richtlinie 77/80/EWG des Rates vom 12.12.1977 zur Koordinierung der Rechts- und Verwaltungsvorschriften über die Aufnahme und Ausübung der Tätigkeit der Kreditinstitute, in: ABl. Nr. L. 322/30 vom 17.12.1977.

EG-Kommission (1989a):
Richtlinie 89/299/EWG des Rates vom 17.4.1989 über die Eigenmittel von Kreditinstituten (Eigenmittelrichtlinie), in: ABl Nr. L. 124/16 vom 5.5.1989.

EG-Kommission (1989b):
Zweite Richtlinie 89/646/EWG des Rates vom 15.12.1989 zur Koordinierung der Rechts- und Verwaltungsvorschriften über die Aufnahme und Ausübung der Tätigkeit der Kreditinstitute und zur Änderung der Richtlinie 77/780/EWG, (Zweite Bankrechtkoordinierungsrichtlinie), in: ABl Nr. L. 368/1 vom 30.12.1989.

EG-Kommission (1989c):
Richtlinie 89/647/EWG des Rates vom 18.12.1989 über einen Solvabilitätskoeffizienten für Kreditinstitute (Solvabilitätsrichtlinie), in: ABl Nr. L. 368/1 vom 30.12.1989.

EG-Kommission (1991):
Richtlinie 91/633/EWG vom 3.12.1991 zur Durchführung der Eigenmittelrichtlinie, in: ABl Nr. L. 339/33 vom 11.12.1991.

EG-Kommission (1993):
Richtlinie 93/6/EWG des Rates vom 15. März 1993 über die angemessene Kapitalausstattung von Wertpapierfirmen und Kreditinstituten (Kapitaladäquanzrichtlinie), in: ABl. Nr. L. 141/1 vom 11.6.1993.

Ehrlicher, W. (1972):
Geldtheorie, in: Kompendium der Volkswirtschaftslehre, Band 1, 3. Auflage, Göttingen 1972

Eichholz, R. (1993):
Das Recht konzerninterner Darlehen, Diss., Darmstadt, 1993.

Eilenberger, G. (1986):
Währungsrisiken, Währungsmanagement und Devisenkurssicherung, Frankfurt, 1986.

Eilenberger, G. (1991):
Finanzinnovationen, in: Wirtschaftsstudium (WISU), 11/1991, S. 811-813.

Eilenberger, G. (1993):
Bankbetriebswirtschaftslehre - Grundlagen - Internationale Bankleistungen - Bankmanagement, München, 1993.

Fabritius, H. G. (1993):
Die neuere Entwicklung an den Finanzmärkten aus geldpolitischer Sicht, in: Deutsche Bundesbank, Auszüge aus Presseartikeln, Nr. 80, 9.11.1993, S. 6-12.

Feldsieper, M. / Teres, P. (1994):
Die Entwicklung des geldpolitischen Instrumentariums der deutschen Bundesbank, in: Wirtschaftsstudium (WISU), 6/1994, S. 536-544.

Fischer, M. (1993):
Marketing und neuere ökonomische Theorie: Ansätze zu einer Systematisierung, in: Betriebswirtschaftliche Forschung und Praxis (BFuP), 4/1993, S. 444-470.

Fischer, O. (1975):
Funktionen und Wirkungsweise der Liquiditäts- und Konsortialbank GmbH, in: Österreichisches Bankarchiv (ÖBA), 1/1975, S. 2-8.

Fisher, I. (1935):
100 Percent Money, New York, 1935.

Francke, H.-H. (1985):
Finanzinnovationen in den USA - Geldpolitische Konsequenzen und Übertragungsrelevanz für die Bundesrepublik Deutschland, in: Öffentliche Finanzen, Kredit und Kapital, Festschrift für Werner Ehrlicher, hrsg. v.: Cansier, D. / Kath, D., Berlin, 1985, S. 497-513.

Francke, H.-H. (1988):
Zur Wirkung von Finanzinnovationen auf den Transmissionsprozeß monetärer Impulse, in: Neue Instrumente an den Finanzmärkten - Geldpolitische und bankaufsichtliche Aspekte, hrsg. v.: Gutowski, A., Berlin, 1988, S. 113-130.

Franke G. / Menichetti M. J. (1994):
Management von Währungsrisiken, in: Finanzielle Führung und Finanzinnovationen & Financial Engineering, hrsg. v.: Siegwart, H. u.a., Stuttgart, 1994, S. 669-683.

Franke, G. (1995):
Das Hedgen ist nichts für wilde Spieler, in: Frankfurter Allgemeine Zeitung (F.A.Z.) v. 22.4.1995, S. 15.

Franklin, A. (1990):
The market for Information and Origin of Financial Intermediation, in: Journal of Financial Intermediation, Vol 1, No. 1, 1990, S. 3-30.

Frenkel, M. (1991):
Hedging mit Währungs- und Zinsfutures, in: Wirtschaftsstudium (WISU), 4/1991, S. 266ff.

Friese, A. (1988):
Euro-Commercial Paper gewinnt an Bedeutung, in: Die Bank, 3/1988, S. 133-136.

Füllenkemper, H. / Rehm, H. (1985):
Finanzinnovationen auf den deutschen Kapitalmärkten, in: Wirtschaftsdienst, X/1985, S. 510- 515.

Geipel, U. / Müller, P. (1993):
Erfahrungen mit Investor Relations, in: Die Bank, 3/1993, S. 144-146.

Glaum M. / Roth A. (1993):
Wechselkursrisiko-Management in deutschen internationalen Unternehmungen - Ergebnisse einer empirischen Studie, in: Zeitschrift für Betriebswirtschaft (ZfB), 11/1993, S. 1181-1206.

Glogowski, E. / Münch, M. (1990):
Neue Finanzdienstleistungen, Bankenmärkte im Wandel, Wiesbaden, 1990.

Gnoth, K (1992):
Kosten und Nutzen des Zahlungsverkehrs, in: Die Bank, 12/1992, S. 705-711.

Gomez, P. (1992):
Neue Trends in der Konzernorganisation, in: Zeitschrift Führung und Organisation, 3/1992, S. 166-172.

Gorton, G. / Penacchi, G. (1990):
Financial Intermediaries and Liquidity Creation, in: Journal of Finance, Vol. 45, No. 1, 3/1990, S. 49-71.

Grebe, U. (1993):
Finanzwirtschaftliches Risikomanagement in Nichtbanken, Diss., Frankfurt, 1993.

Gröschel, U. (1993):
Von der 4. zur 7. KWG-Novelle, in: Die Sparkasse, 5/1993, S. 225-230.

Group of Thirty (1993):
Derivates: Practices and Principles, 21. Juli 1993, New York.

Grünärml, F. (1989):
Institutionelle Arrangements und monetäre Theorie, in: ORDO, Band 40, 1989, S. 201-220.

Grünewald, A. (1993):
Finanzterminkontrakte im handelsrechtlichen Abschluß, Diss., Düsseldorf, 1993.

Güde, U. (1987):
Finanzinnovationen aus der Sicht der Sparkasse, in: Die Sparkasse 2/1987, S. 47- 59.

Habscheid, E. (1988):
Staatshaftung für fehlsame Bankenaufsicht, Diss., Würzburg, 1988.

Hafke, H.-C. (1991):
Das "Schimmelreiter-Syndrom", in: Börsenzeitung v. 18.12.1991.

Hagemann, H. (1991):
Strategien für den Erfolg, in: Manager Magazin 3/1991, S. 164-178.

Hagemann, H. (1994):
Von der Finanzabteilung zur "Corporate Bank". Bericht über eine empirische Studie von MC Kinsey in Europa, in: Finanzielle Führung, Finanzinnovationen & Financial Engineering, hrsg. v.: Siegwart, H. u.a., Stuttgart, 1994, S. 155-174.

Hahn, O. (1991):
Betriebswirtschaftslehre der Zentralnotenbank, in: Wirtschaftswissenschaftliches Studium (WiST), 12/1991, S. 602-607.

Halvax, G. (1989):
Grundsätzliche Erfordernisse im internationalen Kontrollsystem als Voraussetzung einer wirksamen Risikokontrolle bei neuen Finanzinstrumenten, in: Österreichisches Bankenarchiv (ÖBA), 12/1989, S. 1147-1159.

Hartmann, M. (1977):
Ökonomische Aspekte der Reform des KWG, hrsg. v.: Gesellschaft zur Förderung der wissenschaftlichen Forschung über das Spar- und Girowesen e.V., Stuttgart, 1977.

Hayek von, F. A. (1937):
Economics and Knowledge, Economica 4, 1937, S. 33-54.

Hector, G. (1988):
How banking will shake out, Fortune 118, 25.4.1988, S. 89-100.

Heinrich, D. (1990):
So finanzieren sich Unternehmen an den Banken vorbei, in: Bankkaufmann, 9/1990, S. 44-46.

Hilscher, U. (1985):
Instrumente zur Begrenzung von Währungsrisiken, in: Betriebswirtschaftliche Forschung und Praxis (BFuP), 5/1985, S. 535ff.

Hogrefe, J. (1989):
Nationale Bankenaufsicht bei nicht-bilanzwirksamen Geschäften der Banken, Diss., Münster, 1989.

Horn, E.-J. (1994):
Neuere Entwicklungen auf dem deutschen Kapitalmarkt - Institutionen, Marktstrukturen und Marktergebnisse, Kieler Studien, hrsg. v.: Siebert, H., Bd. 263.

Horn, N. (1994):
Entwicklungslinien des europäischen Bank- und Finanzdienstleistungsrechts, in: Zeitschrift für Bankrecht und Bankwirtschaft (ZBB), 4/1994, S. 130-141.

Hull, J. C. (1993)
Options, Future, and Other Derivate Securties, New Jersey, 1993

Issing, O. (1987):
Einführung in die Geldtheorie, 6. Auflage, München,1987.

Jentzsch, St. (1989):
Kapitalmarkt-Swaps, Strukturen und Risiken, Diss., Stuttgart, 1989.

Juchem, N. (1983):
Geldschöpfung privater Banken - Ein Grundproblem der Geldverfassung?, Diss., Saarbrücken, 1993.

Juncker, K. (1988):
Neue Informationstechnologien im Firmengeschäft als strategische Herausforderung, in: Die Bank, 7/1988, S. 366-369.

Jünnemann, (1995):
Barings-Pleite: An die Front, in: Wirtschaftswoche v. 2.3.1995.

Kane, E. J. (1983):
Policy Implications of Structural Changes in Financial Markets, in: American Economic Review, Vol. 73, 1983, S. 96-100.

Kane, E. J. (1987):
Competitive Financial Reregulation: An International Persepctive, in: Threats to International Financial Stability, hrsg. v.: Portes, R. u.a., New York 1987, S. 111-145.

Keynes, J.-M. (1936):
Allgemeine Theorie der Beschäftigung, des Zinses und des Geldes, 1. Auflage, Berlin, 1936.

Kloten N. / Bofinger, P. (1988):
Bilanzunwirksame Finanzierungsinstrumete und ihre Folgen für die Geldpolitik, in: Finanzierungshandbuch, 2. Auflage, hrsg. v.: Christians, F. W., Wiesbaden, 1988, S. 111-143.

Knight, F. H. (1921):
Risk, Uncertainty and Profit, Neudruck der ersten Auflage, Chicago/ London, 1971.

Koch, U. (1994):
Unternehmensfinanzierung in Deutschland, in: Finanzielle Führung, Finanzinnovationen & Financial Engineering, hrsg. v.:Siegwart , H. u.a., Stuttgart, 1994, S. 105-119.

Koehler, C. (1977):
Geldwirtschaft, Berlin, 1977.

Konrad, R. (1992):
Terminbörsengeschäfte, Wiesbaden, 1992.

Krahnen, J.-P. (1993):
Finanzwirtschaftslehre zwischen Markt und Institution, in: Die Betriebswirtschaftslehre (DBW), 6/1993, S. 793-805.

Krümmel, H.-J. (1987):
Neue Finanzierungsformen und aufsichtsrechtliche Strukturnormen, in: Neuere Entwicklungen auf den Finanzmärkten, hrsg. v.: Schierenbeck, H. Frankfurt, 1987, S. 39-76.

Krystek, U. / Müller, M. (1993):
Investor Realtions, in: Der Betrieb, 36/1993, S. 1785-1789.

Kühbacher, U. (1992):
Darlehen an Konzernunternehmen: Besicherung und Vertragsanpassung, Diss., Darmstadt, 1993.

Lachmann, E. (1989):
Profit-Center, in: Wirtschaftsstudium (WISU), 5/1989, S. 275.

Lambsdorff Graf, J. (1994):
Adverse Selection und Morla Hazard, in: Wirtschaftsstudium (WISU), 3/1994, S. 193-194.

Laske, G. (1988):
Eine Untersuchung über Innovationen im internationalen Bankgeschäft durch die Notenbanken der Zehnergruppe, in: Neue Instrumente an den Finanzmärkten: Geldpolitische und bankaufsichtliche Aspekte, hrsg. v.: Gutowski, A., Berlin, 1988, S. 43-64.

Leland, H. E. / Pyle, D. H. (1977):
Informational Asymmetries, Financial Structure, and Financial Intermediation, in: Journal of Finance, Vol. 32, No. 2, 5/1977, S. 371-387.

Lerbinger, P. (1985a):
SWAP-Transaktionen als Finanzierungsinstrumente, in: Die Bank, 5/1985, S. 245-249.

Lerbinger, P. (1985b):
SWAP-Transaktionen als Bankleistung, in: Die Bank, 6/1985, S. 294-297.

Liepach, W. E. (1993):
Effizientes Devisenmanagement durch Kombination von Kurssicherungsinstrumenten, Diss., Frankfurt, 1993.

Lingenfelder, M. (1986):
Cash-Management Systeme, in: Wirtschaftswissenschaftliches Studium (WiST), 9/1986, S. 459-460.

Lingner, U. (1991):
Optionen - Anlagestrategien für die nationalen und internationalen Options- und Futures-Märkte, Diss., Wiesbaden, 1991.

Link, H.-U. (1992):
Zur Bedeutung von Finanzinnovationen für die Geldpolitik, Diss., Mainz, 1992.

Löffler, E. (1991):
Der Konzern als Finanzintermediär, Diss., Wiesbaden, 1991.

Lutz, F. A. (1962):
Das Grundproblem der Geldverfassung, in: Geld und Währung, Gesammelte Abhandlung von Friedrich A. Lutz, Tübingen, 1962, S. 28-102.

Markowitz, H. (1959):
Portfolio Selection, New York, 1959.

Mattern, E (1984):
Rating im internationalen Kreditgeschäft, in: Die Bank 8/1984, S. 374-378.

Mayer, H. / Kneeshaw. J. (1989):
Struktur des Finanzmarktes und Wandel der Richtlinien und Bestimmungen, in: Technische und Finanzinnovationen: ihre Auswirkung auf die Wirtschaft, hrsg. v.: Heertje, A., Frankfurt, 1989, S. 112-144.

McNeil, I. (1975):
The Many Futures of Contracts, in: SCLR 47, S. 691-816.

McNeil, I. (1978):
Contracts: Adjustments of Longe-Term Economic Relations under Classical, Neoclassical, and Relational Contract Law, in: NULR, 72, S. 854-905

Meffert, H. (1969):
Zum Problem der betriebswirtschaftlichen Flexibiltät, in: Zeitschrift für Betriebswirtschaft (ZFB), 39/1969, S. 789ff.

Meister, E. (1994):
Risiken in derivativen Finanzinstrumenten und Möglichkeiten der Begrenzung, in: Deutsche Bundesbank, Auszüge aus Presseartikeln, Nr. 21, 30.3.1994, S. 2-5.

Metallgesellschaft (1995):
Die Bewältigung einer Krise - Der Weg der Metallgesellschaft aus dem Öl-Debakel in den USA, hrsg. v.: Vorstand der Metallgesellschaft AG, Frankfurt, 1995.

Meyer, D. (1990a):
Asymmetrische Informationen, in: Wirtschaftswissenschaftliches Studium (WiST), 1/1990, S. 25-28.

Meyer, D. (1990b):
Asymmetrische Informationen, Institutional Choice und die Funktion von Wertorientierungen, in: Jahrbuch für Sozialwissenschaften, Band 41, 1990, S. 104-121. .

Meyer, D. (1993):
Herausforderung für die Rechnungslegung, in: Neue Züricher Zeitung (NZZ) v. 26.10.1993, Beilage: Derivative Finanzinstrumente, S. B 30.

Milde, H. (1988):
Die Theorie der adverse selection, in: Wirtschaftswissenschaftliches Studium (WiSt), 1/1988, S. 1-6.

Mindermann, H.-H. (1992):
Investor Relations vernachlässigt, in: Die Bank, 4/1992, S. 224-226.

Modigliani F. / Miller, M. (1958):
The Cost of Capital Corporation Finance and the Theory of Investment, in: American Economic Review, Vol. 68, 1958, S. 261-297.

Möschel, W. (1972):
Das Wirtschaftsrecht der Banken, Frankfurt, 1972.

Münzer, Ch. (1992):
Bankenaufsicht im Spannungsfeld von statischen Kontrollinteressen und innovativer Dynamik der Finanzmärkte, Diss., Freiburg, 1992.

Neuberger, D. (1994):
Kreditvergabe durch Banken, Diss.,Tübingen, 1994.

Niehans, J. (1978):
"The theory of money", Baltimore und London, 1978.

Niethammer, Th. (1990):
Die Ziele der Bankenaufsicht in der Bundesrepublik Deutschland, Diss., Tübingen, 1990.

Nolte, W. (1981):
Die internationale Kassenhaltung der multinationalen Unternehmungen, Frankfurt, 1981.

Nolte, W. (1994):
Corporate Finance - ein Modebegriff?, in: Finanzielle Führung, Finanzinnovationen & Financial Engineering, hrsg. v. : Siegwart, H. u.a., Stuttgart 1994, 47-59.

o. V. (1991):
Noch ungenutztes Wachstumspotential für SWAPs, in: Börsenzeitung v. 9.5.1991, S. 3.

o.V. (1991):
CP - Neue Rolle von Industrieunternehmen und Banken, in: Börsenzeitung v. 25.4.1991.

o.V. (1991):
Die Folgen des Golfkrieges, in: Wirtschaftsstudium (WISU), 2/1991, S. 83-84.

o.V. (1991):
Rangliste der Wertpapiernoten, in: Frankfurter Allgemeine Zeitung (F.A.Z.) v. 18.11.1991, S. 26.

o.V. (1991:
Warnung vor "Regulierungsarbitrage, in: Börsenzeitung v. 24.1.1991.

o.V. (1993):
Bundesbank will Profis für die Bulis gewinnen, in: Handelsblatt v. 20.8.1993, S. 5.

o.V. (1994):
Die Kreditaufsicht wird 1996 erweitert, in: Frankfurter Allgemeine Zeitung (F.A.Z.) v. 18.6.1994, S. 12.

o.V. (1995):
Bankenaufsichtsbehörden wollen den Einsatz von Derivaten neu regeln, in: Frankfurter Allgemeine Zeitung (F.A.Z.) v. 10.4.1995, S. 15.

o.V. (1995):
Der Rettungsversuch für Baring Brothers ist gescheitert, in: Frankfurter Allgemeine Zeitung (F.A.Z.) v. 28.2.1995, S. 13.

o.V. (1995):
Große Schieflagen durch Derivat-Handel, in: Frankfurter Allgemeine Zeitung (F.A.Z.) v. 28.2.1995, S. 12.

Obermaier, G. (1994):
Aufbau und Steuerung eines Holding-Konzerns nach finanzpolitischen Kriterien, in: Finanzielle Führung, Finanzinnovationen & Financial Engineering, hrsg. v.: Siegwart, H. u.a., Stuttgart, 1994, S. 271-286.

OECD (1985):
Economic Outlook, Nr. 38, December 1985, 181-185.

Ospel, M. / Bachem, M. (1994):
Finanzinnovationen und der Strukturwandel im Bankensektor, in: Finanzielle Führung, Finanzinnovationen & Financial Engineering, hrsg. v.: Siegwart, H. u.a., Stuttgart, 1994, S. 518-525.

Pampel, R. (1993):
Finanzinnovationen im Debt Management, Diss., Wiesbaden, 1993.

Parkinson, K. L (1983):
Dealing with the problems of International Cash Management, in: Journal of Cash Management, 1/1983, S. 16ff.

Paul, W. (1993):
Umfang und Bedeutung der Investor Relations, in: Betriebswirtschaftliche Forschung und Praxis (BFuP), 2/1993, S. 133-162.

Pausenberger, E. / Völker, H. (1985):
Praxis des internationalen Finanzmanagements. Eine empirische Untersuchung von Finanzierung, Kapitalstrukturgestaltung und Cash-Management in internationalen Unternehmen, Wiesbaden, 1985.

Perridon, L. / Steiner, M. (1993):
Finanzwirtschaft der Unternehmung, 7. Auflage, München, 1993.

Peters, J. (1990):
Die SWAP-Finanzierungstechnik - Anwendungen und Risiken, Diss., Mainz, 1990.

Picot, A. (1982):
Transaktionskostenansatz in der Organisationstheorie: Stand der Diskussion und Aussagewert, in: Die Betriebswirtschaft (DBW), 42/1982, S. 267-284.

Picot, A. (1991):
Ökonomische Theorien der Organisation - Ein Überblick über neuere Ansätze und deren betriebswirtschaftliches Anwendungspotential, in: Betriebswirtschaftslehre und ökonomische Theorie, hrsg. v.: Ordelheide, D. u.a., Stuttgart, 1991, S. 143-170.

Poullain, L. (1976):
Fristentransformation, in: Handwörterbuch der Finanzwirtschaft, hrsg. v.: Büschgen, H. E, Stuttgart, 1976, Sp. 658-666.

Pyle, D. H. (1971):
On the theory of Financial Intermediation, in: Journal of Finance, Vol. 26, 1971, S. 737-747.

Rappaport, A. (1986):
Creating Shareholder-Value. The new Standard of Business Performance, New York, 1986.

Refenes, A.-P. (1995):
Neural Networks in the Capital Markets, London, 1995.

Rehkugler, H. (1992):
Neuronale Netze im Bankbetrieb, in: Die Bank, 7/1992, S. 413-419.

Rehkugler, H. (1994):
Internationale Finanzierungsgesellschaften - Erhoffte und realisierte Vorteile ihrer Nutzung, in: Finanzielle Führung, Finanzinnovationen & Financial Engineering, hrsg. v. Siegwart, H. u.a., Stuttgart, 1994, S. 175-192.

Rehkugler, H. / Schindel, V. (1994):
Finanzierung, 6. Auflage, München, 1994.

Rehm, H. / Geiger, W. (1990):
Die künftigen nationalen und internationalen Eigenkapitalanforderungen, in: Die Sparkasse, 8/1990, S. 342-347.

Reichling, P. (1991):
Hedging mit Warenterminkontrakten, Diss., Ulm, 1991.

Reimpell, P. (1990):
Vermarktung von Finanzinnovationen, in: Die Bank, 2/1990, S. 93-98.

Reintges, H. (1988):
Finanzierungsvorgänge und finanzwirtschaftliche Disposition im Konzern, in: Finanzierungshandbuch, 2. Auflage, hrsg. v.: Christians, F. W., Wiesbaden, 1988, S. 661-687.

Reishauer / Kleinhans (1991):
Kommentar zum Kreditwesengesetz, 1991.

Reither, F. / Denning, U. (1986):
Finanzinnovationen: Hintergründe und Konsequenzen, in: Wirtschaftsdienst I/1986, S. 45-52.

Reszat, B. (1986):
Devisenkurssicherung und Währungsspekulation - Möglichkeiten und Grenzen des Devisenmanagements von Wirtschaftsunternehmen, HWWA-Report Nr. 73, Hamburg, 1986.

Ribbentrop von, B. (1988):
Neues Anforderungsprofil für Finanzmanager, in: Die Bank, 12/1988, S. 658-661.

Richter, R. (1991a):
Bankenregulierung aus der Sicht der Institutionenökonomik, in: Finanzintermediation, Bankenregulierung und Finanzmarktintegration, Schriften des Vereins für Socialpolitik, Bd. 204, hrsg. v.: Siebke, J., 1991, S. 43-64.

Richter, R. (1991b):
Institutionenökonomische Aspekte der Theorie der Unternehmung, in: Betriebswirtschaftslehre und ökonomische Theorie, hrsg. v.: Ordelheide, D., u.a.,1991, S. 395-431.

Richter, R. (1994):
Institutionen ökonomisch analysiert, Tübingen, 1994.

Richtsfeld, J. (1992):
In-House Banking internationaler Unternehmungen im deutschsprachigen Raum, Diss., St. Gallen, 1992.

Rohland, W. J. (1983):
Gelddefinition und Geldschöpfung, Frankfurt, 1983.

Rombach, E. (1993):
Finanzintermediation und Bankenregulierung, Diss., St. Gallen, 1993.

Rosen, R. von (1992):
Internationale Anforderungen an ein deutsches Wertpapieraufsichtsamt, in: Zeitschrift für das gesamte Kreditwesen (ZfgK), 7/1992, S. 276-278.

Rossa, M. (1991):
Das In-House Banking, in: Zeitschrift für das gesamte Kreditwesen (ZfgK), 11/1991, S. 512-518.

Rudolph, B. (1991):
Gestaltungsformen bankaufsichtlicher Normen, in: Wirtschaftsstudium (WISU), 8-9/1991, S. 596-601.

Schierenbeck, H. / Hölscher, R. (1992):
Bank Assurance - Institutionelle Grundlagen der Bank- und Versicherungsbetriebslehre, 2. Auflage, München, 1992.

Schmidt, D. (1987):
Securitisation, in: Wirtschaftswissenschaftliches Studium (Wist), 2/1987, S. 838.

Schmidt, R. (1990):
Transnationale Investitions- und Finanzierungsplanung als Portefeuilleplanung, in: Strategische Unternehmensplanung - Strategische Unternehmensführung, hrsg. v.: Hahn, D. / Taylor, B., 5. Auflage, Heidelberg, 1990, S. 732-751.

Schmidt-Mohr, U. (1992):
Informationsökonomische Theorien der Bankunternehmung und des Bankverhaltens, Diss., Saarbrücken, 1992.

Schulte-Mattler, H. (1994):
Entwicklungstendenzen in der europäischen und internationalen Bankenaufsicht, in: Zeitschrift für Bankrecht und Bankwirtschaft (ZBB), 4/1994, S. 333-339.

Schulz, B. (1991):
Commercial-Paper können auch ihre Gefahren haben, in: Frankfurter Allgemeine Zeitung (F.A.Z.) v. 19.11.1991, S. 24.

Schulz, B. (1993):
Eine Drehscheibe des Kapitals - Dreißig Jahre Euromarkt, in: Frankfurter Allgemeine Zeitung (F.A.Z.) v. 13.7.1993, S. 11.

Schulz, B. (1995):
Ein Fall für Risiko-Management, in: Frankfurter Allgemeine Zeitung (F.A.Z.) v. 7.3.1995, S. 15.

Schumpeter, J. (1964):
Theorie der wirtschaftlichen Entwicklung, 6. Auflage, Berlin, 1964.

Schuster, L. (1988):
In-House Banking als Instrument des Finanzmanagements von Unternehmungen, in: Die Unternehmung, 5/1988, S. 346-362.

Seward, J. K. (1990):
Corporate Financial Policy and the Theory of Financial Intermediation, in: Journal of Finance, Vol. 45, No. 2, 1990, S. 351-377.

Sharpe, W. F. (1970):
Portfolio Theorie and Capital Markets, New York u.a., 1970.

Siebke, J. / Willms, M. (1974):
Theorie der Geldpolitik, Berlin, 1974.

Silber, W. L. (1983):
The Process of Financial Innovation, in: American Economic Review, 5/1983, S. 85-95.

Smeets, H.-D. (1987):
Finanzinnovationen und Geldpolitk, in: ORDO, Bd. 38, 1987, S. 91-112.

Spahni-Klass, A. (1988):
Cash Management im multinationalen Konzern, Diss., Bern/Stuttgart, 1988.

Stein, E. (1967):
Die Wirtschaftsaufsicht, Tübingen, 1967.

Steiner, M. (1989):
Cash-Management, internationales, in: Handwörterbuch Export und internationale Unternehmung (HdInt), hrsg. v.: Marcharzina, K. / Welge, K., Stuttgart, 1989, Spalte 222-231.

Stelzner, H. (1994):
Risikomanagement mit Augenmaß, in: Frankfurter Allgemeine Zeitung (F.A.Z.) v. 5.4.1995, S. 15.

Streit M. E. / Wegner, G. (1989):
Wissensmangel, Wissenserwerb und Wettbewerbsfolgen - Transaktionskosten aus evolutorischer Sicht, in: ORDO, Bd. 40, S. 3-20.

Streit, M. E. (1991):
Theorie der Wirtschaftspolitik, 4. Aufl., Düsseldorf, 1991.

Süchting, J. (1989):
Theorie und Politik der Unternehmensfinanzierung, 4. Aufl., Wiesbaden, 1989.

The Group of Thirty (1993):
Derivatives: Practices and Principles, New York, July 1993.

Theisen, M. R. (1991):
Der Konzern - Betriebswirtschaftliche und rechtliche Grundlagen der Konzernunternehmung, Stuttgart, 1991.

Thiemann, B. (1988):
Die Stellung der Bank zwischen Emittent und Anleger bei innovativen Finanztiteln, in: Finanzintermediation und Risikomanagement, hrsg. v.: Krümmel, H. u.a., Frankfurt, 1988, S. 233-243.

Thießen, F. (1994):
Securitization, Kapitallenkung und die Rolle der Banken, in: Zeitschrift für das gesamte Kreditwesen (ZfgK), 14/1994, S. 682-689.

Tobin J. (1958):
Liquidity Preference as a Behaviour towards Risk, in: Review of Economic Studies, 1/1958, S. 65-68.

Tobin, J. (1974):
Geschäftsbanken als "Geld"-Schöpfer, in: Geldtheorie, hrsg. v. Brunner, K. u.a., Köln, 1974, S.104-113.

Ulrich, S. (1991):
Die neuen Bankiers, in: Manager Magazin, 3/1991, S. 155-164.

Verboom, E. (1992):
Investor Relations Aktivitäten deutscher Aktiengesellschaften, in: Praxis und Theorie der Unternehmung, hrsg. v.: Hansmann, K.-W. / Scheer, A.-W, 1991, S. 333-343.

Wagner, E. (1982):
Theorie der Bankunternehmung - Eine Analyse von Bankverhaltensmodellen unter dem Aspekt der Transaktionskosten, Diss., Frankfurt, 1982.

Walras, L. (1874/1926):
Eléments d'économie politique pure, 1re Edition, hier zitiert nach: Felderer, B.: Léon Walras, in: Klassiker des ökonomischen Denkens, Band II, hrsg. v. Starbatty, J., München, 1989, S. 59-75.

Weitkämper F. J. (1988):
Finanzierung multinationaler Unternehmen, in: Finanzierungshandbuch, 2. Auflage, hrsg. v.: Christians, F. W., Wiesbaden, 1988, S. 323-366.

Wenzel, P. (1995):
Konsolidierung von konzerngebundenen Unternehmen, in: Wirtschaftsstudium (WISU), 1/1995, S. 49-54.

Wichmann, R. (1988):
Zinsswap als Spezialfall der Ricardianischen Tauschtheorie, in: Kredit und Kapital, 1988, S. 278-287.

Widmer, A. (1986):
Innovationsmanagement in Banken, Diss., St. Gallen, 1986.

Williamson, O. E. (1975):
Markets and hierarchies: analysis and antitrust implications. A study in the economics of internal organizations, New York/London, 1975.

Williamson, O. E. (1979):
Transaction-cost economics: the governance of contractual relations, in: Journal of Law and economics, 22/1979, S. 233-261.

Williamson, O. E. (1981a):
On the nature of the Firm: Some Recent Developments, in: Zeitschrift für die gesamte Staatswissenschaft (ZgS), 1981, S. 675-680.

Williamson, O. E. (1981b):
The Modern Corporation: Origins, Evolution, Attributes, in: Journal of Economic Literature, Vol. 19, Dez. 1981, S. 1537-1568.

Williamson, O. E. (1985):
The Economic Institutions of Capitalism - Firms, Markets, Relational Contracting, London/New York, 1985.

Williamson, O. E. (1986a):
Costly Monitoring, Financial Intermediation, and Equilibrium Credit Rationing, in: Journal of Monetary Economics, Vol. 21, 1986, S. 159-180.

Williamson, O. E. (1986b):
Economic Organization - Firms, Markets and Policy Control, London/New York, 1986.

Williamson, O. E. (1990)
Die ökonomischen Institutionen des Kapitalismus - Unternehmen, Märkte, Kooperationen, Tübingen, 1990.

Williamson, O. E. (1991):
Comparative Economic Organization, in: Betriebswirtschaftslehre und ökonomische Theorie, hrsg. v.: Ordelheide, D. u.a., 1991, S. 13-51.

Wimpfen, F. (1989):
Fremdfinanzierung internationaler Unternehmungen am Euromarkt - Instrumente, Strategien, Beurteilungen, Diss., Bamberg, 1989.

Zdrahal, P. (1988):
Finanzinnovationen aus der Sicht der Österreichischen Nationalbank, in: Bank Archiv, 3/1988, S. 226-234.

Zimmer, K. (1993):
Bankenregulierung: Zur Begründung und Ausgestaltung der Einlagensicherung, Diss., Baden-Baden, 1993.

Zimmermann, F. A. (1992):
"In-House Banking" multinationaler Unternehmungen, in: Die Bank, 12/1992, S. 751-756.

Zimmermann, F. A. (1993):
In kontrollfreiem Raum - Gefahr durch "In-House Banken"?, in: Frankfurter Allgemeine Zeitung (F.A.Z.), Beilage: Finanzen International, 22.11.1993, S. B 18.

Zimmermann, F. A. (1994a):
Wandel in der Finanzintermediation und damit verbundene Aufsichtsprobleme, in: Die Sparkasse, 1/1994, S. 23-26.

Zimmermann, F. A. (1994b):
Monopol der Banken? - Zur Zukunft der Finanzintermediation, in: Frankfurter Allgemeine Zeitung (F.A.Z.), Beilage: Finanzdienstleistungen, 6.12.1994, S. B 22.

Zimmermann, H. / Scheuenstuhl, G. (1994):
Der Einsatz von Finanzinnovationen im Liquiditätsmanagement, in: Finanzielle Führung, Finanzinnovationen & Financial Engineering, hrsg. v.: Siegwart, H. u.a., Stuttgart, 1994, S. 639-666.

Zwirner, Th. (1989):
Devisenkursrisiko, Unternehmen und Kapitalmarkt, Diss., Wiesbaden, 1989.

FSC
www.fsc.org
MIX
Papier | Fördert gute Waldnutzung
FSC® C083411

Kolibri 360 GmbH
Ferdinand-Jühlke-Straße 7
99095 Erfurt, Deutschland
produktsicherheit@kolibri360.de